西安外国语大学资助立项教材

金融科技系列教材　总主编　李村璞

大数据时代·金融营销

DASHUJU SHIDAI

主编　王新霞

西安交通大学出版社
XI'AN JIAOTONG UNIVERSITY PRESS

内容简介

本书以大数据时代为纬,以营销学科为经,按照背景篇、基础篇、策略篇、趋势篇四个层面设计基本架构。背景篇包括第1~2章,明确大数据时代悄然来临,探讨大数据时代金融业的发展态势;基础篇包括第3~6章,从概述角度介绍金融营销,解读金融营销环境,剖析客户金融交易行为,并阐释目标市场营销策略;策略篇包括第7~13章,依次介绍金融服务产品策略、金融服务定价策略、金融服务分销渠道策略、金融服务促销策略、金融服务人员策略、金融服务过程策略、金融服务有形展示策略等;趋势篇包括第14章,探讨了大数据时代金融营销的发展趋势。每章围绕核心知识点设置学习目标、导入案例、案例讨论,力求加深学生对理论知识的理解和对营销实践的认知。

本书可作为高等院校金融相关专业的教材,亦可作为金融从业人员的营销培训工具书。

图书在版编目(CIP)数据

大数据时代·金融营销 / 王新霞主编. — 西安:
西安交通大学出版社,2021.7(2023.8重印)
 ISBN 978-7-5693-1637-7

Ⅰ.①大… Ⅱ.①王… Ⅲ.①金融市场-市场营销学-教材 Ⅳ.①F830.9

中国版本图书馆 CIP 数据核字(2021)第102544号

书　　名	大数据时代·金融营销	
主　　编	王新霞	
责任编辑	王建洪	
责任校对	史菲菲	
装帧设计	伍　胜	
出版发行	西安交通大学出版社	
	(西安市兴庆南路1号　邮政编码 710048)	
网　　址	http://www.xjtupress.com	
电　　话	(029)82668357　82667874(市场营销中心)	
	(029)82668315(总编办)	
传　　真	(029)82668280	
印　　刷	陕西奇彩印务有限责任公司	
开　　本	787mm×1092mm　1/16　　印张　15.75　　字数　385千字	
版次印次	2021年7月第1版　　2023年8月第3次印刷	
书　　号	ISBN 978-7-5693-1637-7	
定　　价	49.80元	

发现印装质量问题,请与本社市场营销中心联系。
订购热线:(029)82665248　(029)82667874
投稿热线:(029)82665379
读者信箱:xj_rwjg@126.com

版权所有　侵权必究

金融科技系列教材

编写委员会

总 主 编：李村璞

编委会委员：庞加兰　田　径　王新霞

　　　　　　高　妮　康俊民　刘昌菊

　　　　　　熊　洁　杜　颖　黄仁全

　　　　　　张伟亮

策　　　划：王建洪

序

　　金融科技系列教材终于要出版了,这是西安外国语大学经济金融学院组织编写的第一套教材。我相信很多读者一定会有一个疑问,外语类院校中一个非主流的经济金融学院怎么能编写出一套合格的金融科技系列教材呢?对于这个疑问的回答,也就形成了这篇序言。

　　西安外国语大学经济金融学院是一个年轻的学院,学院设立刚刚10年时间。学院的老师很年轻,平均年龄36岁,这是我们的优势,也是我们的劣势。在强手如林的国内经济学界,我们要想有一点显示度,必须要励精图治,精心策划。我们这群年轻人经过认真的调研和考量,在众多的领域内选定了金融科技作为主攻方向。2018年,学院就开始了全面的筹划和实施,首先要解决的是"人"的问题。金融科技是一个新兴的领域,人才的培养并没有及时地跟上,同时一个地处西部的外语类院校要想引进金融科技的专业人才是非常困难的。我们凭借着热情和冲动,凭借着涉猎了几本书籍的薄弱基础,怀揣着对金融科技的懵懂认识,先后引进了无人驾驶汽车方向的博士、地对空导弹方向的博士、卫星图像识别方向的博士、计算机算法方向的博士,以及三个数学方向的博士和十几个金融方向的博士,按照我们初步的设想,金融科技的教学研究团队基本形成。团队形成后,首先想到的就是编写教材,一是团队想率先建立金融科技的教材体系,占领这个空白的领域;二是想系统性地梳理总结相关的内容,希望编写教材成为团队学习提高的过程。团队参考了很多学者前期的成果,很有收获,同时团队也觉得要面向市场需求,要搞清楚金融科技在相关领域的发展状态。2019年夏天,学院资助五名优秀学生前往美国华尔街,开展了为期一个月的金融科技实习活动,反馈的信息让我们清晰地触摸到了金融科技在现实商业活动中的应用状况,正是基于市场中的应用和现实需求,产生了这套金融科技系列教材体系的雏形。

　　这套金融科技系列教材既考虑了市场的真实需求,也是三年来教学环节反复实践的结果。这个系列由9本教材组成,包括《金融科技的语言基础——Python语言基础及金融应用初步》《大数据时代·金融营销》《大数据与金融》《智能金融》《金融科技概论》《区块链金融》《金融科技与现代金融市场》《量化投资技术》《监管科技》。在编写这套教材的初期,我们就赋予了它"全媒体的概念",希望把这套教材打造成一个金融科技的全媒体学习平台,而不仅仅是一套纸质的教科书,第一版不一定能实现我们的目标,但这是我们努力的方向。

　　对于一个外语类院校的经济金融学院来说,编写一套金融科技教材应该是可以骄傲一回的,当我们站上讲台时,我们可以骄傲地对学生说,你们的老师一直在努力追求卓越。这套教材也许有很多不尽如人意的地方,也许还会有错误,我们真诚希望得到您的指正。

李村璞
2021年7月于长安

前言

随着经济全球化以及金融对外开放步伐的加快，金融行业的竞争愈发激烈，金融企业纷纷意识到营销的重要性。大数据时代悄然来临，数据分析工具应用、数据应用能力提高、客户服务优化、风险管控能力提升、寻求互赢合作等都为金融营销带来了新的发展契机。既有的金融营销教材对于大数据时代金融营销的新发展，大多是增加了与互联网金融或者网络营销相关的章节，并没有全面刻画大数据时代对金融营销全流程、全方位的冲击与变革。金融行业处于服务业金字塔的顶端，发展速度飞快，因此，金融学科必须不停地发展和创新。立足大数据时代，重新审视现有的金融营销理论体系，保留经典，并不断创新是非常有必要的。

本教材力求在传统金融营销理论和大数据时代现实中找到结合点，将金融营销的最新发展以及大数据在金融营销中的应用优势融入现有的理论体系，同时结合银行、保险、证券、信托等金融企业的最新案例，强化基本概念、相关原理与案例分析"三位一体、相辅相成、圆融互补"的逻辑架构，指导高校师生和金融从业者遵循营销规律，把握金融发展的未来。具体而言，本教材以大数据时代为背景，在阐释金融营销基础理论及最新实践的基础上，追踪行业最新发展态势，塑造以理论为指导、以创新为支撑、以实践为导向的金融营销知识体系，包括金融营销环境分析、客户金融交易行为分析、目标市场营销策略、金融服务产品策略、金融服务定价策略、金融服务分销渠道策略、金融服务促销策略、金融服务人员策略、金融服务过程策略、金融服务有形展示策略等。

本教材的创新之处体现在：第一，以大数据时代为纬，以营销学科为经，按照背景篇、基础篇、策略篇、趋势篇四个层面设计基本架构，采用案例驱动法，以与学科紧密结合的案例为主线，遵循导入案例与课后案例相结合的原则，提高学生的综合应用能力及解决实际问题的能力。第二，引用大量的金融实例和素材，强调针对性和时效性。既有教材的案例要么没有聚焦于金融行业，要么时效性较差。金融营销不同于一般意义上的市场营销或者服务营销，引用案例不具有针对性，可参考和借鉴的意义不大。此外，金融行业发展速度惊人，新的营销手段、营销工具、营销思路层出不穷，引用案例紧跟时代步伐，保证时效性，才能准确把握金融营销的发展脉搏。

本教材由西安外国语大学王新霞副教授担任主编，在撰写过程中，西安外国语大学经济金融学院给予了大力支持，在此表示感谢。尽管笔者尽心尽力，多次打磨修改，但书中难免会有不妥之处，敬请各位专家、同行和读者提出宝贵意见！万分感谢！

王新霞
2021 年 3 月 28 日

背景篇

第1章 大数据时代悄然来临 ………………………………………… (03)
  1.1 大数据的内涵与特征表现 ……………………………………… (04)
  1.2 大数据时代到来的历史必然性 ………………………………… (07)
  1.3 大数据时代人类社会在改变 …………………………………… (10)

第2章 大数据时代下金融业发展 …………………………………… (14)
  2.1 改革开放以来我国金融业发展回顾 …………………………… (15)
  2.2 大数据在金融业的应用 ………………………………………… (20)
  2.3 大数据助推我国金融业发展 …………………………………… (23)

基础篇

第3章 金融营销概述 ………………………………………………… (31)
  3.1 金融营销思想的演变及发展 …………………………………… (32)
  3.2 金融营销与7Ps营销理论 ……………………………………… (34)
  3.3 大数据时代我国金融营销的发展契机 ………………………… (40)

第4章 金融营销环境分析 …………………………………………… (45)
  4.1 金融营销环境的定义及特点 …………………………………… (46)
  4.2 金融营销的微观环境因素 ……………………………………… (48)
  4.3 金融营销的宏观环境因素 ……………………………………… (52)

第5章 客户金融交易行为分析 ……………………………………… (61)
  5.1 客户的金融需求 ………………………………………………… (62)
  5.2 个人客户金融交易行为分析 …………………………………… (65)
  5.3 企业客户金融交易行为分析 …………………………………… (68)
  5.4 机构客户金融交易行为分析 …………………………………… (72)

第6章 目标市场营销策略 …………………………………………… (76)
  6.1 金融市场细分 …………………………………………………… (77)
  6.2 金融目标市场选择 ……………………………………………… (80)

6.3 金融目标市场定位 …………………………………………………………… (82)
6.4 基于大数据的用户画像 ………………………………………………………… (83)

───────── 策略篇 ─────────

第7章 金融服务产品策略 …………………………………………………… (91)
7.1 金融服务产品及产品组合策略 ………………………………………………… (92)
7.2 金融服务产品的开发策略 ……………………………………………………… (96)
7.3 金融服务产品的品牌策略 ……………………………………………………… (100)
7.4 金融服务产品的生命周期策略 ………………………………………………… (101)

第8章 金融服务定价策略 …………………………………………………… (107)
8.1 金融服务定价的基础 …………………………………………………………… (108)
8.2 常见的金融服务定价误区 ……………………………………………………… (112)
8.3 金融服务定价策略 ……………………………………………………………… (114)

第9章 金融服务分销渠道策略 ……………………………………………… (121)
9.1 金融服务分销渠道概述 ………………………………………………………… (122)
9.2 金融服务分销渠道的构建 ……………………………………………………… (124)
9.3 金融服务分销渠道策略 ………………………………………………………… (127)
9.4 金融服务分销渠道的发展趋势 ………………………………………………… (131)

第10章 金融服务促销策略 …………………………………………………… (136)
10.1 金融服务促销概述 …………………………………………………………… (137)
10.2 金融服务促销之人员推销 …………………………………………………… (139)
10.3 金融服务促销之广告促销 …………………………………………………… (142)
10.4 金融服务促销之营业推广 …………………………………………………… (150)
10.5 金融服务促销之公关传播 …………………………………………………… (155)
10.6 金融服务互动式整合营销传播 ……………………………………………… (160)

第11章 金融服务人员策略 …………………………………………………… (165)
11.1 金融服务人员策略的理论基础 ……………………………………………… (166)
11.2 以员工为中心的内部营销 …………………………………………………… (169)
11.3 以顾客为导向的顾客参与管理 ……………………………………………… (174)

第12章 金融服务过程策略 …………………………………………………… (182)
12.1 金融服务过程的特征与构成 ………………………………………………… (183)
12.2 金融服务过程的改进与设计 ………………………………………………… (187)
12.3 金融服务过程中的服务触点 ………………………………………………… (192)

第13章 金融服务有形展示策略 ……………………………………………… (199)
13.1 金融服务有形展示的功能与类型 …………………………………………… (200)

13.2 金融服务环境设计 …………………………………………………………… (205)

13.3 金融企业形象识别系统设计 ………………………………………………… (209)

---趋势篇---

第14章 大数据时代金融营销发展趋势 …………………………………………… (221)

14.1 大数据时代金融营销精准化 ………………………………………………… (222)

14.2 大数据时代金融产品智能化 ………………………………………………… (225)

14.3 大数据时代金融定价动态化 ………………………………………………… (229)

参考文献 …………………………………………………………………………………… (234)

背景篇

第1章　大数据时代悄然来临

学习目标

- 掌握大数据的内涵；
- 掌握大数据的 8V 特征表现；
- 理解大数据时代来临的历史必然性；
- 了解大数据时代人类社会发生的新变化。

导入案例

大数据时代的到来，势不可挡

或许尚未察觉，大数据已经悄悄走进我们的生活，你我已经身处大数据里。毫无争议，我们已经进入大数据时代。2011 年 5 月，全球著名咨询机构麦肯锡公司（McKinsey Company）发布报告《大数据：创新、竞争和生产力的下一个前沿》，从经济和商业维度诠释大数据的发展潜力。报告指出，当今世界信息量呈爆炸式增长态势，分析大型数据集，即所谓的大数据将成为竞争、引发新一轮生产力增长、创新及消费者剩余的关键基础之一。随着多媒体的崛起，社交媒体及物联网所捕捉到的与日俱增的信息量，将会使数据在可预见的未来呈指数性增长。

麦肯锡研究五大领域的大数据——美国医疗保健、欧洲公共部门、美国零售业、美国制造业及全球个人位置数据。对于每个领域，大数据都能创造价值。例如，如果美国医疗保健行业能够创造性地、有效地利用大数据以提升其效率及质量，那么每年能创造出 3000 多亿美元的产值；欧洲发达国家使用大数据后，政府管理人员仅在提升操作效率方面就节省了至少 1000 亿欧元（约合 1490 亿美元）的成本，这还不包括使用大数据减少舞弊和错误等；充分利用大数据的零售商能使其营业利润率提高约 60% 以上；此外，利用个人位置数据提供服务的用户还可创造 6000 亿美元的消费者剩余。

资料来源：大数据的下一个前沿：创新、竞争和生产力[EB/OL].（2014-08-27）[2021-02-15]. http://world.chinadaily.com.cn/2014-08/27/content_18498317.htm.

数据是信息的物理呈现形式，在现代社会发展中占据着举足轻重的地位。大数据是数据化趋势下的必然产物，数据化最核心的理念是"一切都被记录，一切都被数字化"。首先，本章在诠释大数据内涵的基础上，明确大数据的 8V 特征表现；其次，从基础条件角度深刻解读大数据时代来临的历史必然性；最后，从政府工作、社会生活、人类思维等方面探讨人类社会因大数据而发生的新变化。

1.1 大数据的内涵与特征表现

1.1.1 大数据的内涵

大数据(big data)的首次应用可以追溯到19世纪末期的一次人口普查。在那次人口普查中,美国统计学家赫尔曼·霍尔瑞斯借助一台电动读卡器用1年时间完成了原需8年时间完成的工作任务。在互联网和信息技术快速发展的时代背景下,美国率先对数据处理做了归纳,"大数据"一词由此诞生。2011年5月,全球著名咨询机构麦肯锡公司发布报告《大数据:创新、竞争和生产力的下一个前沿》,这是大数据领域第一份来自专业机构的分析报告。这篇报告指出,大数据已经渗透到全球范围内的每一个行业和业务职能领域,成为重要的生产因素;人们对海量数据的挖掘和运用,预示着新一波生产率增长和消费者剩余浪潮的到来。2012年3月,美国发布《大数据研究和发展倡议》,标志着大数据已经成为重要的时代特征。美国政府高度重视数据资产的价值,将数据定义为"未来的新石油",并表示一国拥有数据的规模、活性以及解释、运用数据的能力将成为国家层面竞争力的重要来源。数字主权成为继边防、海防、空防之后体现综合国力的一个全新且重要的领域。

我国在战略层面高度重视大数据发展。2011年12月,工信部把信息处理技术作为物联网发展的4项关键技术之一,其中包括海量数据存储、数据挖掘、图像视频智能分析等,而这些技术已是大数据技术的重要组成部分。2015年9月,国务院印发《促进大数据发展行动纲要》,明确推动大数据的发展和应用,计划在未来5~10年打造精准治理、多方协作的社会治理新模式,建立运行平稳、安全高效的经济运行新机制,构建以人为本、惠及全民的民生服务新体系,开启大众创业、万众创新的创新驱动新格局,培育高端智能、新兴繁荣的产业发展新生态。2016年3月,《中华人民共和国国民经济和社会发展第十三个五年规划纲要》发布,其中,第二十七章"实施国家大数据战略"指出把大数据作为基础性战略资源,全面实施促进大数据发展行动,加快推动数据资源共享开放和开发应用,助力产业转型升级和社会治理创新。2017年1月,工信部编制印发《大数据产业发展规划(2016—2020年)》,以强化大数据产业创新发展能力为核心,明确了强化大数据技术产品研发、深化工业大数据创新应用、促进行业大数据应用发展、加快大数据产业主体培育、推进大数据标准体系建设、完善大数据产业支撑体系、提升大数据安全保障能力等7项任务,提出大数据关键技术及产品研发与产业化工程、大数据服务能力提升工程等8项重点工程,研究制定了推进体制机制创新、健全相关政策法规制度、加大政策扶持力度、建设多层次人才队伍、推动国际化发展等5项保障措施。

大数据如此重要,那究竟什么是大数据?关于大数据的内涵界定尚没有形成一致性结论。研究机构高德纳(Gartner)给出这样的定义:大数据是指无法在一定时间范围内用常规软件工具进行捕捉、管理和处理的数据集合,是需要新处理模式才能具有更强的决策力、洞察发现力和流程优化能力的海量、高增长率和多样化的信息资产。麦肯锡公司将大数据定义为一种规模大到在获取、存储、管理、分析方面大大超出了传统数据库软件工具能力范围的数据集合,具有海量的数据规模、快速的数据流转、多样的数据类型和价值密度低等4大特征。大数据时代的预言家,《大数据时代:生活、工作与思维的大变革》的作者维克托·迈尔-舍恩伯格给出的解释或许更易于理解。他认为"大数据"是指不用随机分析法(抽样调查)这样的捷径,而对所有数据进行分析处理;大数据并不是很大或者很多的数据,并不是一部分数据样本,而是针对某个现象或事项的所有数据。例如,关于一家企业的数据信息,除企业名称、法人代表、注册资本、经营范围等基本信息外,还包括财务信息、经营信息、外部关联关系、诚信状况等信息。

综合现有研究观点,本书界定大数据的内涵为:大数据是围绕某一对象或现象的所有数据的集合,规模巨大、传递迅速、类型多样,且超出了常规数据软件的捕捉、管理和处理能力。认识大数据,要把握"资源、技术、应用"三个层次:大数据是具有体量大、结构多样、时效强等特征的数据;处理大数据需采用新型计算架构和智能算法等新技术;大数据的应用强调以新的理念应用于辅助决策、发现新的知识,更强调在线闭环的业务流程优化。因此,大数据不仅"大",而且"新",是新资源、新工具和新应用的综合体。

1.1.2 大数据的特征表现

2001年,麦塔集团(META Group)分析师Douglas Laney提出"3D数据管理"观点,认为大数据将往高速、多样、海量3个方向发展,提出了大数据的3个特征——高速性(velocity)、多样化(variety)、规模大(volume),统称为3V。3V特征是大数据最具代表性的特征,被麦肯锡、IBM、微软等多家公司认可。国际数据公司(International Data Corporation)在定义大数据技术时便引用了3V特征——"大数据技术是新一代的技术与架构,它被设计用于在成本可承受的条件下,通过非常快速的采集、发现和分析,从大体量、多类别的数据中提取价值"。大数据的4V特征是在3V基础上增加了价值维度,强调大数据总体价值大,但价值密度低,即规模大(volume)、多样化(variety)、高速性(velocity)和价值化(value),合称为4V。另外,还有一种大数据特征观点"4V+1O",在4V的基础上加1个O,即数据在线(online),强调数据永远在线,能随时调用和计算,是有别于传统数据的特性之一。随着大数据技术的不断发展,数据类型和结构愈加复杂,在4V特征基础上又增加了准确性(veracity)、动态性(vitality)、可视化(visualization)和合法化(validity),大数据的特征表现最终拓展到8V(见图1-1)。

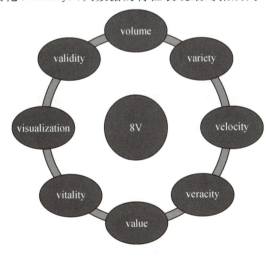

图1-1 大数据的8V特征表现

第一,规模大(volume)。数据的规模大小决定了数据蕴含的潜在信息和价值。随着信息技术的高速发展，数据呈现爆发性增长，存储单位从过去的 GB、TB，发展到现在的 PB、EB、ZB 级别①。社交网络（如微博、推特、Facebook）、移动网络、智能工具、服务工具等都成为数据的来源。Facebook 10 亿用户每天产生日志数据超过 300 TB，淘宝网 4 亿会员每天产生商品交易数据 20 TB，苏宁、京东等互联网金融巨头基本都沉淀了 PB 级的数据量。大数据科学家 John Rauser 指出，大数据是超过了任何一台计算机处理能力的庞大数据量。

第二，多样化（variety）。随着传感器、智能设备以及社交协作技术的飞速发展，数据类型变得更加复杂，不仅包含传统的结构化数据，还包含来自网页、互联网日志文件（如点击流数据）、搜索引擎、社交媒体论坛、电子邮件、文档、主动和被动系统的传感器等原始、半结构化和非结构化数据。数据格式涵盖了文本、图片、音频、视频、模拟信号等不同类型。数据不仅产生于组织内部运作的各个环节，也来自组织外部。例如，北京市交通智能化分析平台数据来自路网摄像头/传感器、公交、轨道交通、出租车以及省际客运、旅游、化危运输、停车、租车等运输行业，还有问卷调查和地理信息系统数据。

第三，高速性（velocity）。大数据是一种以实时数据处理、实时结果导向为特征的解决方案，它的"高速性"体现在两个层面：一是快速生成数据。有的数据产生是爆发式的，如欧洲核子研究中心的大型强子对撞机，在工作状态下每秒产生 PB 级的数据；有的数据产生是涓涓细流式的，但是用户众多，短时间内产生的数据量依然非常庞大，如点击流、日志、射频识别数据、GPS 位置信息等。二是快速处理数据。大数据有批处理（"静止数据"转变为"正使用数据"）和流处理（"动态数据"转变为"正使用数据"）两种范式，以实现快速的数据处理。

第四，价值化（value）。较之于传统的小数据，大数据的最大价值在于从大量不相关的各种类型数据中筛选出对未来趋势与模式预测有价值的数据，通过机器学习、人工智能或数据挖掘等方法深度分析，发现新规律和新知识，并应用于农业、医疗、金融等各个领域。大数据可以实时地为企业撷取、管理、处理、整理数据，生成企业所需的数据资料，因此大数据蕴含着很高的商业价值，被称为"数字生产力"。比如，物流领域的数据量是非常巨大的，包括来自企业、港口、运载工具、互联网等的数据，借助大数据来分析集装箱移动信息，物流企业便能知晓哪些港口有剩余运载量、哪些港口吞吐量大、应在哪个港口部署海运业务等。

第五，准确性（veracity）。数据的重要性在于其对决策的支持作用，而能否为决策提供帮助并不在于数据的规模，数据的真实性和准确性才是获得真知和思路的最重要因素。追求高质量数据是大数据面临的一项重要挑战，即使最优秀的数据清理方法也无法消除某些数据固有的不可预测性，如人的情感和忠诚度、天气形势、经济因素以及未来变化。在处理此类数据时，尽管存在不确定性，数据仍然包含宝贵的信息。我们必须承认、接受大数据的不确定性，并确定如何充分利用这一点。例如，采取数据融合技术，通过结合多个可靠性较低的数据来源创建更准确、更有用的数据。

第六，动态性（vitality）。大数据是基于互联网的实时动态数据，而不是历史的或严格控制环境下产生的内容。由于数据资料可以随时随地产生，因此数据的采集不应当是阶段性的，而应该保持动态性和实时性。不仅数据收集具有动态性，而且数据的存储技术、处理技术也可以随时更新，即数据管理也具有动态性。数据管理涵盖了数据存储和数据提取等多个步骤。数据采集过后，可利用关系、键值、文档、图片、多媒体等属性不同进行标签和归类，预处理后形

---

① 注：1024 GB = 1 TB，1024 TB = 1 PB，1024 PB = 1 EB，1024 EB = 1 ZB。

成数据集在数据库中进行分类存储。动态的数据管理不仅要求在数据库层面形成动态趋势,而且要在整体的数据管理中利用自动化和区块化技术细分和筛选必要数据,保持数据新鲜度,并撇除旧数据的影响。

第七,可视化(visualization)。数据可视化旨在根据数据的特性(如时间信息、空间信息),找到合适的可视化方式,如利用图表(chart)、图形(diagram)和地图(map)等将数据直观地展现出来,同时找出包含在海量数据中的规律或者信息。数据可视化技术利用计算机对抽象信息进行直观表示,以利于快速检索信息和增强认知能力。大数据时代,大规模、高纬度、非结构化数据层出不穷,要将这样的数据以可视化形式完美展示出来,传统显示技术已很难实现;而高分高清大屏幕拼接可视化技术具有超大画面、纯真彩色、高亮度、高分辨率等优势,结合数据实时渲染技术、GIS空间数据可视化技术,可以实现数据实时图形可视化、场景化以及实时交互。

第八,合法化(validity)。合法化特征强调数据采集和应用的合法性,特别是对个人隐私数据的合理使用。大数据应用的基础资源是包括个人信息和商业数据在内的海量数据,可能涉及的法律问题包括个人信息保护、商业秘密保护、著作权保护、不正当竞争以及计算机信息系统安全等。信息社会对个人信息保护和商业秘密保护提出了更高的要求,在数据获取中应遵循法定规则,在数据流动和私权保护之间寻找适度的平衡。

1.2 大数据时代到来的历史必然性

2012年2月,《纽约时报》专栏称大数据时代已经降临,在商业、经济及其他领域中的决策将日益基于数据和分析做出,而非基于经验和直觉。哈佛大学社会学教授加里·金(Gary King)讲道:"这是一场革命,庞大的数据资源使得各个领域开始了量化进程,无论学术界、商界还是政府,所有领域都将开始这种进程。"2013年被称为"大数据元年",在基础技术条件、行业数据总量、商业盈利模式都发展到一定程度之后,大数据对人类社会的影响开始显现。大数据时代的到来并非只是靠多年数据量累积,而是有着复杂且客观的基础条件。概括地讲,推动大数据时代到来需要三大基础条件——信息技术提供技术支撑、数据产生方式发生变革、数字技术渗透人类生活。

1.2.1 信息技术提供技术支撑

随着移动互联网及物联网的出现、各种终端设备的接入、各种业务形式的普及,全球数据量平均每40个月翻1倍。近年来,人类社会的数据量呈现极数级增长,根本原因在于信息技术的巨大进步。经过数字化转变之后,印刷时代的信息能够轻松实现复制、存储,使"知识爆炸""信息爆炸"成为现实,自然可以出现传统时代无法比拟的数据增长规模。简言之,存储、计算、网络等信息技术的巨大进步是大数据时代到来最基础的技术支撑。

首先,数据存储设备容量不断增加。近些年来,数据存储设备的性价比不断提升,容量越来越大,价格却越来越低。在此背景下,整个社会存储的个人数据和企业数据越来越多。原来很多数据必须删掉,现在可以保留下来,期望有一天去发现它的价值。存储技术在未来可能达到一个什么样的水平呢？2013年6月,斯威本科技大学的研究团队发表在《自然通讯》杂志的文章描述了一种全新的数据存储方式,可将1 PB的数据存储到一张仅DVD大小的聚合物碟片上;如果现在一张光盘只能刻1 G数据的话,未来1张DVD光盘就可以刻录一百万张目前DVD光盘的数据。同时,存储空间的增加又会导致数据产生量的急剧增加。

其次,CPU处理能力大幅提升。21世纪初,Intel公司宣布了基于摩尔定律的"Tick-Tock"理论。所谓Tick-Tock,本意其实是指钟摆运行发出的"嘀嗒"声,意在表明Intel公司会在每两年完成一次处理器架构的大变动:"Tick"年完成制程的进步,在保证性能几乎相同的情况下缩小芯片面积,降低能耗及发热;"Tock"年则更新微处理器架构,以提升性能。Tick和Tock相互交错进行,每两年完成一次"嘀嗒"循环。这样的策略获得了非常大的成功。近些年半导体行业的发展可谓是翻天覆地。单颗芯片上的晶体管数目从1971年4004处理器上的2300个增长到1997年Pentium II（奔腾2）处理器上的750万个,26年的时间里数量增长了3200倍,再到2013年Haswell平台的14亿个晶体管,16年间增长186倍,可以说基本符合了摩尔定律。近年来,随着3D芯片等技术的耗尽,人们不得不开始相信摩尔定律即将失效。但是,CPU开始出现双核、四核、八核,甚至更多的核,性能不断提升,对数据的处理能力也在不断提升。

再次,网络带宽不断增加。根据智研咨询《2020—2026年中国宽带行业发展动态及竞争策略研究报告》,2014—2018年我国移动互联网接入流量飞速增长。2018年移动互联网接入流量为711.1亿GB,同比增长189.2%;2019年移动互联网接入流量为1220亿GB,同比增长71.6%。2017—2019年,我国100 Mb/s及以上固定互联网宽带接入用户占比逐年提升。2018年底,我国100 Mb/s及以上固定互联网宽带接入用户占比为70.3%,较2017年增长31.4%;2019年底,我国100 Mb/s及以上固定互联网宽带接入用户占比为85.4%,较2018年增长15.1%。2014—2019年,国际出口带宽数逐年增加。2018年国际出口带宽数为7371738 Mb/s,同比增长0.7%;2019年国际出口带宽数为8827751 Mb/s,同比增长19.8%。未来宽带行业发展呈现宽带用户继续向高速率迁移、提升高速宽带用户感知、发展"内容/应用+网络深度融合"模式、发展网络安全服务、打造宽带网络差异化、构建云网一体化、提升宽带品质等趋势。

1.2.2 数据产生方式发生变革

数据产生方式的变革,是促成大数据时代来临的重要因素。概括而言,人类社会的数据产生方式大致经历了三个阶段:运营式系统阶段、用户原创内容阶段和感知式系统阶段。

第一,运营式系统阶段。数据库的诞生是人类社会最早大规模管理和使用数据的源头。大型零售超市销售系统、银行交易系统、股市交易系统、医院医疗系统、企业客户管理系统等大量运营式系统,都是建立在数据库基础之上的,数据库保存了大量结构化的关键信息,用来满足企业各种业务需求。在这个阶段,数据的产生方式是被动的,只有当实际业务发生时,才会产生新的记录并存入数据库。比如,对于股市交易系统而言,只有当发生一笔股票交易时,才会有相关记录生成。

第二,用户原创内容阶段。互联网的出现使得数据传播更加快捷,不需要借助于磁盘、磁带等物理存储介质,网页的出现进一步加速了大量网络内容的产生,从而使得人类社会数据量开始呈现井喷式增长。但是,互联网真正的数据爆发产生于以"用户原创内容"为特征的Web 2.0时代。Web 1.0时代主要以门户网站为代表,强调内容的组织与提供,大量上网用户本身并不参与内容的产生。而 Web 2.0 技术以 Wiki、博客、微博、微信等自服务模式为主,强调自服务,大量上网用户本身就是内容的生成者,尤其是随着移动互联网和智能手机终端的普及,人们更是可以随时随地使用手机发微博、传照片,数据量开始急剧增加。

第三,感知式系统阶段。物联网的发展引发了人类社会数据量的第三次跃升。物联网中包含大量传感器,如温度传感器、湿度传感器、压力传感器、位移传感器、光电传感器等,此外,视频监控摄像头也是物联网的重要组成部分。物联网中的这些设备,每时每刻都在自动产生大量数据,与 Web 2.0 时代的人工数据产生方式相比,物联网中的自动数据产生方式能在短时间内生成更密集、更大量的数据,使得人类社会迅速步入大数据时代。

1.2.3 数字技术渗透人类生活

现如今,随着数字技术与人类生活的日益融合,人类与物理世界之间实现了更为紧密的连接。概括来讲,数字技术使人类社会不同组成部分之间的交流与互动更为频繁,从而使人类的不同行为都具备了转化成数据的可能性。数字技术与人类生活的结合,使人类活动具备了转化成数据形式的前提条件,推动着人类数据量快速积累和膨胀,也为重视和发挥数据的价值创造了条件,真正使大数据走进生活成为现实。数据库专家 Jim Gray 预测,到 2047 年,现实世界人、事、物的所有信息都将上网,前所未有的巨量数据信息正在聚集,随着数字技术的进一步发展,将会与人类生活结合更加紧密,使人类活动"数据化"的程度越来越高,进而促使大数据的发展进一步走向普及。

大数据改变了人类的生活方式,已经不仅仅是人们得以获取信息的渠道,而且是人们情感、动作、工作的延伸。人类有着巨大的信息、数据需求,将会成为进一步推动大数据发展的根本性力量;数据量的级数增长又对数据处理技术、管理方法、商业模式等提出了更高的要求。从全球范围来看,大数据应用及信息需求将继续扩大,吸引更多的技术、资本及人员投入其中。鉴于大数据对社会生活带来的全方位影响,世界各国都在积极部署大数据技术在国家管理、社会进步、经济发展等方面的应用和探索,力求借助大数据技术的变革实现自身跨越式发展,这也使大数据具备了更大的市场规模和发展潜力。

人类通过处理大数据,放弃对因果关系的渴求,转而关注相互联系。这一切代表着人类告别总是试图了解世界运转方式背后深层原因的态度,而是走向仅仅需要弄清现象之间的联系以及利用这些信息来解决问题的全新思路。在未来,大数据医疗、大数据营销、可穿戴设备等更多的领域将用到大数据。大数据可以创造更多的价值,让做事更加容易,让现实从三维空间变成二维码空间。可以说,依托于大数据及大数据技术发展,人类将创造一个全新的时代。大数据时代,一切皆有可能,终将在不久的未来改变我们的生活方式与方向。

大数据为我们的生活带来哪些改变?

1.3 大数据时代人类社会在改变

同能源、材料一样,数据正在成为一种重要的战略性资源,在全球范围内带来政府、企业和社会各个领域的变革浪潮,并且对传统的思维方式、工作方法提出了新要求。因此,人们需要对大数据时代社会各方面所产生的新变化、新趋势进行科学的预见和把握。

1.3.1 政府工作发生新变化

在大数据时代,社会将呈现更明显的网络化、数字化、分散性、开放性等特征,数据将成为权力的组成部分和表现形式,传统的政府管理思维和方法渐渐难以适应社会新发展的需要。随着互联网、普适计算设备的普及,政府很难阻止数据公开、信息双向传递的历史步伐,信息技术深刻地改变了政治生态。在这样的背景下,政府从管制型向服务型转变是必然趋势。进入大数据时代,政府各项工作的数字化程度亦将进一步加强,同时不同类型的数据将成为电子政务的重要依据;与此同时,依照传统行政逻辑建立起来的部门分割将因为数据积累而变得模糊,数据分享也将缩小政府、公众之间的界限。

大数据的发展和应用为政府改进工作提供了难得的契机。政府可以对不同行业实施科学监管,并在数据分析的基础上制定能够最大限度满足各领域发展需求的支撑政策和工作方法。如此,一方面提高了政府服务社会的能力,另一方面大幅节约了管理成本,提高了行政效率。可以说,随着大数据及大数据技术的发展,政府工作的开放性、交互性、科学性、服务性会体现得更加明显。需要注意的是,大数据时代从不同的角度对政府工作提出了新的要求,积极应对这些要求需要各国政府进行大量具有创新性的工作。比如,大数据的意义不在于数据量庞大,而在于能够利用它们创造更大的价值,如何使"死"的数据呈现出"活力",这是政府需要在国家层面进行思索和部署的一大难题。另外,科学政策的制定、数据分析方法的探索、公民个人隐私的有效保护等都是政府需要从宏观角度重视和解决的问题。这些问题既是大数据时代政府角色转变的表现,也是政府工作新变化的重要落脚点。

1.3.2 社会生活发生新变化

从"双十一"购物狂欢节的疯狂促销,到共享单车、共享汽车手机扫码的一声脆响;从医疗数据精准预测病人病情,到婚姻市场适龄男女的科学匹配;从国民出行偏好高铁还是飞机,到天气预报的统计分析;从打车中心平台的合理分配,到居民用电的高峰低谷,无不都有大数据的功劳。科技的发展让大数据脱颖而出,愈发地彰显它的魔力。现代社会人类可以分析和使用的数据在大量增加,通过这些数据的交换、整合和分析,人类可以发现新的知识,创造新的价值,带来"大知识""大科技""大利润"和"大发展"。新的"知识""科技""利润"和"发展"的出现,将使社会生活面貌发生生前所未有的改变。第一,数据是客观的,在足够的数据量和计算能力基础上,人类借助数据分析可以发现社会生活中存在的问题,为教育、医疗、通信、交通等领域大幅度提升工作质量找到突破口和着力点;第二,未来社会将更大程度地满足人们的生活。"人生看似杂乱无章,其实有规可循。"艾伯特拉斯洛·巴拉巴斯在其著作《爆发》中通过科学的论证指出,大数据分析能够科学预测93%的人类行为,而科学预测人类行为的目的和意义在于通过有针对性的工作使社会生活更加和谐、美好。

大数据不仅使人们的日常生活质量得到提高,也为社会构成与组织结构的改善提供了契机。长期以来,在地域、种族、政治、经济等诸多因素的作用下,社会被分割成不同的部分和单元,相互之间有着各自的价值标准、文化品格、利益诉求。很多时候这种现象被标榜为"多样化",但是最深层的本质是人类不得不正视的"封闭""分割"的事实,这与未来全球化的发展趋势与要求是相悖的。全球化要求平等、开放和交流,只有这样才能更加彰显个性价值。大数据时代,不同的民族、文化、行业可以基于大数据实现相互沟通和融合,打破传统封闭的社会格局,促进社会的开放和进步。在实现进一步的发展之后,社会生产活动的目标和落脚点将随之产生新的变化。在传统的农业社会和工业社会,人们的一切活动的直接指向目标是价值;而在大数据时代,社会生活的意义将成为人们活动的重要指向目标。由此,社会生产及其价值指向的方向便发生了重大转变,从重视价值的生产者本位转向重视意义的消费者本位,社会经济、政治、文化生活将以消费者为中心进行重构。

为什么说健康码是一款大数据产品?

1.3.3 人类思维发生新变化

维克托·迈尔-舍恩伯格在其著作《大数据时代:生活、工作与思维的大变革》中提到真正的革命不在于分析数据的机器,而在于数据本身和我们如何运用数据,他从"更多、更杂、更好"等三个角度阐释了大数据时代的思维变革。第一,不同于以往基于"样本数据"进行分析,大数据时代可以充分利用与目标相关的"所有数据"。"样本数据"借助采样方法获取,它的成功依赖于采样的绝对随机性,但是实现采样的随机性非常困难,一旦采样过程中存在任何偏见,分析结果就会相去甚远。大数据是指不采用随机分析这样的捷径,而是采用所有数据。通过大数据基础上的"全样本"分析,能够避免有用的信息和特例在采样时被遗漏,从而可以从更多的细节中发现有用的价值。第二,从"小数据"转向"大数据",允许"不精确性"的存在。想要获得大数据带来的好处,混乱应该是一种标准,而不应该是竭力避免的。依靠海量数据和强大的计算能力,我们能够轻松地得出研究对象的整体概念或形象,一些不可避免的不确定、不精确因素不会影响到最终研究与认识结果的整体性、科学性,那么我们便能够允许它们的客观存在。换言之,大数据不仅让我们不再期待精确性,而且让我们无法实现精确性。人们摆脱"只见树木,不见森林"的困惑,能够获得更高的视野和角度,推动思维和认识的进步。第三,大数据分析更加重视事物之间的"相关关系",而不是"因果关系"。在"小数据"时代,由于计算能力不足,大部分相关关系分析仅限于寻求线性关系。事实上,实际情况远比我们想象的要复杂,因为数据之间往往存在"非线性关系"。在"大数据"时代,相关关系分析法更准确、更快,而且不易受偏见的影响,便于发现事物之间存在的客观联系,提高各项工作的针对性和有效性。通过探求"是什么"而不是"为什么",相关关系帮助我们更好地了解这个世界,可以在一定程度上帮助人们从因果关系的苛求中解脱,迅速发现相关事物及其规律,并把它们运用到工作和生活中,进而理解、解决更为复杂的问题。

大数据时代,人们不用再因为技术条件的限制而耗费大量精力去获取静态、少量、个体的数据,不用再不得已而简化对研究对象、研究目标的要求。基于大数据的社会研究,是一种新的研究范式,代表着全新的研究视野和理论基础,依据截然不同的操作方法,它将重组探索世界的学科分布,从而成为人类继定性研究、定量研究和计算机仿真研究之后的第四种探索世界的研究范式。人们有足够的理由期待,大数据的研究范式可以给社会认知带来根本性的变化。

大数据时代的思维变革

本章小结

  大数据是围绕某一对象或现象的所有数据的集合,规模巨大、传递迅速、类型多样,且超出了常规数据软件的捕捉、管理和处理能力。高速性、多样化、规模大,是大数据最具代表性的3V特征。4V的大数据特征是在3V基础上增加了价值维度。随着大数据技术的不断发展,在4V的基础上增加了准确性、动态性、可视化、合法化,大数据的特征从4V拓展到8V。

  概括地讲,推动大数据时代到来需要三大基础条件——信息技术提供技术支撑、数据产生方式发生变革、数字技术渗透人类生活。存储、计算、网络等信息技术的巨大进步是大数据时代到来最基础的技术支撑;人类社会的数据产生方式大致经历了三个阶段:运营式系统阶段、用户原创内容阶段和感知式系统阶段;数字技术使人类社会不同组成部分之间的交流与互动更为频繁,使人类活动具备了能够转化成数据形式的前提条件,推动着人类数据量快速积累和膨胀,也为重视和发挥数据的价值创造了条件,真正使大数据走进生活成为现实。

  随着大数据及大数据技术的发展,政府工作的开放性、交互性、科学性、服务性会体现得更加明显,同时大数据时代从不同的角度对政府工作提出了新的要求,积极应对这些要求需要各国政府进行大量具有创新性的工作。现代社会人类可以分析和使用的数据在大量增加,人类可以发现新的知识,创造新的价值,带来"大知识""大科技""大利润"和"大发展",使社会生活面貌发生前所未有的改变,也为社会构成与组织结构的改善提供了契机。大数据时代人类迎来了思维变革——不同于以往基于"样本数据"进行分析,大数据时代可以充分利用与目标相关的"所有数据";从"小数据"转向"大数据",允许"不精确性"的存在;大数据分析更加重视事物之间的"相关关系",而不是"因果关系"。

思考题

1. 什么是大数据?
2. 大数据具有哪些特征?
3. 如何理解大数据时代到来的历史必然性?
4. 举例说明大数据时代人类社会正在发生的新变化。

案例讨论

余杭经济技术开发区278位企业"首席数据官"上岗

  "公司一直在尝试进行数字化改造,但随着业务的拓展,我们现在使用的联运数据管理系统还需要不断地优化和调整。"近日,浙江联运知慧科技有限公司副总经理黄正多了一个新头衔——"首席数据官",他说:"这下好了,通过开发区组织的培训以及与其他企业'首席数据官'之间的交流,我们可以学到更多数据管理方面的成功经验,让信息化成为提高企业竞争力的核心力量。"

"首席数据官"是余杭经济技术开发区为推进产业数字化发展,在规模以上工业企业内设置的一个数字化改造管理专岗。考虑到部分企业不知如何进行有效的数字化改造,2019年,余杭经济技术开发区建立企业首席数据官制度,通过帮助企业培养一名专职人员,赋能企业转型升级。

像黄正一样获得"首席数据官"新头衔的,在余杭经济技术开发区共有278位。他们主要由企业内管理层人员担任,不仅要对外学习了解数字化发展新趋势,而且要统筹协调好数字化改造方案的具体"落地",为企业高质量发展提供相应的建议。

"不同的企业有不同的数字化改造需求。"余杭经济技术开发区产业发展局有关负责人说,开发区始终坚持企业为主体,将不定期组织"首席数据官"外出参观,并提供沙龙、讲座等学习机会,深化服务,主动把数字化改造方面的优质资源送到企业中去,引领企业结合自身实际情况进行提升改造。

依托培养"首席数据官"来激发区域产业数字化发展的动能,这是余杭经济技术开发区在推进"三服务"工作中的一次重要实践,也是大力实施"新制造业计划"中的创新之举。

近年来,余杭经济技术开发区深入实施"机器换人""工厂物联网"和"企业上云"等专项行动,通过变革和创新企业的生产方式,全力发展高端装备制造业。接下来,还将积极推进春风动力、西奥电梯等无人工厂建设,以标杆示范企业为引领,推动量大面广的中小企业也进行数字化转型,为杭州市打造数字经济第一城、余杭区打造数字经济第一区提供可复制的经验。

资料来源:余杭经济技术开发区278位企业"首席数据官"上岗[N].杭州日报,2019-11-19.

案例思考题:

1. 如何认识"首席数据官"这一工作岗位?
2. 余杭经济技术开发区在企业内设置"首席数据官"具有哪些重大意义?

第 2 章　大数据时代下金融业发展

学习目标

- ◆ 熟悉改革开放以来我国金融业的发展历程；
- ◆ 掌握大数据时代金融业的发展优势；
- ◆ 掌握大数据促进金融业创新的主要维度；
- ◆ 理解大数据在金融业应用的现实意义；
- ◆ 理解大数据如何助推金融业转型升级。

导入案例

麦肯锡：大数据规模化应用是中国银行业大势所趋

麦肯锡发布的《中国银行业 CEO 季刊（2019 年冬季刊）》提出，近年来，面对外部经营压力、竞争和监管环境变化，国内银行业收入和利润增长步履维艰，很难突破双位数；但在同样严峻的环境下，全球领先银行通过大数据应用，仍能在公司及零售核心业务上实现 10%～15% 的增长。此外，针对困扰很多银行的不良率高企问题，领先银行利用大数据和人工智能技术，在宏观经济下行情况下，仍然实现了良好的风险控制。人工成本上升、科技投入增加，令很多银行的成本/收入比上升，而数字化、大数据和人工智能可以帮助银行有效实现降本增效。

根据麦肯锡全球数据工作坊的分析，规模化应用大数据和高级分析可显著提升银行业务绩效、降低运营成本、优化风控和决策、改善监管数据效率及提升客户体验。大量银行斥巨资于大数据和高级分析技术，就是看到了其背后的巨大价值。据麦肯锡全球研究院（McKinsey Global Institute, MGI）测算，高级分析在全球各个行业的价值创造潜力高达 9.5 万亿～15.4 万亿美元，能推动银行业利润增长 10%～15%。

得益于中国银行业迈向高质量发展的内在要求、国家政策扶持以及相关技术能力的日臻成熟，在中国银行业，大数据和高级分析规模化已进入黄金时代，是整个行业未来发展的大势所趋。

据麦肯锡全球资深董事合伙人、中国区金融企业咨询业务负责人曲向军介绍："全球前 50 大银行中，90% 以上都在积极应用高级分析技术。全球领先银行将税息前利润的 15%～17% 投入数字化、科技和大数据领域，科技和大数据人员占到总人数的 17% 左右；与之相比，中国银行业的相关人才比例不足 5%。拥抱大数据、提升银行竞争力已是整个行业的共识，能够率先转型为'科技银行''数据银行'的金融企业，将在未来 10 年领跑同业。"

资料来源：麦肯锡：大数据规模化应用是中国银行业大势所趋[N]. 中国保险报，2019-12-03.

作为大数据发展及应用的最重要领域之一，金融业在大数据时代的发展可谓日新月异。2011 年，麦肯锡发布的《大数据：创新、竞争和生产力的下一个前沿》报告指出，较之其他行业，大数据对金融业更具潜在价值，金融业的大数据价值潜力指数排名第一。首先，本章将回顾改

革开放以来我国金融业的发展历程；其次，分析大数据时代金融业的发展优势、大数据促进金融业创新的主要维度，探讨大数据应用于金融业的现实意义；最后，介绍大数据在我国金融行业的应用现状，分别以银行业、证券业和保险业为代表分析大数据如何助力我国金融业转型升级。

2.1　改革开放以来我国金融业发展回顾

我国金融业发展是一个持续、动态的制度变迁过程，既有自上而下的强制性制度变迁，又有自下而上的需求引致性制度变迁。根据重要时间节点和重大历史事件，改革开放以来我国金融业发展大致经历了体系结构与市场框架建设，应对金融冲击与蜕变发展，宏观审慎管理框架探索，市场化、国际化和多元化，以及稳发展、强监管与防风险等5个阶段。

2.1.1　体系结构与市场框架建设阶段(1979—1997年)

20世纪80年代，我国开始向市场经济转轨，金融市场领域尝试引进市场经济金融体系的基本结构。在计划经济时代，"大一统"的金融体系中只有人民银行一家。人民银行既负责宏观平衡，又提供商业性金融服务。这一时期金融改革的主要内容是改变金融组织体系结构，建立一些新的金融企业，将中央银行和商业性金融企业分开，构建双层银行体系。在所谓双层银行体系中，中央银行专注于宏观调控、金融监管以及为商业银行提供支付清算等金融服务；商业性金融企业则从人民银行独立出来，面向企业和居民提供商业性金融服务。具体而言，中国工商银行、中国建设银行、中国银行、中国农业银行以及中国人民保险公司都是在20世纪80年代前后建立或恢复建立的。

20世纪90年代上半期和中期，金融改革发展以党的十四大和十四届三中全会为依据，与建立社会主义市场经济基本框架相平行，着手建立符合市场经济的金融市场基本框架。首先，专业银行向商业银行转型。当时，中国工商银行、中国农业银行、中国银行、中国建设银行还是专业银行，分别服务于工商业、农业、国际业务和项目建设等行业或领域，相互之间不存在竞争关系。此外，四大行还必须负责各自领域的政策性业务，这不仅不利于银行业的发展，也不利于社会主义市场经济的健康发展。基于这种考虑，国家决定成立三家政策性银行——国家开发银行、中国进出口银行、中国农业发展银行，专门承担政策性业务。此后，四大行只承担商业性业务，且不再按专业领域划分，相互之间可以交叉、竞争。其次，这一时期建立了证券市场。1990年底，上海证券交易所和深圳证券交易所正式建立，国家层面成立了证券委和证监会，后来证监会合并了证券委的发行审核功能。再次，保险业取得较快发展，特别是寿险开始初步发展。1998年，中国保险业监督管理委员会成立。最后，在金融企业和金融市场改革发展的基础上，我国建立了新的宏观调控框架，明确了当时国家计委、财政政策、货币政策的各自职能，宏观调控从直接调控加快转向间接调控。

2.1.2　应对金融冲击与蜕变发展阶段(1997—2008年)

1997年亚洲金融危机爆发，当时我国处于社会主义市场经济体制建立的早期阶段，金融领域可谓乱象丛生。由于没有建立统一的会计标准，商业银行贷款分类方法不科学，财务纪律不规范，资本金不充足，结果在亚洲金融危机的冲击下，相当一部分金融企业经营不下去，甚至破产倒闭。为应对亚洲金融危机的冲击，我国调整了金融体系结构。就整个经济体制改革而言，需要在适当分权的基础上，建立中央与地方之间的合理关系；但是在金融调控方面，还是需要进行垂直管理。1997年，全国金融工作会议对金融体系的组织结构做了调整。此外，当时我国推出了以基础设施建设为主的经济刺激计划，财政部门和金融部门都要配合。受亚洲金融危机影响，国有企业困难比较明显，国家推出国有企业"三年脱困"计划，通过债转股减轻国有企业债务负担，成立4家资产管理公司剥离大型银行不良资产，帮助国有企业休养生息，走出大量下岗和效益下滑的困境。

亚洲金融危机之后，国家对金融企业特别是有重大影响的大型金融企业进行财务重组，助其恢复到健康状态。虽然之前对计划经济时代的会计制度有所改动，但是不够彻底；当时资产损失不能减计和计提，银行对企业贷款质量的衡量和对不良资产的计算是不真实的，对资本市场也造成了不良影响。2001年、2002年前后，我国对会计准则进行了改进。金融企业财务状况基本合格后，要想跟上国民经济迅速发展的需要，还需要不断增强资本。因此，大多数效益比较好的银行、保险公司、证券公司逐步发行上市。上市除了可以筹集资本外，更重要的是要按照现代企业制度建立公司治理结构，同时提升透明度，金融企业要受到来自广大投资者特别是股票市场投资者和战略投资者的压力和监督约束，从而有足够的动力加强财务管理和风险管理。在此期间，农村信用社资产大概占到了金融系统总量的10%，不良资产占比在50%左右。农村信用社改革采用了与前述大型国有银行类似的办法。同时，农村信用社比较分散，情况参差不齐，所以当时改革设计了正向激励机制，调动各方面积极性，鼓励做得好的农村信用社，约束做得差的农村信用社。在抓好大型金融企业和农村信用社改革的同时，以财务损失自担为原则推进中等金融企业，包括中等商业银行和城市商业银行的改革。证券领域，起伏不定，上市公司质量较差，发行和交易秩序混乱。上市国企存在股权分置，即法人股和流通股并存问题，极大地影响了投资者的信心和股票市场的发展。因此，国家于2005年推动股权分置改革。保险领域，寿险公司处于大面积利差损状态，财务状况很不健康。国家通过财政和金融体系拿出一部分资源包括外汇储备和黄金储备来改善这些保险公司的资本状况，使得其基本合格。监管领域，2003年中国银监会从人民银行分设，明确了银监会、保监会、证监会三家专业性监管机构的目标职责，理清了金融监管和宏观监管的责任关系。

2002—2008年我国金融大事件如表2-1所示。

表2-1　2002—2008年我国金融大事件统计

时间	事件内容
2002年3月26日	中国银联成立
2002年11月和2007年6月	QFII（Qualified Foreign Institutional Investor）业务和QDII（Qualified Domestic Institutional Investor）业务分别开闸
2003年4月28日	中国银监会正式挂牌成立，"一行三会"分业监管体系建立
2003年6月29日	《内地与香港关于建立更紧密经贸关系的安排》（Closer Economic Partnership Arrangement，CEPA）正式签署
2003年10月28日	《中华人民共和国证券投资基金法》通过
2003年11月6日	中国人民财产保险股份有限公司在香港成功上市

续表

时间	事件内容
2003年12月16日	中央汇金投资有限责任公司成立,外汇管理体制改革进一步深化
2004年1月31日	国务院发布《关于推进资本市场改革开放和稳定发展的若干意见》
2004年1月—2009年1月	国有商业银行股份制改造基本完成
2004年10月25日	保险资金直接入市的闸门正式开启
2005年4月29日	上市公司股权分置改革试点工作启动
2005年6月23日	交通银行成功上市,拉开国有控股商业银行上市序幕
2005年7月21日	人民币汇率形成机制改革开启并稳步推进
2006年2月	中国外汇储备跃居全球第一
2006年6月15日	国务院发布《国务院关于保险业改革发展的若干意见》
2006年10月31日	《中华人民共和国反洗钱法》通过
2007年1月4日	上海银行间同业拆借利率(Shanghai Interbank Offered Rate,Shibor)正式运行
2007年3月20日	中国邮政储蓄银行在北京挂牌成立

2.1.3 宏观审慎管理框架探索阶段(2008—2012年)

2008年,全球金融危机爆发,我国金融改革和发展又一次在外部冲击下步入了一个新阶段。针对全球金融危机给宏观调控和金融体系提出的重大挑战,我国在金融领域做出大量纠正和显著改进。例如,纠正导致金融危机发生的问题、改造相关市场,特别是加强对金融体系中交易部门杠杆率的监管等。鉴于顺周期因素加大了经济金融的波动性和危机程度,这个时期金融体制改革尝试建立健全宏观审慎管理框架。2010年中共十七届五中全会提出要构建"逆周期的金融宏观审慎管理制度框架",党的十八大、十八届三中全会、十八届五中全会以及连续几年政府工作报告中都对此有所提及。"宏观审慎"是相对"微观审慎"而言的,宏观审慎监管框架成为金融危机后国际社会的重要共识。宏观审慎监管框架采用传统政策工具,增加了"逆周期"的要素,防止并化解风险的积累;突破了传统监管的边界,向跨行业、跨市场、跨国界进行延伸,强调"更全面"的监管和各种监管规则的一致性;积极采用新的监管工具,解决"顺周期"等问题。例如,增加杠杆率、流动性等新的监管指标,对重要机构提出更高的资本充足率要求等。

2008—2012年我国金融大事件如表2-2所示。

表2-2 2008—2012年我国金融大事件统计

时间	事件内容
2009年4月8日	跨境贸易人民币结算试点启动,逐步推广至全国
2009年5月1日	创业板正式启动
2009年5月22日	新股发行体制开始实施第一阶段改革,之后逐步完善
2010年4月	融资融券交易正式启动

续表

时间	事件内容
2010年6月21日	第三方支付纳入监管体系
2011年4月14日	中国人民银行首次对外公布我国社会融资规模
2011年5月3日	中国银行业实施新监管标准指导意见
2012年	金融消费者权益保护监管组织架构基本确立

2.1.4 市场化、国际化和多元化阶段(2012—2017年)

党的十八届三中全会明确了资源配置过程中市场的决定性作用,放眼金融领域便是要实现利率市场化和汇率市场化。利率市场化从2004年开始推动,沿着先贷款后存款、先大额后小额、先外币后本币的思路展开。最终,在2015年取消存款利率浮动上限,几乎完全实现了利率市场化。对于汇率市场化,经过2007、2012和2014年三次调整,人民币兑美元交易价每天浮动幅度由3‰逐步扩大到2%,同时人民银行逐步退出常态化的外汇干预。新的汇率体制要求人民币汇率更充分地反映经济基本面,其中一个重要内容就是要反映国际经常项目收支的平衡情况,即汇率主要由外汇市场的供求关系决定。

在多年市场化改革的基础上,金融改革和发展加快了国际化的步伐。2014年,我国推出了沪港通,实现了上海证券交易所和香港联合交易所的互联互通。与此同时,人民币国际化势头积极发展、人民币资本项目可兑换加快推进、人民币离岸市场建设得到加强,以及金融支持企业"走出去"的步伐加快。随着我国综合国力提升以及国际社会对中国寄予希望,人民币国际化的步伐逐步加快。一是与别国签订协议,在双边贸易投资中使用本币。例如,中国和俄罗斯之间的经贸往来可以使用人民币,也可以使用卢布。二是双边央行开展本币互换。例如,如果俄罗斯缺少人民币,或者中国缺少卢布,两国央行可以居中进行货币互换。三是指定人民币清算行。双边都使用人民币的时候,境外市场上人民币有时候多、有时候少,多的时候应该回流到境内,少的时候可以调剂出去,这个机制就需要由清算行来完成。四是有些国家开始主动宣布将人民币作为其外汇储备的一部分。五是双边本币直接挂牌交易。通过与其他国家货币之间直接交易,双边货币就可以形成汇率,不经过其他货币套算,便利化程度更高。此外,关于资本项目可兑换,过去是外国直接投资(Foreign Direct Investment,FDI)可兑换,其他的投资项目可兑换程度不高,且事前审批多;目前事前管理逐步放开,更多的是加强事后监管。对于特别提款权(Special Drawing Right,SDR),2015年11月30日,国际货币基金组织(IMF)正式宣布人民币于2016年10月1日纳入SDR,为人民币国际化进一步推行提供了强有力的背书。

基于改革开放40余年的努力,我国金融市场基本实现了健康化、规范化和专业化,市场化和国际化在有条不紊地努力推行,正是这些过程为中国金融的多元化发展提供了勇气和底气。尤其是现在的互联网金融,国家在研究鼓励和规范互联网金融发展的基本框架,这些进程都反映了我国金融改革所处新阶段的多元化特点。

2012—2017年我国金融大事件如表2-3所示。

表 2-3 2012—2017 年我国金融大事件统计

时间	事件内容
2013 年 7 月 20 日	全面放开金融企业贷款利率管制
2013 年 8 月 22 日	国务院正式批准设立中国(上海)自由贸易试验区,金融改革在区域内取得突破性进展
2014 年 3 月 11 日	中国银监会确定首批民营银行试点方案
2014 年 4 月 10 日	沪港股票市场交易互联互通机制试点开闸
2015 年 3 月 31 日	国务院正式公布《存款保险条例》,并决定在 5 月 1 日正式实施
2015 年 8 月 11 日	银行间外汇市场中间价报价规则的完善提高了汇率中间价的市场指导性
2015 年 10 月 24 日	中国人民银行不再设置存款利率浮动上限,利率市场化完成"最后一公里"
2015 年 11 月 13 日	国务院办公厅印发《关于加强金融消费者权益保护工作的指导意见》
2015 年 11 月 30 日	国际货币基金组织(IMF)批准人民币加入特别提款权(SDR)货币篮子,人民币正式成为世界货币
2016 年 12 月 8 日	由人民银行牵头筹建的上海票据交易所正式上线

2.1.5 稳发展、强监管与防风险阶段(2017 年至今)

2017 年 7 月,第五次全国金融工作会议召开,将强化监管提升到开展金融工作的重要原则高度,制度上建立国家金融稳定发展委员会,强调对监管者的问责。银行领域主要涉及以下工作:第一,创新监管,支持企业去杠杆。推动市场化债转股工作,继续引导和完善债委会制度,拓宽商业银行不良资产处置渠道。第二,强化监管,抑制不当套利。统一监管规则,加强对非信贷业务和表外业务监管。第三,优化监管,引导银行稳健转型。强化银行业对实体经济,尤其是中小企业和民营企业的支持,推动银行业建立、完善全面风险管理体系。新时代面对复杂多变的国际政治形势,只有健康的金融、风险可控的金融,才是新时代中国经济所需要的金融。新时代面临国际逆全球化趋势,只有让金融回归本源,服务实体经济,中国金融业健康发展才能有一个厚实的基础。

2019 年以来,全球政治经济局势更加复杂严峻,中国经济金融体系面临的外部不确定性有所加大。面对复杂局面,金融系统坚决贯彻落实党中央、国务院决策部署,坚持稳中求进工作总基调,坚持新发展理念,紧紧围绕服务实体经济、防控金融风险、深化金融改革三项任务,坚持实施稳健的货币政策,坚决打好防范化解重大金融风险攻坚战,持续深化供给侧结构性改革,不断改善金融管理和服务,为促进经济高质量发展创造了良好的货币金融环境。

2020 年,面对突如其来的新冠肺炎疫情,金融系统坚决贯彻落实党中央、国务院决策部署,围绕抗击疫情、复工复产、"六稳""六保"不断推出创新举措,加大服务经济社会发展力度。从 3000 亿元抗疫专项再贷款、1.5 万亿元再贷款再贴现额度,到阶段性延期还本付息政策、两项直达实体经济的货币政策工具……涉及 9 万亿元货币资金的应对措施相继落地。目前,银行已累计完成对 6 万多亿元贷款的延期还本付息,累计发放 3 万多亿元普惠小微信用贷款,支持 3000 余万户经营主体,实现 1.5 万亿元金融系统向实体经济让利目标。在金融力量的支持下,我国经济稳定恢复发展,表现出了强大的抗压能力和发展潜力。2020 年全年国内生产总值达 101.6 万亿元,比上年增长 2.3%,是全球唯一实现经济正增长的主要经济体。按年平均汇率折算，2020年我国经济总量占世界经济的比重超过17%。

2017年至今我国金融大事件如表2-4所示。

表2-4 2017年至今我国金融大事件统计

时间	事件内容
2017年以来	中国人民银行联合五部委全面叫停首次代币发行（Initial Coin Offering，ICO）项目
2017年9月	中国人民银行颁布《中国人民银行关于对普惠金融实施定向降准的通知》
2017年11月10日	中方决定取消对中资银行和金融资产管理公司的外资单一持股比例限制
2018年3月13日	十三届全国人大一次会议审议通过组建中国银行保险监督管理委员会，不再保留银监会、保监会
2018年3月26日	中国原油期货正式在上海期货交易所挂牌交易
2018年4月27日	中国人民银行、银保监会、证监会、外汇局发布《关于规范金融机构资产管理业务的指导意见》
2018年7月20日	中国人民银行公布《关于进一步明确规范金融机构资产管理业务指导意见有关事项的通知》
2018年9月28日	银保监会发布《商业银行理财业务监督管理办法》
2018年12月2日	银保监会发布《商业银行理财子公司管理办法》
2019年1月24日	中国人民银行宣布创设央行票据互换工具，为银行发行无固定期限资本债即永续债提供流动性支持
2019年6月17日	中国证监会和英国金融行为监管局发布沪伦通联合公告
2019年6月25日	上海证券交易所和日本交易所集团同步举行中日交易所交易基金（Exchange Traded Fund，ETF）互通开通仪式
2019年7月22日	伴随上海证券交易所传出开市锣声，备受瞩目的科创板正式开市
2019年8月	中国人民银行调整LPR形成机制，5年期以上LPR首次下降
2019年10月	国务院公布《关于修改〈中华人民共和国外资保险公司管理条例〉和〈中华人民共和国外资银行管理条例〉的决定》
2019年10月	《中国人民银行 国家外汇管理局关于进一步便利境外机构投资者投资银行间债券市场有关事项的通知》
2019年11月	银保监会发布《银行保险机构公司治理监管评估办法（试行）》
2019年11月15日	证监会发布了《H股公司境内未上市股份申请"全流通"业务指引》

2.2 大数据在金融业的应用

2011年，麦肯锡发布的《大数据：创新、竞争和生产力的下一个前沿》报告指出，较之其他行业，大数据对金融业更具潜在价值，金融业的大数据价值潜力指数排名第一。概括来讲，大数据时代,金融业具有得天独厚的发展优势,具备深度"掘金"的潜力。大数据在改变金融业传统服务模式的同时,也改变了金融业的传统发展轨迹。

2.2.1 大数据时代金融业的发展优势

大数据时代金融业具有信息、人才、资金三大发展优势,如图 2-1 所示。

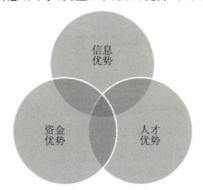

图 2-1 大数据时代金融业得天独厚的发展优势

1. 金融企业的信息优势

行业属性决定了金融业是大数据的重要产生者,交易、报价、调查、业绩报告、新闻报道、消费者研究报告、官方统计公告等无一不是数据来源。经过多年的发展与积累,金融领域已具备海量数据,正在步入大数据时代的初级阶段。在金融业务办理之前,自然人或机构客户需要在金融企业开户并填写个人或机构的基本信息,社会资金划转要以金融企业为媒介,因此金融企业有着广泛的渠道获取客户信息和资金流信息;同时,POS 机和 ATM 也可以获取个人的消费信息。金融企业的海量信息数据库,其结构化程度优于电商等企业。此外,金融企业不仅拥有所有客户的账户和资金收付交易等结构化数据,还拥有客服音频、网点视频、网上银行记录、电子商城记录等非结构化数据。这些数据经过专业技术挖掘和分析之后,将产生巨大的商业价值。

与此同时,金融业也高度依赖信息技术,是典型的数据驱动型行业。我国金融领域信息化起步较早,尤其是从改革开放初期到 20 世纪末,信息化已经成为金融改革工作的一场革命性变革,为我国金融体制改革和发展打下了坚实的基础。目前,我国金融领域信息化已经由辅助阶段、支撑阶段逐步发展到引领阶段和融合阶段。国家金融基础设施和各商业银行、证券公司、保险公司的业务交易系统,每天都实时运转着海量数据。同时,更有庞大的历史数据作为分析和决策的支撑,大数据在金融领域的应用价值日益显现。金融企业的信息化建设居于各行业前列,信息处理与建设已经根植金融企业的"思维"。金融企业不仅有信息化建设的意愿,而且具备建设优质信息化系统的条件。2000 年之后,我国金融企业提出建立数据集市的思路,各大金融企业纷纷建立了数据中心和备份中心,提高了数据的存储利用效率和风险防控能力。

2. 金融企业的人才优势

2017 年,中国人民银行印发《中国金融业信息技术"十三五"发展规划》,明确指出"十三五"时期金融业要全面支持深化改革。中国人民银行成立金融科技委员会,积极利用大数据、人工智能、云计算等技术丰富金融监管手段，提升跨行业、跨市场交叉性金融风险的甄别、防范和化解能力。2017年9月，由银监会督导，牵头16家金融企业旗下公司出资成立云服务公司——融联易云金融信息服务有限公司，主要负责承接银行业重要信息系统批量上云。

作为信息密集型服务企业，金融企业普遍拥有大量IT设施投资和IT技术开发与应用人才。我国金融企业均设有科技开发中心、数据测试和收集中心，以便于开发拥有自主知识产权的个性化业务、功能。20世纪初建立数据集市项目过程当中，金融企业累积了大量建设复杂数据信息系统的经验，涉及软件开发、数据仓储等具体实操项目，这些项目锻炼了金融企业的科技开发队伍，为金融企业积累了许多软件开发、管理人才。

3. 金融企业的资金优势

近年来，随着金融监管趋严，依托互联网开展金融业务的违约成本愈来愈高，金融牌照价值凸显，其市场价格也随之水涨船高，甚至已然将企业持有的金融牌照数量与公司综合实力画上等号。我国大型金融企业基本实现集团化经营，其经营管理经验、理念、方式、方法都强于电商企业和物流企业，容易形成跨界、跨区域经营。

不管是哪个经济评估机构的排行榜，在中国最赚钱的公司中，银行业绝对在数量上力压群芳。根据中国银行业协会的报告，2018年中国商业银行的利润总额接近2670亿美元，这个数据稳稳地拿下了头把交椅的位置。就算是全球金融最为发达的美国，联邦存款保险公司（Federal Deposit Insurance Corporation，FDIC）数据显示，2019年第二季度他们银行业实现的利润也只有626亿美元，一年利润总额2500亿美元。金融企业内部拥有充足的资金，有利于构建大规模的资金流、信息流操作系统。资金优势使金融企业在三网融合过程中可以建立先进的数据操作系统、存储系统和计算系统，有利于大数据技术的发展和应用。

金融大数据内涵辨析

2.2.2 大数据促进金融业创新的主要维度

1. 可扩展性开放架构支撑金融业发展

海量的大数据必然要求金融企业IT基础设施更易于数据的整合与集中、扩展与伸缩，以及管理与维护，同时还必须具备良好的可靠性、可控性和安全性。在IT领域，开放是一种生命力，开源的Linux就是依靠开放，获得了蓬勃的发展。专有也许并非不好，但开放必然会获得蓬勃的发展。目前，所有的核心系统软件都具备基于开放Linux平台的解决方案层面的可靠性设计，而且选择性更多，多年的实践来看，也很可靠。开放系统在横向扩展方面的解决方案更加齐全，选择性也更多。近年来，随着X86架构CPU处理器制程、内部计算架构设计推陈出新，性能已逐渐赶上RISC服务器；同时，稳定性、可用性及服务性也足以胜任海量数据对基础架构能力的要求，因此，具备高扩展性的开放架构正逐步成为金融业应对大数据的优选方案。

2. 促进金融业风险管控、精细化管理和产品创新

大数据在加强风险管控、精细化管理、产品创新等方面将起到重要作用。首先，大数据能够加强风险的可审性和管理力度,支持业务的精细化管理。当前,中国银行业利率市场化改革基本完成,利率市场化必然会对金融业提出精细化管理的新要求,我国金融企业需要重塑其精细化流程管理。其次,大数据技术支持金融产品创新,能够更好地做到"以客户为中心",通过对客户消费行为模式进行分析(比如事件关联性分析),提高客户黏性与转化率,开发出不同的产品以满足不同客户的金融需求。例如,商业银行通过大数据技术采集人们在各类互联网交易平台上的相关数据,主要是各类消费数据,对这些数据进行分析,并针对分析的结果从消费能力、消费理念、购买需求以及购买途径等方面实现对客户的精准画像,为客户设计出个性化的金融产品。同时,商业银行基于大数据技术对金融交易市场进行数据分析,掌握金融产品的最新发展趋势,创新和推出相关金融产品,满足市场需求。

3. 推进高频金融交易、小额信贷等业务创新

大数据技术在金融业的运用已逐步展开,并取得了一些良好的成效。一些典型的数据类业务——高频交易、小额信贷等都有效地利用了大数据的优势。例如,中国A股市场每天4个小时的交易会产生3亿条以上的交易数据,随着时间的推移,积累的数据量将会越来越多。这些数据可以被用于进行数据挖掘和创新,实现创造和量化投资交易模型,将其应用于真正的投资活动中,以期为企业和投资者创造利润。阿里巴巴与中国建设银行联手在2007年推出专注于小额信贷的E贷通,根据阿里巴巴大量用户数据、交易记录,建设银行进行数据挖掘,以判断是否应当给该网络店铺或网商提供贷款。微众银行在消费金融层面不断使用大数据。2016年5月15日,微粒贷上线一周年累计放贷超400亿,贷款笔数超500万笔,单笔金额为7000~8000元;2017年微粒贷运营数据显示,日贷款规模超过10亿,日均贷款余额500亿,利率0.05%,不良资产率不足0.4%,低于普通商业银行的水平,大数据技术的效果明显。

4. 促进金融企业的精准营销

大数据在金融企业精准营销方面蕴藏着巨大价值。在大数据及大数据技术快速发展的背景下,金融企业可依据客户对金融服务的个性化需求,通过大数据分析技术对客户的金融消费习惯及购买能力进行分析并做出预测和判断,为客户建立精准的营销方案,对于客户的个性化需求做到尽量满足。同时,客户对金融企业推出的金融产品也可以借助大数据技术详细了解其相关信息,通过对了解到的信息进行分析和判断,以确定是否购买。例如,招商银行在数据挖掘过程中发现招商银行信用卡额度较高的优质客户经常出现在星巴克和麦当劳等场所后,通过"多倍积分累计"和"积分店面兑换"活动吸引优质客户;通过个人消费活动识别消费习惯优质的小微客户,利用远程银行和云计算等实行交叉营销,取得了非常好的效果。

2.3 大数据助推我国金融业发展

大数据在不同金融业的应用场景如图2-2所示。

2.3.1 大数据在银行业的应用

国内不少银行已经开始尝试通过大数据来驱动业务运营,如中信银行信用卡中心使用大数据技术实现了实时营销,光大银行建立了社交网络信息数据库,招商银行则利用大数据发展小微贷款。概括来讲,大数据在银行业的应用主要体现在以下四个方面。

图 2-2 大数据在不同金融业的应用场景

第一,客户画像。客户画像主要分为个人客户画像和企业客户画像。个人客户画像包括人口统计学特征、消费能力数据、兴趣数据、风险偏好等;企业客户画像包括企业的生产、流通、运营、财务、销售和客户、相关产业链上下游等数据。值得注意的是,银行拥有的客户信息并不全面,基于银行自身拥有的数据有时候难以得出理想的结果甚至可能得出错误的结论。比如,如果某位信用卡客户月均刷卡 8 次,平均每次刷卡金额 800 元,平均每年打 4 次客服电话,从未有过投诉。按照传统的数据分析,该客户是一位满意度较高、流失风险较低的客户。然而,如果看到该客户的微博,得到的真实情况是:工资卡和信用卡不在同一家银行,还款不方便,好几次打客服电话没接通,客户多次在微博上抱怨,那么该客户流失风险较高。所以银行不仅仅要考虑银行自身业务所采集到的数据,更应考虑整合外部更多的数据,包括:客户在社交媒体的行为数据、客户在电商网站的交易数据、企业客户的产业链上下游数据、其他有利于刻画客户兴趣爱好的数据等,以深化对客户的了解。

第二,精准营销。在客户画像的基础上,银行可以有效地开展精准营销,包括:①实时营销。实时营销是根据客户的实时状态来进行营销,比如根据客户当时的所在地、客户最近一次消费等信息有针对性地进行营销;或者将改变生活状态的事件(换工作、改变婚姻状况、购买房产)视为营销机会。②交叉营销。不同业务或产品的交叉推荐,如招商银行可以根据客户交易记录,有效地识别小微企业客户,然后用远程银行来实施交叉销售。③个性化推荐。银行可以根据客户的喜好进行服务或者产品的个性化推荐,如根据客户的年龄、资产规模、理财偏好等,对客户进行精准定位,分析出其潜在的金融服务需求,进而进行有针对性的营销推广。④客户生命周期管理。客户生命周期管理包括新客户获取、客户防流失和客户赢回等。如招商银行通过构建客户流失预警模型,对流失率等级前 20% 的客户发售高收益理财产品予以挽留,使得金卡和金葵花卡客户流失率分别降低了 15 个和 7 个百分点。

第三,风险管控。这里主要涉及中小企业贷款风险评估、实时欺诈交易识别和反洗钱分析。在中小企业贷款风险评估方面,银行可通过企业的生产、流通、销售、财务等相关信息,结合大数据挖掘方法进行贷款风险分析,量化企业的信用额度,更有效地开展中小企业贷款。在实时欺诈交易识别和反洗钱分析方面,银行可以利用持卡人基本信息、卡基本信息、交易历史、客户历史行为模式、正在发生行为模式(如转账)等,结合智能规则引擎(如从一个不经常出现的国家为一个特有用户转账或从一个不熟悉的位置进行在线交易)进行实时地交易反欺诈分析。如 IBM 金融犯罪管理解决方案帮助银行利用大数据有效地预防与管理金融犯罪,摩根大通银行则利用大数据技术追踪盗取客户账号或侵入自动柜员机(ATM)系统的罪犯。

第四,运营优化。首先,市场和渠道分析优化。通过大数据,银行可以监控不同市场推广渠道尤其是网络渠道的推广质量,从而进行合作渠道的调整和优化。同时,也可以分析哪些渠道更适合推广哪类银行产品或者服务,从而进行渠道推广策略的优化。其次,产品和服务优化。银行可以将客户行为转化为信息流,并从中分析客户的个性特征和风险偏好,更深层次地理解客户的习惯,智能化分析和预测客户需求,从而进行产品创新和服务优化。如兴业银行对大数据进行初步分析,通过对还款数据挖掘、比较、区分优质客户,根据客户还款数额的差别,提供差异化的金融产品和服务方式。再次,舆情分析。银行可以通过爬虫技术,抓取社区、论坛和微博上关于银行以及银行产品和服务的相关信息,并通过自然语言处理技术进行正负面判断,尤其是及时掌握关于银行以及银行产品和服务的负面信息,及时发现和处理问题。同时,银行也可以抓取同行业的银行正负面信息,及时了解同行做得好的方面,以作为自身业务优化的借鉴。

民生银行:立足业务场景构建更快更智能的大数据平台

2.3.2 大数据在证券业的应用

证券行业的应用特点与大数据技术有较高的契合度,大数据应用为证券公司发展提供了重大历史机遇。从业务层面入手,大数据主要应用于证券公司经纪业务、投资银行业务、资产管理业务和资金营运业务。

第一,经纪业务层面。智能投资顾问是近年来证券公司将大数据技术应用到经纪业务中的创新之一。智能投资顾问采集客户的交易数据,并将数据应用到量化模型中进行处理,分析客户的风险偏好和交易习惯,最终通过数据分析结论为客户提供投资建议。智能投资顾问能够自动完成客户数据收集、投资方案制定等服务步骤,能够提高服务效率,降低服务资费,并可以向客户提供定制化顾问服务。相信随着线上投资顾问服务的成熟以及未来更多基于大数据技术的智能投资策略的应用,证券公司经纪业务将发生重大变革。在证券公司的经纪业务中,大数据还可以运用到对客户的精准营销中。证券公司可以从大数据中深度挖掘客户价值等核心信息,然后再针对客户推出产品组合,制定产品定价。

第二,投资银行业务层面。证券公司的投资银行业务有证券发行业务、收购兼并业务等,投资银行业务满足了资金需求方的直接融资需求。证券公司在开展投资银行业务时需要对数据进行搜集整理和分析,大数据在证券公司的投资银行业务中有很大的运用空间。在证券承销及发行时,可以利用大数据分析利率波动和行业风险等相关因子,以便确定合适的发行价格、发行规模、承销差价和承销方式。证券公司还可以借助大数据分析资金提供方的市场行为等信息来找寻证券设计的创新方向,设计出受到市场欢迎和有效降低风险的证券产品。

第三,资产管理业务层面。大数据的应用意味着证券公司资产管理业务将获取数量更多及维度更高的数据,投资研发模型更加完善。将大数据运用到市场行情预测中,有利于证券公司对资产管理计划投资标的及资产配置做出决策,从而提高资产管理能力。广发玺智大数据精选集合资产管理计划是大数据在证券公司资产管理业务中应用的具体案例之一。广发证券与新浪微博展开深度合作,利用大数据技术对新浪微博进行数据挖掘,将搜集来的数据作为市场预测的分析因子,数据分析结果为资产选择配置提供依据。该集合计划的典型特征便是大数据与量化投资的结合。

第四,资金营运业务层面。证券公司的资金营运业务主要包括证券自营业务、融资融券业务、买入返售证券业务等。在证券自营业务中,证券公司可以利用大数据找寻投资热点并优化金融资产的选择与配置。证券公司的资金营运业务在证券公司的业务结构中属于高风险和高收益并存的业务,风险管理对于资金营运业务至关重要。基于数据库,可利用大数据技术度量和处理资金营运业务的累积式风险。因此,大数据技术能有效地提高证券公司资金营运业务的风险管理水平。

国内首个券商 hadoop 大数据案例落地 星环助力中泰证券

2.3.3 大数据在保险业的应用

大数据对保险行业的影响是方方面面的,大数据的运用可以体现在保险行业的各个环节。下面将重点介绍保险行业费率厘定、客户维护以及业务拓展方面的大数据应用情况。

第一,费率厘定。传统的费率厘定是通过分析某一类人的风险发生概率,再根据风险发生概率厘定这一类人的保险费。随着风险的复杂化,平均费率已经不能准确反映每个成员的风险发生概率,一些细微的个人生活习惯往往就会增加发生风险的概率。获得的数据量越大,在数据中获得的有效信息也就越多。在拥有庞大的有效数据和云计算能力的前提下,保险公司有能力将费率厘定更加具体化,由一类人细化到几十个人甚至一个人。淘宝、支付宝、微信等 App 已经成为每个人生活的一部分,对这些功能性 App 的数据进行整理,通过分析客户生活习惯,一方面可以细化同类人群,另一方面可以更准确地评估客户将会面临的风险。

第二,客户维护。保险公司客户关系的维护,除了即时快速解决客户的问题之外,还需要根据客户的不同投其所好,提高客户消费的满意度,从而提高客户的忠诚度。庞大的数据量记录了许多客户的日常生活数据,大到浏览、交易记录,小到登录社交网络的时间,就像现在许多手机软件(App)或者门户网站所推出的根据浏览记录对你进行"你可能喜欢商品"的推荐。保险公司收集客户在淘宝、支付宝、微信等的各种信息数据,有能力分析一个客户的个人喜好、经济水平、生活习惯和生活规律。在客户需要服务的时候及时为客户解决问题,甚至在可能发生问题前对客户进行提醒,避免损失的发生。对庞大的客户群体实施这一行为是传统保险业客户服务部门无力为之的。良好的数据分析能力、合作伙伴的强大数据收集能力,都能有效提高保险公司的预测能力,并带来质的变化。

第三,业务拓展。保险公司可通过大数据分析,挖掘客户需求、心理等方面的信息,获取潜在的目标客户,进行有针对性的行销策略,力求达到事半功倍的效果。良好的市场细分可以合理分配公司的营销资源,避免不必要的资源浪费,在寻求经济收益增长的前提下控制成本。优质的数据加上强大的数据分析能力,有助于提升保险公司了解客户和预测市场的能力。

中国平安签约永洪科技,大数据分析让保险更懂客户

本章小结

改革开放以来,我国金融业发展先后经历了体系结构与市场框架建设阶段,应对金融冲击与蜕变发展阶段,宏观审慎管理框架探索阶段,市场化、国际化和多元化阶段,以及稳发展、强监管与防风险阶段。

就大数据时代而言,金融业具有得天独厚的发展优势,具备深度"掘金"的潜力,主要体现在信息优势、人才优势、资金优势等3个方面。大数据促进金融业创新的维度涉及4个方面:可扩展性开放架构支撑金融业发展,促进金融业风险管控、精细化管理和产品创新,推进高频金融交易、小额信贷等业务创新,促进金融企业的精准营销。

国内不少金融企业已经开始尝试通过大数据来驱动业务运营。在银行业,大数据的应用主要体现在客户画像、精准营销、风险管控、运营优化等4个方面。证券行业的应用特点与大数据技术有较高的契合度,大数据主要应用于证券公司经纪业务、投资银行业务、资产管理业务和资金营运业务。大数据对保险行业的影响是方方面面的,大数据的运用可以体现在保险行业的各个环节,其中费率厘定、客户维护以及业务拓展是大数据在保险行业的主要应用领域。

思考题

1. 改革开放以来我国金融业经历了哪些发展阶段?
2. 大数据时代下金融业具备哪些发展优势?
3. 大数据从哪些维度促进金融行业的创新?
4. 请举例阐述大数据在银行业、证券业、保险业的应用情况。

案例讨论

剑拔弩张的"余额宝时代"宣告结束
亦敌亦友的"大数据金融时代"开启

综合多方调研,《财经国家周刊》将大数据金融目前的业态区分为产业链前端的精准营销和理财推荐、中端的信用和征信体系建设,以及后端的风险控制。三种业态对应三大模式,大量企业星罗棋布,各自又与银行、P2P机构、基金公司、第三方支付以及"BAT"等互联网平台觥筹交错,蔚为大观。

邦信惠融战略发展部总经理表示,他们对大数据最多的应用就是获取客户,做到精准营销。"我们的小贷公司八成客户需要高成本从线下获取。采用大数据模型后,系统能自动推荐有需求且符合要求的新客户,成功率很高。"

在风险控制领域,大数据的应用更为广泛。阿里巴巴原安全部技术总监介绍,这几年已经

产生了大批从事身份识别、地理位置分析、信用卡诈骗分析等大数据公司,一步步围拢整个金融圈。例如,全球规模庞大的信息泄露关联产业,拥有从盗取个人信息到系统自动对各大金融企业和电商网站的账号、密码进行"撞库",再到挪走资金、非法支付和敲诈勒索等一系列黑市勾当。用大数据来反欺诈,精准及时。阿里巴巴原安全部技术总监说,他们会从各种黑客论坛、贴吧上地毯式收集数据,形成整个风险体系的联防联控。目前,一些P2P网站就与阿里巴巴建立起欺诈事实数据分享机制,一方面采用阿里巴巴的反欺诈模型,另一方面不断提供事实类数据,修正并完善模型效果。

  大数据在信用、征信领域的应用更加普遍和成熟。正德人寿保险公司CIO告诉记者,物美价廉原则同样适用于金融业,尤其保险业产品要薄利多销,就必须在产品成本尤其信用体系上下功夫。同样,亿赞普集团副总裁也介绍,他们主要针对外贸企业进行"全画像"。企业结汇过程中,银行只能靠物流单、发票、合同单等基础数据,且各家银行信息割裂,导致虚假贸易横生、热钱恣意流动等严重问题。如果将企业产品的受欢迎程度、周交易量、真实发货量及发货去向等离散信息纳入统计,则可形成全方位评估。"有些企业拥有稳定客源,只需物流单据即可贷款。一些企业客户沉淀不够,回头客寥寥无几,则需要格外小心。"

资料来源:聂欧,宋怡青,张曙霞,等.大数据金融时代[J].财经国家周刊,2014(22).

案例思考题:
1. 大数据在金融行业的应用场景有哪些?
2. 谈谈你对大数据金融的认识。

基础篇

第3章 金融营销概述

 学习目标

- ◆ 熟悉金融营销思想的演变及发展;
- ◆ 掌握金融营销的构成与特性;
- ◆ 掌握7Ps营销理论的主要内容;
- ◆ 了解大数据时代金融营销的发展契机。

导入案例

支付宝年年抢占新春营销C位,白撒5个亿是亏了还是赚了?

现如今,集五福已经成为迎接新年的全民活动,支付宝年年白白撒5个亿,说是为大家发福利,其背后又有什么意想不到的营销套路呢?

1. 强化品牌

根据支付宝官方消息,2019年全国有超过4.5亿人参与了集福活动,相当于每3个中国人就有1个人在参与集福和送福活动。集福活动现在已经成为有年味儿的固定节目了,如此庞大的用户参与度和社交声量带给品牌巨大的曝光度。今年支付宝还升级了敬业福玩法,用户扫出敬业福时,扫到的可能是"敬业福本人",向爱岗敬业的标兵致敬。金融产品最难解决的用户信任问题在集福卡面前变得容易多了。

2. 抓下沉用户

这次新加入的"我的家"活动,支付宝可以整年帮全家还花呗。刚好趁着大家过年回家,有机会教父母玩手机,帮平台扩展用户。每天有机会得福卡,刺激大家开通这项服务,再用福利把人留住。用户和家人完成"到店消费""登录"等行为,可以获得家庭积分。积分可以免费兑换东西,且大多是家里切实用得着的东西。就算家里人不用支付宝,你平时用支付宝,获得的积分帮父母免费兑换几个鸡蛋、1袋挂面等,也是非常香的!坐上了集福卡的顺风车,让用户心甘情愿拉新用户,这个营销套路真的可谓是妙哉!

3. 做社交"野心"不死

支付宝社交做得最好的地方,是蚂蚁森林和蚂蚁庄园,这两个功能让用户有动力主动加支付宝好友。给朋友浇水得福卡,更多的是一种社交意义,增加双方在支付宝平台上的牵绊。按理来说,你给朋友浇水之后,朋友是可以直接收到的,但是这里支付宝又耍了个小心机。好友7天不收能量就会消失,鼓励你去提醒好友收,把用户召回的工作转接给了你。浇水是表达关心的表现,你自然愿意通知好友。支付宝召唤不回来,但是身边切切实实的朋友可以做到。社交场景不仅搭好了,还让你全程都愿意主动参与。

4. 海外支付蹭曝光

支付宝一方面在国内跟微信支付抢用户,另一方面疯狂在海外蹭曝光。轰轰烈烈的锦鲤

营销不断有人模仿,支付宝这边已经开始尝试新的增长路子了。在"福满全球"页面,有机会点亮全球 9 个地标建筑,从北京长城到南极长城站。一场过年,用"福气"把海内外华人都连起来了,在支付宝项目组的信中提到,到时候全球将有 30 万商家在店内张贴福字,是中国福文化的推广,也是支付宝海外支付的推广。

支付宝仅仅用 5 个亿,就做成了这样一场兼具曝光、业务推广、拉新促活的过年"轰趴",真的不亏。我们集的是福,支付宝集的是关键绩效指标(key performance indicator,KPI),成功实现品牌与用户的多赢。

资料来源:支付宝年年抢占新春营销 C 位,白撒 5 个亿是亏了还是赚了?[EB/OL]. (2020-01-16)[2020-03-01]. https://www.sohu.com/a/367283211_120154731.

简单来讲,金融营销可以理解为金融企业的市场营销活动。市场营销起初是在一般工商企业流行,当人们普遍意识到市场营销是企业成功的关键时,金融企业也开始从工商企业那里学习如何拓展市场和发展顾客。本章将在回顾金融营销思想演变及发展的基础上,重点介绍金融营销的构成要素、特性表现以及 7Ps 理论的主要内容;在论述传统金融营销缺失的基础上,探讨大数据时代金融营销的发展契机。

3.1 金融营销思想的演变及发展

1958 年,全美银行协会第一次公开提出"金融营销"的概念,揭开了金融营销理论及应用研究的序幕。之后,随着金融体系的不断完善与金融市场的不断发展,金融营销思想日益丰富。概括来讲,金融营销思想的演变及发展大致经历了萌芽、发展与成熟三个阶段。

3.1.1 金融营销萌芽阶段(20 世纪 50 年代末—60 年代)

20 世纪 50 年代中期以前,以银行为首的金融业完全处于卖方市场。人们普遍认为金融企业不会与市场营销扯上什么关联,因为金融企业根本不需要"营销"客户。如果一个人需要办理银行业务,他终究会去的;如果一个人不需要办理银行业务,无论如何他都不可能去。证券投资者和保险消费者亦是如此。以银行为例,20 世纪 50 年代中期以前,西方的银行业是冷漠高傲的,银行大楼高耸肃穆,银行员工表情严肃地坐在高高的柜台后面,态度傲慢地办理业务;顾客想要办理业务必须遵照银行的规则,基本上没有跟银行谈判或讨价还价的余地。

1958 年,全美银行协会联合会议召开,第一次提到市场营销在银行业的运用。当时,银行储蓄业务竞争愈发激烈,富有创新精神的银行开始向工商企业学习,运用广告和促销等手段挽留老顾客并吸引新顾客。20 世纪 60 年代早期,英国的一些银行也意识到营销对其当前经营活动及未来发展至关重要。后来,金融企业发现靠广告、促销带来的优势很快被竞争者的仿效所抵消,因此开始转而注重服务,但是当时仅仅把服务片面理解为职员的微笑和友好的气氛。很多金融企业开始推行"微笑"服务,移走现金业务柜台前的防护栅栏,以营造一种温暖、友好的服务氛围。首批实施上述措施的金融企业在吸引客户方面捷足先登,但很快便为竞争者觉察,于是金融业又兴起了友好服务培训和装修装饰改进的热潮。结果每家金融企业都变得亲切感人,客户很难依据服务态度好坏来选择金融企业。

这一阶段的金融营销尚处于萌芽阶段,营销理念在金融领域的运用和研究发展都极其缓慢。究其原因,这与金融服务的特殊性有关。工商企业的产品是有形的、具体的、鲜明的,而金融企业经营货币资金,金融服务的无形性导致其在营销过程中不太容易给客户留下直观的刺激。此外,不同于工商企业,金融企业需要与客户保持长期的联系。一般工商企业完成一次销售就算成功,而金融企业真正需要的是长期客户。例如,一个银行通过营销手段短期内赢得了新客户,但是很快客户就被其他银行"挖走",这就不能算是成功的营销。于是,金融企业常常对营销的成效感到困扰。但是不管怎样,富有创新精神的银行开始关注营销问题,并开展了一些基本性的营销工作。

国际银行的沉默广告

3.1.2　金融营销发展阶段(20世纪70—80年代)

20世纪70年代,金融业愈加重视市场营销问题,很多金融企业建立了专门的营销部门。20世纪70年代中期,受西方金融业"金融革命"的冲击,许多金融企业意识到金融服务的本质是满足客户不断发展的金融需求,一般性的促销手段(如广告、微笑服务等)容易被模仿,于是把重心放在从创新的角度向客户提供新的、有价值的服务,进而获得差别优势。它们力图通过金融工具、金融市场以及金融服务项目等方面的创新,满足更多客户更深层次的金融需求。银行提供信用卡服务、上门贷款、共同基金、国际保险等,保险公司开始设计并推出五花八门的险种。同广告、促销、微笑服务的场景相类似,当大多数金融企业都注重金融创新的时候,它们逐渐成为同一层次水平上的竞争者。于是,金融企业被迫去探索如何发展自己的特殊优势。

这一时期的金融营销从简单地采用营销方法转变到广泛地运用营销思想。金融企业逐渐认识到自己不可能满足所有消费者,无法占领整个市场,需要集中力量于自己擅长的领域,并且争取在该领域成为消费者心目中的最佳,并把自己和其他竞争对手区别开来。这个时期,许多金融企业纷纷确定自己的形象和服务重点。比如,有的银行把自己定位为商人银行,业务上偏重于保守的投资银行业务,客户对象主要为大公司;有的银行把自己的服务对象限于中小企业;有的银行则强调规模形象,注重国际金融业务等。在金融营销的发展阶段,营销不再局限于战术层面,而是上升到战略层面。以客户金融需求为中心的顾客导向营销理念日益深入人心,通过市场细分和定位,帮助消费者了解相互竞争的金融企业及其服务之间的差异,方便消费者做出选择。

3.1.3　金融营销成熟阶段(20世纪90年代至今)

经过30余年的探索和发展,金融企业开始真正以市场营销为导向,以市场营销的理念指导整体经营活动,金融营销思想逐渐走向成熟。金融企业逐步认识到要保持持久的优势地位,必须加强对营销环境的调研和分析,整合企业的所有资源,培养核心竞争能力,谋求建立并保持与顾客之间长期互利的合作关系,实现企业的战略目标。

经济全球化导致了金融国际化的大趋势,各大金融企业在全球广设分支机构,这意味着金融企业要面对陌生的经营环境,竞争难度加剧,在打开市场和推动发展方面更需要市场营销理念的指引。即使在广告、促销、服务、创新、定位等方面都很完善，但如果缺乏一整套健全的营销计划及控制管理体系，营销成功必然是短暂的。金融企业纷纷意识到，长远的发展是建立在制度、组织和人力资源管理之上的，要从制度入手，进行全面规划、系统营销，加强对营销的分析、计划、执行与控制等一系列工作。在这一阶段，金融营销日趋成熟，金融企业真正以市场为导向，以客户为中心，用现代营销的思想和理念来指导企业的经营活动，营销观念由原来的产品营销、品牌营销、定位营销逐步转向服务营销和整合营销。

美国的金融营销模式试图满足整个市场的需要，认为金融企业应采用一揽子式的服务方式，将各类金融服务项目进行配套，从整体上满足和解决客户的各种金融需求；同时，采用有针对性的服务方式，细分客户市场，并分别由已有或新的金融产品来满足不同客户群体的不同需求。美国金融企业特别重视公众舆论态度的变化，认为加强公共关系、赢得公众好评是服务的基础。因此，美国金融企业的广告费用远远超过其他国家。日本的金融营销模式则更侧重于满足有限细分市场的需求，认为伴随着金融自由化、市场准入障碍消除和市场竞争机制完善，金融业将不可避免地沿着制造业和零售业的路子发展。综合化发展的金融企业并不总是处在有利地位，从事专门领域服务的金融企业同样有大量的商业机会。

金融营销在我国的发展

3.2 金融营销与 7Ps 营销理论

3.2.1 金融营销的构成

金融营销是服务营销的一个分支，是市场营销在金融业的具体应用，因此要解读金融营销的构成，首先要了解市场营销。1960 年，美国市场营销协会给出正式定义："市场营销是引导物资与劳务从生产者流转到消费者或用户所进行的一切企业活动。"这个定义强调营销作用的过程，但更多带有销售的意味。1985 年，美国市场营销协会重新诠释了这一概念："市场营销是对想法、货物与劳务进行构思、定价、促销和分销的计划与实施的过程，由此产生满足个人和组织目标的交换。"21 世纪，美国市场营销协会再次对市场营销的概念进行了新的诠释："市场营销既是一种组织职能，也是为了组织自身及利益相关者的利益而创造、传播、传递顾客价值，管理顾客关系的一系列过程。"这个定义已经远离了销售为核心的思想，而是强调了顾客价值，不再只是着眼于销售结果，而是看重顾客关系管理。现如今，营销作为一种战略管理手段已经成为企业的共识，"营销为王"的时代已经到来。

金融营销概念第一次出现是在银行业。1958 年，全美银行协会联合会议首开先河提出"银行营销"的概念。20 世纪 70 年代，《银行家》杂志给出了金融营销的定义："把可盈利的银行服务引向经过筛选的顾客的一种管理活动。"在这个定义里，营销的标的物不是所有的银行服务，而是可盈利的银行服务，而且营销目标也不是所有顾客，而是经过筛选的顾客。之后很多学者和业界人士提出了对金融营销的多种理解，侧重点各有不同。综合借鉴已有观点，我们认为:"金融营销是金融企业以市场为基础,以客户为核心,以金融产品为载体,利用自己的资源优势,满足客户的金融需求,实现自身盈利和发展的一系列活动。"金融营销的构成至少涉及三个要素:金融企业、金融产品以及金融市场(见图3-1)。

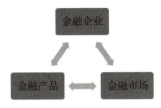

图3-1 金融营销的构成要素

1. 金融企业

各种类型的金融企业是金融营销的主体,包括商业银行、证券公司、保险公司、信托公司、投资基金等。①商业银行往往是一个国家规模最大、影响力最强的金融企业,经营存款、贷款、中间业务等。商业银行提供的金融产品种类最多,顾客数量十分庞大。②证券公司在不同国家有不同的称谓。在我国,证券公司是指依照《中华人民共和国公司法》和《中华人民共和国证券法》,并经证券监督管理机构审查批准而成立的专门经营证券业务,具有独立法人地位的有限责任公司或者股份有限公司。在日本,经营证券业务的机构也被称为证券公司。在美国,经营证券业务的机构被称为投资银行或证券经纪商。③保险公司是经营保险业务的金融企业,一般可以按照业务种类分为财产保险公司、人寿保险公司以及再保险公司。保险公司向顾客收取保费并签订保险合同,约定特定的事件发生后,保险公司予以赔偿或给付资金。④信托公司以信任委托为基础,受顾客委托进行货币资金和实物财产的经营管理。信托业务的关系人有委托人、受托人和受益人。因为信托是以信任为基础,所以一般要求受托人应具有良好的信誉,而且信托成立的前提是委托人要将自有财产委托给受托人。⑤投资基金是一种利益共享、风险共担的集合投资机构,又被叫作共同基金。投资基金之所以会产生,是因为证券市场上金融产品越来越丰富且复杂化,普通投资者很难驾驭这些金融产品,需要将资金委托给专门的投资管理公司,由专业人士集中运作,实现投资分散和降低风险的目标。此外,金融营销的主体还涉及很多其他类型的金融企业,如政策性银行、信用社、财务公司、金融租赁公司等。

2. 金融产品

金融产品,即资金融通过程的各种载体,具体概念有狭义和广义之分。狭义的金融产品是指由金融企业提供的各类金融工具;广义的金融产品包括金融企业提供的各类金融工具及各种金融服务。同样的金融产品,根据不同的使用者、不同的目的、不同的作用等,有四种不同的称谓,即金融产品、金融工具、金融资产和有价证券。以股票为例,对市场而言,股票是金融产品;对发行者而言,股票是融资工具;对交易者而言,股票是投资或投机获利的工具;对公司财务而言,股票是金融资产或有价证券。至于说如何称谓一个金融产品更为合适,要看其内涵和具体情况。

现阶段,金融产品可以分为两大类:一类是基础性金融产品,包括存款、贷款、黄金、外汇、票据买卖、股票、债券、信托及租赁等;另一类是衍生性金融产品,是在基础性金融产品上派生出来的,包括远期、期货、期权、互换等。同实物产品或其他服务相比,金融产品有两个独有的特点——收益性和风险性。我们之所以购买和持有金融产品,主要原因便是这两点,要么是为了规避风险(比如买保险),要么是为了投资升值(如定期存款、银行理财等)。一般来说,高风险、高收益是金融市场上永恒不变的法则。风险高不一定意味着必定亏损,也有可能获得很大的利润。

金融产品的构成

3. 金融市场

金融市场是指金融产品交易的场所,如货币资金借贷场所、股票债券发行和交易场所、黄金外汇买卖场所等。金融市场是中央银行利用货币政策工具对经济进行间接调控的依托,是以市场为基础,在全社会范围内合理配置有限资金资本,提高资金资本使用效益的制度前提,同时也是发挥资本存量蓄水池作用,以迅速和灵活的融资方式把储蓄转化为投资的渠道和场所。通常情况下,根据金融产品的期限,金融市场可以分为货币市场和资本市场两大类。货币市场是融通短期(一年以内)资金的市场,资本市场是融通长期(一年以上)资金的市场。货币市场和资本市场又可以进一步分为若干不同的子市场。货币市场包括金融同业拆借市场、回购协议市场、商业票据市场、银行承兑汇票市场、短期政府债券市场、大面额可转让存单市场等。资本市场包括中长期信贷市场和证券市场。中长期信贷市场是金融企业与工商企业之间的贷款市场;证券市场是通过证券的发行与交易进行融资的市场,包括债券市场、股票市场、基金市场、保险市场、融资租赁市场等。

和其他市场相比,金融市场具有自己独特的属性。第一,金融市场是以资金为交易对象的市场;第二,金融市场交易之间不是单纯的买卖关系,更主要的是借贷关系,体现了资金所有权和使用权相分离的原则;第三,金融市场可以是有形市场,也可以是无形市场。

3.2.2 金融营销的特性

不同于一般意义的市场营销,金融营销有自身的鲜明特性,如更具专业性,注重打造品牌形象,注重关系营销,强调全员营销等。

1. 更具专业性

较之于一般意义的服务产品,金融产品有更强的复杂性和专业性,普通消费者缺乏专业的金融知识,通常感到晦涩难懂。此外,金融产品对消费者有更重大的影响力,一次失败的金融投资可能意味着家庭财务的崩溃。所以,客户的购买选择会比较谨慎,对服务质量及效果更加挑剔。再者,不同的消费者对金融产品和服务的需求是存在明显差异的。如此种种,要求金融从业人员必须具有广泛的专业知识和良好的职业技能,既能解答和处理顾客的各种问题,又能充当顾客的投资顾问或参谋。金融企业不仅要求金融从业人员遵守职业道德规范和具备专业资格,还要求金融从业人员有很强的与客户面对面交流沟通的能力,保证服务达到顾客满意的水平。简言之,较之通常意义上的市场营销,金融营销更具专业性,对营销人员的要求门槛更高。

2. 注重打造品牌形象

金融服务产品是很容易被模仿的,只要某一个金融企业推出了一款特别的金融服务产品,该产品就很容易被同行业的竞争对手所模仿,结果导致金融行业产品的同质性比较严重。对于消费者而言,很难从产品本身的差异角度出发做出选择;对于金融企业而言,营销的重点不再是产品本身,更多的是通过市场定位和企业形象塑造差异化优势,包括经营场所的硬件条件、地理位置、服务水平和信息展示,以及金融企业在业界打造的有影响力的品牌形象。换言之,金融营销的逻辑不是让消费者选择某款产品进而选择金融企业,而是通过打造品牌形象,赢得消费者的好感乃至信任,促使消费者选择某一金融企业,进而选择某款金融产品。

3. 注重关系营销

所谓关系营销是将营销活动的重点从吸引新客户转变为留住老客户,由一次性销售转变为保持长期的客户关系。在竞争激烈的金融行业,争取新客户的难度不断加大,成本不断上升,争取一个新客户比留住现有客户的成本要高出许多倍,而得到的回报却要小许多。所以,金融企业非常注重对现有客户的维系,即关系营销。关系营销的目的是通过与客户结成长期的、相互依存的关系,发展客户与金融企业及金融产品之间的连续性交往,以巩固市场并提高品牌忠诚度,促进金融产品的持续销售。简而言之,关系营销旨在建立客户对金融企业的满意度和忠诚度。关系营销的注意力在于留住老客户并将其发展成为自身的忠诚客户,因为忠诚客户能给企业带来很多经济利益。没有大量的忠诚客户的支持,品牌效应就难以形成。忠诚客户被认为是金融品牌资产的一部分,是金融企业最重要的资源。在市场竞争中,客户忠诚比价格和产品质量更不易被竞争对手超过。

4. 强调全员营销

全员营销是一种以市场为中心,整合企业资源和手段的科学管理理念,很多大型工业企业采用后取得了不凡的成效。在全员营销模式下,全体员工以市场和营销部门为核心,研发、生产、财务、行政、物流等各部门统一以市场为中心,以顾客为导向开展工作,实现营销主体的整合性。所有员工关注或参加整个营销活动的分析、规划和控制,尽量为顾客创造最大的让渡价值,使顾客满意度最大化,帮助企业从中获得市场竞争力、长期利润及长远发展。金融企业的大部分员工在提供金融产品和服务时,直接面对顾客,了解顾客的需求和意愿。因此金融营销要求金融企业员工在与客户接触、交流、服务的过程中,不失时机地采用灵活多样的营销方式和技巧把金融产品和服务介绍给顾客;同时,要不断发现和挖掘顾客的潜在需求和意愿,催生顾客对金融服务和产品的真实需求。

3.2.3 7Ps营销理论的主要内容

20世纪60年代,杰罗姆·麦卡锡提出市场营销的4个基本策略,即4Ps营销理论。这4个策略分别为产品(product)策略、价格(price)策略、分销(place)策略和促销(promotion)策略。20世纪80年代后,服务业迅速发展,产业结构发生变化,服务营销成为研究热门,4Ps营销理论无法完全涵盖服务营销要素。在此背景下,学者们提出在传统4Ps营销理论基础上应该增加3个服务性要素:人员(people)策略、过程(process)策略、有形展示(physical evidence)策略,便形成7Ps营销理论。金融营销属于服务营销范畴,所以7Ps营销理论适用于探讨金融营销问题(见图3-2)。

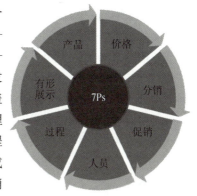

图3-2 7Ps营销组合

1. 产品策略

产品是企业满足市场需求的载体，在所有营销要素中占首要地位。金融企业在确定目标市场后，要根据目标市场的需要，开发和生产满足顾客需求的金融服务产品，进而实现营销目标。为顾客提供适合的金融产品，是金融企业开展营销活动的基础和前提。从本质上看，金融产品是服务，一个金融产品可能只包含一项服务，也可能是多项服务的组合。产品策略涉及产品品牌、产品种类、产品质量及产品特色等要素的组合和运用。产品策略的实施就是要求金融企业开发更多的金融产品以满足顾客日益多样化的金融需求，所以金融产品创新是金融企业永恒不变的主题，可以是完全没有出现过的新产品开发，也可以是模仿原产品或者是在原产品基础上升级的新产品。

2. 价格策略

简单来讲，价格策略是指金融企业通过制定、调整金融服务产品的价格等方式实现营销目标的策略，涉及确定基本价格、折扣价格、付款期限等方式的组合和运用。价格在营销组合要素中有着特别的地位，是唯一创造收益的营销要素。产品、渠道、促销、人员、过程、有形展示等要素，虽然都创造价值，但在实现交易之前都是成本，只有通过合理定价促成交易才可以实现成本补偿及盈利。定价关系到金融服务产品能否成功营销以及营销成功后能获得多少利润。定价要合理，过高会失去顾客，过低又影响效益。需要注意的是，金融服务产品的价格不同于一般工商企业产品的价格，金融企业在定价方面的自主权较弱，如利率、汇率都是金融产品的价格，但往往受政策因素的制约。

3. 分销策略

分销策略是指金融企业选择适合的分销渠道，并组织金融服务传递来实现营销目标的策略，具体包括渠道覆盖面的确定、渠道方式的选择、服务网点的设置以及服务传递过程设计等的组合和运用。分销渠道在市场营销中的重要性，通过"渠道为王"的用词可见一斑。金融企业的传统分销渠道是设置分支机构或开设营业网点。近年来，利用现代通信技术及网络的新型分销渠道正在成为越来越多金融企业的渠道选择，如 ATM、POS、网上银行、手机银行、微信银行等。另外，借助其他中间商的方法也越来越多，如代理行、行际通存通兑、同业联盟、联合营销等分销渠道也被广泛应用。

4. 促销策略

促销是促进产品销售的简称，是指企业利用各种有效的方法和手段，使消费者了解并注意产品、激发购买欲望，最终发生购买行为的过程。促销的实质是信息沟通，企业为了促进销售，把信息传递的一般原理运用于促销活动中，在企业与消费者之间建立稳定有效的信息联系，实现有效的信息沟通。促销策略是指金融企业利用各种手段激起消费者的购买欲望，从而促进金融产品销售的策略，如广告、人员推销、营业推广以及公共关系等的组合和运用。金融服务的无形性导致顾客对其认知不是直观的，所以需要营销人员更多的说明和解释，而且某些金融产品复杂性高，不易理解，也需要营销人员对顾客进行消费指引。通过营销人员的促销行为，可让缺乏专业知识的顾客了解金融产品信息，从而激发顾客的购买欲望，最终扩大金融产品的销售。

5. 人员策略

人员是服务营销特有的策略要素之一，包括参与服务提供并影响顾客消费体验的全体员工、顾客本身以及处于服务环境中的其他顾客。换言之,人员涉及与服务发生场合有关的所有人员。从本质上来讲,金融企业提供的产品是服务,而服务往往是由人来完成的,即便是在自助服务中,也需要后台人员来维护系统。人是金融服务的提供者,有时顾客也会把员工视为服务的一部分。例如,金融企业员工精神风貌好、服务态度耐心,顾客会有高品质的服务体验;员工的效率和态度也是服务的组成部分,直接影响顾客对金融产品的选择和消费。根据现代营销理论,金融企业要获利和发展首先要使顾客感到满意,要使顾客感到满意就要使员工感到满意。以追求员工满意为宗旨,金融企业有必要开展内部营销;以追求顾客满意为最终目的,除内部营销外,还需要管理顾客在服务过程中的参与行为。

6. 过程策略

服务是一种过程消费,而不是结果消费。对于提供服务的企业,过程管理非常重要,因为顾客会把过程体验当作服务质量的一部分。随着过程管理越来越受到重视,金融企业可以通过重构服务过程的方式,改变服务交付的途径和效率。金融服务产品的生产过程往往也是金融服务产品的消费过程,生产和消费是无法分离的同一过程。金融企业需要合理组织、积极协调、有效控制服务的各个环节,使服务的整个过程顺畅,保证营销工作的顺利完成。有些金融企业由于服务过程出现问题,导致顾客不满甚至投诉,长此以往,必然使顾客流失。

7. 有形展示策略

作为实现服务有形化、具体化的一种手段,有形展示在服务营销过程中占据重要地位。有形展示的重要性在于顾客能从中得到可触及的线索,去体验和感知服务质量。有形展示策略涉及很多方面,首先给顾客留下印象的是实体环境以及提供服务时需要的实物设备。金融服务产品的无形性,使得金融企业总要想办法给顾客留下更为直观的印象。金融营销有形展示可利用的元素包括建筑外观、装修特点、服务区安排、告示牌、信息屏幕以及颜色、声音、服装等,还有一些实体性线索,如标志、提示等。

对比7Ps营销组合和4Ps营销组合,我们发现:①从总体上来看,4Ps侧重于对产品本身的关注,是实物营销的基础;7Ps侧重于除产品之外服务的关注,是服务营销的基础。②从营销过程上来讲,4Ps注重宏观层面上的营销过程,从产品诞生到价格制定,然后通过营销渠道和促销手段使产品最终到达消费者手中,这样的过程是粗略的,没有考虑营销过程中的细节;7Ps则在宏观层面上增加了微观元素,开始注重营销过程中的一些细节,因此它比4Ps更加细致,也更加具体。例如,7Ps考虑到顾客在购买时的等待、顾客本身的消费认知,以及顾客对服务人员的要求。③从所站立立场来说,4Ps是站在企业的角度提出的,7Ps则更倾向于消费者一方。站在企业角度,很容易忽略顾客的某些需求,有时这种忽略是致命的;7Ps改善了这种忽略,虽然不是完整的,但起码给企业一个提醒——顾客的需求是不容忽视的。④从营销对象来讲,4Ps侧重于对产品的推销,讲究"推"的营销策略;而7Ps则侧重于对顾客的说服,更加注重"拉"的营销策略。

从7Ps分析招商银行的发展理念

3.3　大数据时代我国金融营销的发展契机

3.3.1　传统金融营销的缺失

简单来讲，金融营销是金融活动和市场营销的结合。金融企业针对现有客户和潜在客户，运用合适的营销策略提供金融服务从而满足客户的金融需求，最终实现企业经济效益及长远发展。较之于西方国家比较成熟的金融营销发展，对于我国金融业而言，金融营销还是一个比较新的课题，理论与实践仍存在一些缺陷。

1. 金融营销观念缺失

经过几十年的发展，我国绝大多数金融企业改变了金融业务与市场营销无关的陈旧观念，意识到金融营销的重要性，并开始尝试进行金融营销。然而，大多数金融从业者对现代金融营销认识不足，片面地认为金融营销就是加强金融服务，往往把营销当成推销，只是在推出产品时零星地使用广告等宣传手段。即使是广告，往往只注重华丽的辞藻、产品的包装，并非真正地去理解并分析客户的金融需求，且对于服务本身未进行完善。另有一些人认为，金融营销不过是一种推销，注重大量的宣传和噱头，而不愿意真正地深入市场，进行市场消费的实地调研和新产品新市场的开发。换言之，在我国，金融营销尚未真正确立以客户为导向、以市场和社会为中心的营销观念。

2. 金融营销目标缺失

营销目标是整个营销计划的核心，是在分析营销现状并预测未来机会和威胁的基础上确定的，对营销策略和行动方案的拟定具有指导作用。营销目标通常由销售额、市场占有率、分销网覆盖面、客户/行业渗透情况、价格水平等指标组成。虽然金融营销在我国取得了长足发展，但是很多金融企业所制定的营销策略，多是为了营销而营销，并没有完整而明确的营销目标。更多情况下，金融企业根据市场波动而临时制定促销、搭配销售等策略，并没有开展深入的市场调查分析，更谈不上明确自己的市场目标。如此，缺乏针对性和主动性的营销，并不能实现营销效益最大化。

3. 金融营销策略缺失

根据前文分析，金融营销是金融企业以市场为基础，以客户为核心，以金融产品为载体，利用自己的资源优势，满足客户的金融需求，实现自身盈利和发展的一系列活动。依据7Ps营销理论，金融营销策略包括产品、价格、分销、促销、人员、过程、有形展示等7个维度，是一个系统、一个整体。我国金融企业开展营销活动常局限于广告、推销、营业推广、树立形象等方面，其战略是模仿市场上其他企业的营销策略，并非是基于自身客户群体和客户需求分析预测后，具有明确方向性和针对性的营销战略。一味模仿已有的营销策略将导致缺乏自身的创新和特色，难以真正吸引客户，增加消费人群；与此同时，无差异营销也使得客户没有特别的品牌偏好，消费选择具有随机性。总之，金融企业未能充分重视营销策略，没有意识到金融营销的本质和好的营销策略所带来的预期收益。

4. 金融营销组织缺失

营销组织是为了实现营销目标，由相关人员组成、专门负责营销工作的部门。正是由于前文所述营销观念、营销目标以及营销策略缺失,现阶段许多金融企业甚至没有单独的营销部门,即使有也存在职能单一、缺乏真正的营销人才等问题。大部分营销部门没有充分认识到自己的职责,把太多的精力和预算放在想方设法地销售企业已经事先决定的产品上。因此,他们实际上是促销部门,而不是营销部门。理论上,营销部门应该是金融企业的核心部门,根据全员营销理论,行政部门、财务部门、信息部门、人力部门等职能部门都应该以营销部门为核心,从管理型组织架构转向为服务型组织架构,一切工作安排以营销目标和营销策略为指导。而实际上,营销部门往往只是承担了销售职能,沦为金融企业的附属部门,在资源配置上没有什么话语权,自然不可能很好地履行营销职责、制定科学合理的营销目标以及切实有效的营销方案。

3.3.2 大数据时代金融营销的发展契机

大数据时代来临,海量数据和大数据分析工具的出现为金融营销突破现有困局带来新的发展契机,具体表现在以下几个方面。

1. 大数据分析工具运用

大数据分析工具是对海量数据进行精细化分析时运用的方法和手段。目前,常见的大数据分析工具如 IDEA 工具,已经实现了数据导入、自由分析、数据导出和行业应用等相对较完整的数据分析功能。众所周知,金融业具有天然的数据属性。相关数据显示,在中国的大数据应用方面,金融业的排位仅次于互联网行业和电信行业,位居第三名,占据了超 17% 的投资份额。将大数据分析工具运用到金融营销中来,可以减少很多繁杂无关的数据,快速处理人脑无法处理的海量数据,并且通过精准地分析预测,掌握目标人群的行为特征与消费偏好,更高效地处理消费信息,从而制定差异化的营销策略。可以说,大数据分析工具的应用会为金融企业带来超乎想象的巨大收益。

2. 数据应用能力提高

大数据技术的应用,让用户的信息更加全面,金融企业可以描绘用户画像,对其进行精准营销。大数据时代大大提高了金融业的数据应用能力,主要表现在:首先,提高了数据管理能力。金融业所面对的数据是庞大而繁杂的,并且企业在运营过程中要不断对数据信息进行交换,不断充实自己的数据库,这就对数据的及时处理和全面分析提出了挑战。其次,增强了数据挖掘能力。大数据分析工具的应用可以剔除无关数据,减少工作量,并且对顾客的信息挖掘更加全面,包括消费能力、消费偏好、风险偏好、消费习惯等。最后,提高了执行力的精准性。大数据分析纵使再精准完善,也仍旧停留在数字理论环节,更为重要的是将其转化为实际的金融营销策略与行动。利用大数据所刻画出的用户画像分析其消费喜好与需求,据此制定出差异化的营销策略并投放市场,才能真正为金融企业创造经济效益。

3. 客户服务得以优化

大数据背景下,金融企业可以更加具体地追踪市场动向,从客户画像中挖掘客户的个性特征、消费需求、消费习惯以及风险偏好,这样可以进一步预测客户的潜在需求,并在此基础上开发具有针对性的产品和服务。在日常的客户维护中,可以根据资料库中的目标客户特征进行具体分析,根据其需求提供相应的产品或服务以提高服务质量。例如,通过客户对企业 App 不同功能的使用频率,将使用频率高的功能图标设置在 App 首页显眼位置;针对不同人群在

App 或官网点击访问咨询内容的不同,有针对性地提供不同的宣传和咨询服务;若目标客户为高龄人群,则可将 App 或官网页面操作简化,提供简洁化的视觉服务,以减少操作难度,令其通俗易懂。通过如此优化具有针对性的服务,金融企业可以增加客户满意度以及忠诚度,保留现有客户群并培养潜在客户群。

4. 互赢合作成为共识

越来越多的金融企业逐渐意识到大数据营销的重要性及其蕴藏的巨大价值,这也意味着企业间的竞争和合作不可避免。一方面,金融企业应该提高自身利用大数据的能力,提高自身竞争力;另一方面,金融企业应寻找可以互利共赢的合作对象,金融业数据的繁杂与广泛程度注定了其不可能为某一家企业所单独掌控,而企业间合作则可以实现信息共享,获取更多潜在客户的信息。此外,合作对象可以不限于金融企业,在大数据带来巨大价值的共识下,金融企业与电商、社交网络等大数据平台都可开展合作,提升彼此的竞争力。

本章小结

概括来讲,金融营销思想的演变及发展大致经历了萌芽、发展与成熟三个阶段。在萌芽阶段(20 世纪 50 年代末—60 年代),营销理念在金融领域的运用和研究发展都极其缓慢。究其原因,这与金融服务的特殊性有关。在发展阶段(20 世纪 70—80 年代),营销不再局限于战术层面,而是上升到战略层面。以客户金融需求为中心的顾客导向营销理念日益深入人心,通过市场细分和定位,帮助消费者了解相互竞争的金融企业及其服务之间的差异,方便消费者做出选择。在成熟阶段(20 世纪 90 年代至今),金融企业开始真正以市场营销为导向,金融营销的观念由原来的产品营销、品牌营销、定位营销逐步转向服务营销和整合营销。

金融营销是金融企业以市场为基础,以客户为核心,以金融产品为载体,利用自己的资源优势,满足客户的金融需求,实现自身盈利和发展的一系列活动。金融营销的构成至少涉及三个要素:金融企业、金融产品以及金融市场。不同于一般意义的市场营销,金融营销有自身的鲜明特性,如更具专业性,注重打造品牌形象,注重关系营销,强调全员营销等。20 世纪 80 年代后,服务业迅速发展,学者们提出在传统 4Ps 营销理论基础上应该增加 3 个服务性要素:人员策略、过程策略、有形展示策略,便形成 7Ps 营销理论。金融营销属于服务营销范畴,所以 7Ps 营销理论适用于探讨金融营销问题。

较之于西方国家比较成熟的金融营销发展,对于我国金融业而言,金融营销还是一个比较新的课题,理论与实践仍存在一些缺陷,如营销观念缺失、营销目标缺失、营销策略缺失、营销组织缺失等。大数据时代来临,海量数据和大数据分析工具的出现为金融营销突破现有困局带来新的发展契机,具体表现在大数据分析工具运用、数据应用能力提高、客户服务得以优化、互赢合作成为共识等方面。

思考题

1. 简要介绍金融营销思想的演变及发展历程。
2. 金融营销包含哪三大构成要素?
3. 不同于一般意义的市场营销,金融营销具有哪些鲜明特性?
4. 简要介绍 7Ps 营销理论的主要内容。
5. 对比 7Ps 营销组合和 4Ps 营销组合的差异。

6. 现阶段我国传统金融营销存在哪些缺失?
7. 大数据时代金融营销的发展契机主要表现在哪些方面?

案例讨论

银行探索大数据应用 飞贷助力营销 ROI[①] 提升 4 倍以上

2018 年 8 月 23—24 日,由《零售银行》杂志主办,中国银行金融科技实验室、五道口金融大数据研究中心学术支持的"2018 中国零售金融大数据论坛"在深圳举行,飞贷与腾讯、兴业数金等企业共同受邀出席并分享在大数据的前沿探索。

本届论坛以"大数据驱动零售银行蝶变"为主题,以零售银行为主体,探讨了业界最为关注的"在大数据时代如何转型与变革"的议题。

一、大数据驱动零售银行蝶变

目前,国内一些银行已经开始尝试通过大数据来开展业务转型升级,比较典型的有:中信银行信用卡中心使用大数据技术实现了实时营销,招商银行利用大数据发展小微贷款业务,这些先行者在大数据方面进行了示范性尝试。

实际上,对于大多数银行而言,大数据应用的探索仍旧面临不小挑战,"银行业在大数据的建设、信息存储等方面存在痛点,精准营销、场景化营销等应用存在明显短板"。会上,某城商行零售业务高管指出。面对大数据的应用痛点,多数银行选择了与经验技术成熟的金融科技企业合作。

二、飞贷慧眼大数据应用成果显著

飞贷金融科技的首席数据官林庆治介绍道:"飞贷慧眼大数据涵盖三大平台——大数据共享平台、大数据可视化平台、机器学习平台,四大产品——数据运营产品、用户洞察产品、数字营销产品、客户生命周期管理。"目前,慧眼大数据已实现 TB 级日处理数据量,数据处理能力是传统方式的 4~10 倍,百亿级别数据秒级响应,核心技术主要体现在其三大平台上,具体如下:

(1) 大数据共享平台每日实时存储和处理 30 多亿条数据,数据查询效率提升到秒级,使得庞杂的数据变得结构化、系统化,并抽象出客户、交易、营销、风控、产品、行为六大主题数据模型,支持更高效的数据分析和应用。

(2) 大数据可视化平台支持数据直观呈现、动态展现实时业务运营状态,让数据研究变得轻松简单。

(3) 机器学习平台支持深度学习模型与算法的定制扩展,结合分布式算法,较传统神经网络算法,速度可提升百倍以上,模型训练与迭代效率大幅提升。

基于创新,飞贷慧眼大数据平台实现了数据资产化和数据变现。就营销方面而言,实现营销 ROI 提升 4 倍以上。

三、飞贷移动信贷整体技术成为助力银行转型加速器

零售银行业务在当下拥有庞大的客户群体、海量的金融与消费服务数据,这些数据如何与互联网结合,利用大数据提供零售信贷等项目的决策与服务支持,是当下银行业必须直面的问题,与之对应的是金融科技企业的大数据成熟应用,从而衍生出了巨大的大数据输出市场。飞

---

① 指投资回报率(return on investment,ROI)。

贷与银行合作的大数据成果,很好地印证了这一趋势。更值得注意的是,作为业内首家覆盖业务全流程、运营全体系的移动信贷整体技术服务商,不同于其他单一或若干模块输出的企业,飞贷输出的是完整的移动信贷体系。

资料来源:银行探索大数据应用 飞贷助力营销 ROI 提升 4 倍以上[EB/OL].(2018-08-28)[2021-03-25].https://www.chinaz.com/news/2018/0828/930646.shtml.

案例思考题:

1. 大数据时代金融营销表现出怎样的发展趋势?

2. 谈谈你对大数据背景下商业银行与金融科技企业合作共赢的看法。

第4章　金融营销环境分析

 学习目标

◆ 掌握金融营销环境的定义；
◆ 理解金融营销环境的特点；
◆ 掌握金融营销微观环境分析的主要内容；
◆ 掌握金融营销宏观环境分析的主要内容。

导入案例

金融营销别"任性"

结束了一年忙碌，不少人拿到了一笔年终奖。手头有了余钱，人们投资理财意愿也随之增强。在选择和购买理财产品时，面对客户经理的热情介绍或是线上琳琅满目的产品，我们也得留个神。

这些营销宣传，真实、准确吗？"这是一款保证收益的分红型保险产品，年化综合收益率可达3.2%~3.4%。"一家银行销售人员向消费者推介产品时言之凿凿，但却存在虚假宣传：实际上，该产品的分红是不确定的。此外，销售人员未出示投保提示书、保险合同条款等，侵害了消费者知情权等基本权利。这是银保监会不久前通报的代理销售保险违规案例。

应当肯定的是，近年来，我国理财产品和服务创新成效明显，销售渠道不断拓宽，产品选择日趋丰富，人们资产保值增值的需求更充分地得到了满足。中国人民银行2019年底发布的数据显示，全国平均有47.81%的成年人购买过投资理财产品，比上年调查水平高1.84个百分点；上海、北京、浙江等经济发达省（市）这一比例均超60%。但也要看到，在投资理财走进更多人生活的同时，金融营销违规情况也在困扰消费者，甚至给一些消费者造成不必要的损失：一些从业人员和机构盲目追求销量，有的对资管产品未来收益做出保证性承诺，有的误导消费者购买超出自身风险承受能力的产品。随着线上营销快速增长，互联网保险也存在销售页面所载条款不全、故意使用误导性词语组合等情况，致使消费者不能正确了解理财产品风险，购买了不符合自身保障需求的产品。这既损害了消费者的合法权益，也给金融行业发展埋下了风险隐患。

虚假营销宣传看似赚得一时的业绩，但这样的做法不仅损害金融企业自身信誉，还会受到监管处罚。"诚招天下客，誉从信中来"，金融企业在对接公众和市场需求、积极创新产品时，也要合法经营、规范宣传、真诚服务，促进形成"愿消费""敢消费"的良好市场环境，让消费者明明白白投资，更充分、更放心地享受金融行业发展成果。

日前，中国人民银行等四部门联合发布《关于进一步规范金融营销宣传行为的通知》，明确金融营销宣传资质要求和行为规范、监管部门职责等，进一步保护金融消费者合法权益，支持防范化解风险。而要规范营销宣传、营造良好金融消费环境，不仅需监管发力，金融企业自身也应切实、充分履行主体责任,加强金融营销宣传内控制度和对业务合作方营销行为的监督,以规范营销赢得口碑、以诚信经营擦亮品牌。消费者也应主动提高金融素养和风险意识,避免落入违规营销的陷阱。多方积极作为、共同努力,让金融营销宣传行为更加规范,消费者合法权益更有保障,金融产品才会更受消费者信赖和欢迎。以供给提质,赢需求增量,如此良性循环,方能营造供需两旺、健康发展的金融市场,令市场主体和消费者共同受益。

资料来源:金融营销别"任性"[N].人民日报,2020-01-13(18).

金融企业开展营销活动不可能在真空中进行,必然是处于一定的营销环境中。分析和把握营销环境是开展金融营销活动的基础和前提。只有掌握了营销环境的变化与特点,才能更好地认识到环境对金融营销的影响。金融营销环境是动态的,是不断变化的,往往机会与威胁共存;不同金融企业面临的营销环境并不完全相同,需要做到具体情况具体分析。本章将在阐明金融营销环境定义和特点的基础上,系统、全面地介绍影响金融营销的微观环境因素和宏观环境因素,明晰金融营销环境分析的基本思路和主要内容。

4.1 金融营销环境的定义及特点

4.1.1 金融营销环境的定义

著名营销学家菲利普·科特勒指出:"营销环境是由企业营销管理职能外部的因素和力量组成的,这些因素和力量影响营销管理者成功地保持与目标市场顾客交换的能力。"营销环境是与企业营销活动相关的所有外部因素与力量之和,这一定义同样适用于金融营销。金融营销环境是指金融企业生存和发展所需的、独立于企业营销职能部门之外的、约束其营销行为并对营销绩效产生潜在影响的各种外部因素和力量的总和。简单来讲,金融营销环境是指所有能影响金融企业开展营销活动、实现营销目标的一切因素和力量的总和。

金融营销环境涉及的因素纷繁复杂,按照惯例大致可分为两类——微观环境因素和宏观环境因素。所有的微观环境因素构成金融企业的微观营销环境,所有的宏观环境因素构成金融企业的宏观营销环境。微观营销环境和宏观营销环境之间不是并列关系,而是主从关系。微观营销环境受制于宏观营销环境,微观营销环境中的所有因素均受宏观营销环境中各种因素的影响。

金融企业对待环境变化应该持怎样的态度?营销管理者应该对环境变化保持积极的态度,把环境变化看作一种常态,看作正常现象;决策时不要触犯环境的限制,包括目前的限制和潜在的限制。

4.1.2 金融营销环境的特点

概括来讲,金融营销环境表现出客观性、差异性、相关性、动态性、不可控性等特点(见图4-1)。

图4-1 金融营销环境的特点

1. 客观性

金融营销环境是客观存在的,并不以某个企业的意志为转移,客观性是金融营销环境的首要特征。金融企业必然是在特定的社会、市场环境中生存与发展的,这种环境具有客观性与强制性。换句话说,营销管理者虽然能认识、利用营销环境,但无法摆脱营销环境的制约,也无法控制营销环境的变化,特别是间接的社会力量更难以把握。以经济大环境为例,如经济增速、通货膨胀、经济景气、消费者信心等,这些因素都不是某一家金融企业能决定的。金融企业需要根据客观的环境因素进行预判,并做出针对性的战略调整。主观臆断某些环境因素及其发展趋势,往往会造成金融企业盲目决策,最终在市场竞争中惨败。

2. 差异性

所谓营销环境的差异性,一方面表现为不同金融企业受不同环境因素的影响,比如在不同国家或地区,人口、政治、经济、文化、自然等环境因素存在明显不同或差异,金融企业开展营销活动不得不针对这种环境差异,制定不同的营销策略。另一方面表现为同一环境因素的变化对不同金融企业的影响不尽相同,如中美贸易摩擦对我国出口型企业造成重大冲击,而对那些内销型企业的影响不大;就出口型企业而言,规模较小的生产型企业受影响较大,规模较大的生产型企业受影响较小,发展平稳,大型外贸企业的进出口量和利润有一定程度的下降。正是因为营销环境的差异性,金融企业为适应不同的环境及其变化,必须采用具有针对性的营销策略。

3. 相关性

所谓相关性是指各环境因素之间存在相互影响和相互制约的关系。第一,某一环境因素的变化会引起其他因素的联动反应。如十九大报告明确指出要"推动互联网、大数据、人工智能和实体经济深度融合",并相继制定了一系列方针政策,这些政策的实施势必影响实体经济朝着互联网、大数据、人工智能方向的转型升级,拉动相关项目的投资,改变传统的就业结构,调整产品开发方向,重塑新时代企业的发展模式。第二,企业营销活动受多种环境因素的共同制约。企业营销活动并不是受单一环境因素的影响,而是受多个环境因素的共同制约。如开发一款新的金融产品,要受制于国家法律政策、经济制度、消费者特点、竞争产品、替代产品等多种因素,如果不考虑这些外在力量的相关性,新产品顺利进入市场并取得理想的经济效益是无从谈起的。

4. 动态性

金融营销环境不是一成不变的,它始终处于变化之中,变化才是营销环境的常态。以人口教育结构为例,新中国成立初期,我国教育水平低下,全国80%以上人口是文盲;20世纪50—70年代,我国重视发展基础教育,1982年,文盲率降至22.8%;改革开放以来,我国教育进入全面发展时期,2018年,九年义务教育巩固率达94.2%,普通本专科在校学生2831万人,比1978年增长32倍。再比如,我国居民消费结构不断变化,以2013—2018年的数据来看,全国居民人均食品烟酒消费占比从2013年的31%降至2018年的28%,居住、交通通信、教育文化娱乐和医疗保健等享受类消费支出占比逐年攀升。营销环境是一个动态系统,金融企业开展营销活动必须适应环境变化,不断调整和修正营销策略,否则将会丧失市场机会。

5. 不可控性

营销环境的客观性决定了其不可控性,即金融企业无法控制外部影响因素。例如,一个国家的政治法律制度、人口增长以及社会文化习俗等,金融企业不可能随意改变,只能选择适应。具体而言,微观环境因素具有不可控性,金融企业必须深入调研、细致分析这些环境因素,寻找机遇并避开威胁,才能帮助企业立于不败之地。宏观环境因素和微观环境因素一样,都是不可控的,需要注意的是,前者不可控的程度要强于后者,金融企业只能顺应宏观环境因素的条件和趋势。随着全球营销的发展,营销管理者必须更加注重对宏观营销环境的考察研究,规避风险,探寻有利的市场机会。当然,不可控性是一个相对概念,短时间内不可控的环境因素,放到长期来看,可能会慢慢发生变化。意识到这一点,金融企业就需要用动态的眼光看待营销环境的不可控性。

4.2 金融营销的微观环境因素

微观环境因素是指与金融企业紧密相连、直接影响企业营销能力和营销效率的各种因素和力量,主要涉及企业内部部门、资金/设备供应商、业内竞争对手、外围服务提供者、最终客户及社会公众(见图4-2)。由于这些因素对金融企业的营销活动有着直接影响,所以又被称为直接营销环境因素。

图4-2 金融营销的微观环境因素

4.2.1 企业内部部门

在金融企业内部,营销部门同其他部门之间并不是割裂开的。在制订营销计划时,营销部门应兼顾与其他部门的关系,如高层管理部门、财务部门、会计部门、研发部门、行政部门、后勤部门、分支机构等。高层管理部门负责制定公司的发展目标、总体战略和具体策略。营销部门依据高层的规划做决策,经高层管理部门同意的营销方案方可实施。同样地,营销部门必须与其他部门紧密合作。如果营销管理实行项目制,那么财务部门要负责找寻和配置实施营销方案所需的资金;会计部门负责核算实施营销方案的收入与成本,以便高层管理部门了解预期目标是否实现;研发部门要负责研制适合营销方案且吸引客户的新产品;行政部门负责实施营销方案所需的办公机器设备和办公用品;职能部门分工管理和控制各类业务的日常经营与运作;分支机构是最后与顾客达成交易并维持与顾客关系的市场前端。

所有这些相互关联的部门构成了金融企业开展营销活动的内部环境,对营销方案的开展及成效产生重要影响。营销部门应发挥核心作用,协调这些部门的目标与行动,促使其"想顾客之所想",目标一致,行动一致,为客户创造更多价值,提高客户满意度,完成营销方案的预期目标。

4.2.2 资金/设备供应商

供应商是金融企业创造价值的出发点,是顾客价值传递系统中的重要一环。具体而言,金融业的供应商包括资金供给方和设备供应商。资金供给方是最大且最重要的供应商,对于商业银行而言是存款客户,对于资本市场而言是证券购买者,对于保险公司而言是投保者。此外,许多大的金融企业进入同业拆借市场,这个市场上也有短期资金供给方。资金供给方的变化对营销活动有重要影响。营销部门必须关注:第一,资金供给方的资金供应能力,即提供资金的数额、速度、期限等因素;第二,资金价格变动,资金成本上升将影响金融产品的定价。除了资金供给方,设备供应商是需要考虑的另一个重要供应商。金融业是高度信息化的行业,随着经营规模扩大以及信息技术应用越来越普及,金融企业对外部供应商的依赖程度也越来越高,如管理信息系统、客户关系管理系统、企业资源计划系统、云计算解决方案、信用卡运营系统等。昂贵的电子设备硬件与软件的兼容性、升级换代及维护管理,不仅影响投资成本,同时还涉及金融企业自身和客户资金的安全。

深耕细作 成就金融行业主流供应商

4.2.3 业内竞争对手

在微观营销环境中,最需要重视的因素当属业内竞争对手。营销之所以重要,根本原因在于竞争对手的存在。市场营销学认为,一个企业要想获得成功,就要比竞争对手做得更好,使顾客更加满意。因此,营销部门要在顾客心中留下比竞争对手更有优势的印象。分析业内竞争对手可以从两个角度着手——竞争对手的数量与竞争对手的类型。

1. 竞争对手的数量

金融业作为整个国民经济体系中最敏感和复杂的部分,在大多数国家受到不同程度的政府管制。业内竞争者的数量和国家法律政策规定有关,如果一个国家对金融业设置严格的进入壁垒,竞争者的数量就会被控制;如果一个国家的金融业进入壁垒较低,金融企业的数量就会增长迅速。在我国金融牌照审批制度下,金融许可证由银保监会、证监会等部门分别颁发。监管部门将各金融业态进行分类,各部门负责各自领域牌照的发放和备案。截至 2019 年 12 月,我国金融业共有 4607 家银行业金融机构法人,240 家保险机构法人;截至 2020 年 5 月,我国共拥有 133 家券商、129 家公募基金管理机构。

近年来,我国加快对外开放步伐,积极稳妥推进金融业对外开放。截至 2019 年 10 月末,外资银行在华共设立了 41 家外资法人银行、114 家母行直属分行和 151 家代表处,外资银行营业机构总数 976 家;境外保险机构在我国设立了 59 家外资保险机构、131 家代表处和 18 家保险专业中介机构。

2. 竞争对手的类型

从企业所处的竞争地位来看,业内竞争对手可分为市场领导者、市场挑战者、市场追随者、市场补缺者等类型。竞争对手的类型往往决定了其市场营销行为及营销行为带来的冲击。

(1)市场领导者(leader)：指在某一行业的产品市场上占有最大市场份额的企业。一般来说，大多数行业都存在一家或几家市场领导者，他们处于全行业的领先地位，一举一动都直接影响到同行业其他企业的市场份额，他们的营销策略成为其他企业挑战、仿效或回避的对象。市场领导者的地位在竞争中形成，但不是亘古不变的。

(2)市场挑战者(challenger)：指在行业中处于次要地位(第二、三甚至更低地位)但又具备向市场领导者发动全面或局部攻击的企业。市场挑战者往往试图通过主动竞争扩大市场份额，提高市场地位。攻击市场领导者，是一种既有风险又具有潜在价值的战略。一旦成功，挑战者企业的市场地位将会发生根本性的改变，因此颇具吸引力。企业采用这一战略时，应十分谨慎，周密策划，以提高成功的可能性。

(3)市场追随者(follower)：指在行业中居于次要地位，并安于次要地位，在战略上追随市场领导者的企业。在现实市场中存在大量的追随者。市场追随者的最主要特点是"跟随"。在技术方面，它们不做新技术的开拓者和率先使用者，而是做学习者和改进者；在营销方面，它们不做市场培育的开路者，而是"搭便车"，以降低成本和减少风险。市场追随者通过观察、学习、借鉴、模仿市场领导者的行为，不断提高自身技能，进而发展壮大。

(4)市场补缺者(nicher)：多是行业中相对较弱小的一些中小企业，它们专注于市场上被大企业忽略的某些细小部分，在这些小市场上通过专业化经营来获取最大限度的收益，在大企业的夹缝中求得生存和发展，对满足顾客需求起到拾遗补阙、填补空白的作用。市场补缺者通过生产和提供某种具有特色的产品和服务，赢得发展的空间，甚至可能发展成为"小市场中的巨人"。例如，中西部首家基于互联网模式运行的民营银行——新网银行成立之初，将目标人群锁定在传统金融"二八定律"中那80%没有享受到完善金融服务的小微群体，做普惠金融的补位者和探索者，一年时间用户突破千万大关，取得令同行羡慕的成绩。

4.2.4 外围服务提供者

外围服务是一种围绕核心业务增强客户体验的服务，能进一步创造新的需求点。与核心业务、主营业务不同的是，外围服务不能独立存在。从消费者的角度看，核心业务满足的是客户的实质性需求，而外围服务满足的是客户的外围需求。金融行业的外围服务提供者包括业务咨询公司、律师事务所、资产评估公司、信用卡服务公司、财产保险公司、物流仓储公司等，帮助金融企业将其产品促销、销售并分销给最终购买者，对金融企业的营销活动会产生直接影响。

外围服务提供者是市场专业化分工的必然结果。在金融服务外包业爆发式发展的大背景下，外围服务提供者的类型和数量激增。近年来，我国金融服务外包发展势头迅猛，旨在借用外围服务商先进技术、降低企业成本并有效提升企业核心竞争力，一方面来自行业发展需求的攀升，另一方面也在于行业竞争的加剧以及行业技术水平的不断提升。

中国金融服务外包发展特点与趋势

4.2.5 最终客户

金融业是典型的客户密集型服务业,无论是银行、证券公司还是保险公司,都有着数量庞大的客户群体。金融企业开展营销活动,最终客户的影响远远超过其他因素。金融企业如果想提供专业而又个性化的服务,那么对最终客户的分类分析是重要的基础能力。金融客户的分类较为复杂,一方面是由于金融行业范围较广,产品复杂,种类繁多;另一方面金融行业的目标客户几乎遍及所有的社会阶层与地理区域,客户的社会构成也非常复杂,客户的金融需求多样化。概括来讲,金融企业面对的最终客户可大体分为三类。

(1) 个人客户。个人客户的金融交易表现出市场广阔、次数频繁、金额较小,产品规格多、可替代性强,大多数人凭情感交易,产品供需不易控制等特点。不同个人客户的金融交易习惯和喜好都不一样,影响个人客户金融交易行为的因素非常多,主要有年龄、财富积累、受教育程度、职业状态、生活方式、心理因素等。互联网与大数据时代,个人客户的用户体验越来越重要,应该先从个人用户的体验维护开始,持续地增加黏度,只有口碑得到一定的积累,才能在市场中占据一席之地。

(2) 工商企业客户。工商企业客户的金融交易表现出多属于引致需求,产品专业性强、需求弹性小,次数较少、交易金额较大,产品供需结构复杂等特点。一般来说,影响工商企业客户金融交易的因素主要有外部环境、企业文化、决策历史以及决策主体的个人因素。

(3) 政府社团客户。政府社团客户的金融交易表现出资金来源稳定,存款规模大;客户基础稳定,财政预算逐年增加;资金结算量大,中间业务收益可靠;业务全面发展,综合效益较高等特点。政府社团项目往往是大型项目,要求通过招标方式,以最低的价格和最优惠的条件购买产品和服务。待交易完成,项目进入实施过程,还要接受严格的监督管理。

4.2.6 社会公众

所谓社会公众,是指对金融企业实现其营销目标有着实际或者潜在的兴趣或影响的任何团体,具体包括政府公众、媒介公众、社团公众、社区公众、内部公众等。

(1) 政府公众。政府公众主要指与金融企业营销活动有关的各级政府部门,如主管有关经济立法及经济政策、产品设计、定价、广告及销售方法的机构,以及商务部(厅)、工商行政管理局、税务局、物价局等。他们所制定的方针、政策对金融企业营销活动或是限制,或是机遇。

(2) 媒介公众。媒介公众又称新闻界公众,是指新闻传播机构及工作人员,如报社、杂志社、广播电台、电视台的编辑和记者。新闻媒介是金融企业与公众联系的最主要渠道,也是金融企业最敏感、最重要的公众之一。

(3) 社团公众。社团公众是指保护消费者权益的组织、环保组织及其他群众团体等。金融企业的营销活动关系到社会各方面的切身利益,必须密切关注并及时处理来自社团公众的批评和意见。这类公众有可能指责金融产品损害了消费者利益,也有可能指责金融企业的经营活动破坏了环境,这些都会影响到企业形象和产品形象,因此金融企业必须处理好与这类公众的关系。

(4) 社区公众。社区公众是指金融企业所在地的区域关系对象,包括当地管理部门、地方团体组织、左邻右舍的居民百姓。社区是金融企业赖以生存和发展的基本环境,共同的生存背景使社区公众具有"准自家人"的特点。保持与社区的良好关系,为社区发展做出一定的贡献,能帮助金融企业树立良好形象。

(5) 内部公众。内部公众是指金融企业内部的所有成员,如股东、职工等。这类公众与金融企业关系更直接、更密切,他们对金融企业的评价有特殊意义和作用,是金融企业能否实现营销活动目标的主要依靠力量。内部公众既是内部公关工作的对象,又是外部公关工作的主体,是与金融企业自身相关性最强的一类公众对象。

4.3 金融营销的宏观环境因素

宏观环境因素是指金融企业无法直接控制的、通过影响微观环境来影响企业营销能力和营销目标实现的一系列巨大的社会力量,包括人口、政治法律、经济、社会文化、科学技术及自然地理环境等(见图4-3)。这些因素对金融企业的营销活动有着间接影响,所以又称为间接营销环境因素。

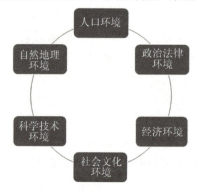

图4-3 金融营销的宏观环境因素

4.3.1 人口环境

市场是由人组成的,金融市场也不例外。金融企业在营销过程中首先应当注意的外部影响因素就是人口环境。一个特定市场的人口数量及其分布、年龄结构、教育结构、家庭结构、地区特征和迁移活动等都会影响金融市场的规模、结构、特征与变动趋势。

1. 人口数量及分布

在收入水平和购买力大体相当的情况下,人口数量直接决定了金融市场的规模和发展空间。简单来讲,人口数量与市场规模成正比。从全球角度来看,世界人口呈现出增长趋势。截至2020年2月,全球人口总数为75.8亿人,其中中国以14亿人位居第一,印度以13.5亿人位居第二。目前世界人口增长速度是每天增加大约20万人,相当于一个有一定规模的城市的人口。此外,新生人口分布相当不均衡,57%的新生人口集中在亚洲,26%在非洲,9%在南美,5%在欧洲,3%在北美,大洋洲不到1%。

国家统计局数据显示,新中国成立70年来,我国人口总量从1949年的5.4亿增长到14.0亿;2019年全年出生人口1465万人,人口自然增长率为3.34‰,人口出生率为10.48‰,创1952年以来新低。受全面放开二胎政策影响,2019年我国二孩占出生人口的57%,但从整体来看,生育率呈现先升后降的变化态势。

我国人口的地域分布以腾冲—黑河一线为分界线,空间分布特征表现为东南多、西北少。究其原因,一方面,我国地势西高东低,东部以平原为主,有漫长的海岸线,西部以山地为主,大多为高原、荒漠,土地可垦殖率低,所以东部地区的人口承载能力比较高;另一方面,改革开放以来,我国东部沿海地区的便利交通为其发展提供了有利条件,成为经济发展的重心,而经济发展带来了人口流动。东部沿海地区经济发达,人口密度大,消费水平高;中西部地区经济相对落后,人口密度小,消费水平低。随着我国西部大开发战略的实施,必然会推动西部地区的经济发展,刺激西部市场需求大幅度提高,也必然大大拓展金融企业在西部地区的发展空间。

从城乡分布来看,我国城镇特别是大中城市人口少、密度大、消费需求水平高;乡村人口多、密度小、消费需求水平低。随着社会经济与文化的发展,城乡差距将日趋缩小,乡村市场蕴涵着巨大的发展潜力,许多在城市已饱和的商品市场在乡村尚属空白,金融企业开拓乡村市场将大有可为。我国改革开放纵深推进,户籍制度与用工制度不断变革,受城乡经济、区域经济发展不平衡而产生的利益驱动机制的作用,城乡之间、地区之间人口在数量和质量上都呈现出强势流动,这必将引发许多新需求及新的市场机会。此外,随着我国城镇化进程加快,人口在加速向大都市圈转移。

释放农村消费潜力 银行业如何着力

2. 人口年龄结构

新中国成立以来,我国人口年龄结构发生了巨大变化。0～14岁少儿人口比例从1949年的35.79%下降到2019年的16.41%,15～64岁劳动年龄人口从1949年的60.06%上升到2019年的70.97%,65岁及以上老年人口从1949年的4.15%上升到2019年的12.62%。这些变化充分反映出生育率下降和平均预期寿命延长对人口年龄结构变化的影响。对比1949年及2019年数据,我国人口年龄结构从典型的正"金字塔"结构转变为非"金字塔"结构,人口队列之间既不是平稳增加,也不是平稳减少,表现出大起大落的特征(见图4-4)。

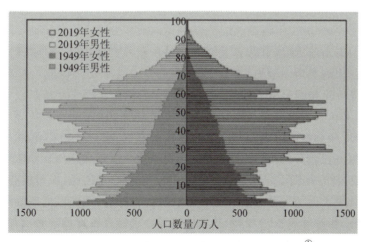

图4-4 1949—2019年我国人口年龄结构变化[①]

---

① 王广州.新中国70年:人口年龄结构变化与老龄化发展趋势[J].中国人口科学,2019(03):2-15,126.

1949—2019年,我国人口老龄化发生了几次重大转变:第一次是1999年前后,60岁及以上老年人口比例超过10%,进入了传统意义的人口老龄化社会;第二次发生在2014年前后,60岁及以上老年人口比例超过了少儿人口比例。预计第三次转变将发生在2024年前后,65岁及以上老年人口比例将超过少儿人口比例。老年人口处于家庭生命周期的空巢期,大多数子女已经成家,家庭负担明显减轻;多数老年人的收入主要包括长期积蓄、离退休金、子女供给等,基本可以维持自我消费。随着我国社会保障体系的完善,老年人的福利已经得到保障,这些都将推动老年人市场的购买力。

3. 人口教育结构

新中国成立以来,我国教育普及程度大幅提高。新中国成立初期,我国教育水平低下,人口文化素质差,学龄儿童入学率只有20%左右,全国80%以上人口是文盲。20世纪50—70年代,我国重视发展基础教育。1978年,我国基本普及小学教育,学龄儿童入学率达到95.5%;1982年,文盲率降至22.8%。改革开放以来,我国教育进入全面发展时期,义务教育不断完善,高等教育逐步加强,国民受教育程度不断提高。2018年,九年义务教育巩固率达94.2%;普通本专科在校学生2831万人,比1978年增长32倍;15岁及以上人口平均受教育年限由1982年的5.3年提高到9.6年。党的十八大以来,我国教育事业取得新的历史性进展,总体发展水平跃居世界中上行列,现代职业教育体系初步建立。2018年,我国高等教育毛入学率达到48.1%,高于中高收入国家平均水平。我国高等教育扩招后在校生规模如表4-1所示。

表4-1 高等教育扩招后在校生规模(单位:万人)[①]

学生分类	1999年	2004年	2008年	2013年	2018年
在校生人数	436.7	1417.5	2149.3	2563.3	3104.1
其中:研究生人数	23.3	82.0	128.3	172.0	273.1
本专科生人数	413.4	1335.5	2021.0	2391.3	2831.0

4. 家庭结构

家庭结构以具有血缘、姻缘和收养关系的成员所组成的家庭或家户类型为认识途径。这一结构中所包含的家庭类型主要有:核心家庭(夫妇与未婚子女所组成)、直系家庭(夫妇与一个已婚子女及孙子女所组成)、复合家庭(夫妇与两个及以上已婚子女所组成)、残缺家庭(未婚兄弟姐妹所组成)和单人户等。20世纪80年代和90年代初期,我国家庭、家户的核心化趋向继续保持。但2000年和2010年普查数据显示,我国家庭、家户的核心化趋向出现了拐点,两个时点全国核心家庭比例分别为68.18%和60.88%,2000年较1990年出现小幅下降,减少3.44%,2010年较2000年则下降明显,减少7.3%。值得注意的是,城市核心家庭的比例减少并非直系家庭的比例上升所导致,而与单人户比例提高有关。城市家庭核心化趋向虽有改变,但小型化趋向(核心家庭和单人户之和)并未被扭转。农村直系家庭比例有所增长,1990年以来三个普查时点分别为22.46%、24.83%和28.52%。农村直系家庭和单人户比例都有所提高,并非仅表现为多代家庭一种类型的增长。

---

① 资料来源:人民网。

整体而言,我国当代城乡家庭、家户结构自20世纪50年代至20世纪90年代表现出较显著的核心化趋向,2000年开始这一趋向弱化或停止。但也应看到,目前城乡基本家庭类型为核心家庭、直系家庭和单人户,其中核心家庭居于主导地位。家庭结构的变化颠覆了传统的家庭伦理观,改变了传统意义上的家庭模式,并带来家庭消费模式的变革。家庭消费朝着高级别、高享受、高感性方向发展,更加注重展示家庭的品位、格调,以及天人合一的精神追求;与此同时,家庭消费决策更加系统化和科学化,这给金融企业开展营销活动带来了新的机遇和挑战。

4.3.2 政治法律环境

政治法律环境包括政治环境和法律环境,对金融企业的营销活动具有重要影响。政治环境是指金融企业开展营销活动的外部政治形势,引导金融企业开展营销活动的方向;法律环境是指一个国家或地方政府所颁布的各项法规、法令和条例等,是金融企业开展营销活动的行为准则。一个国家政局稳定,人民安居乐业,会给金融企业开展营销活动创造良好的外部环境。相反,政局不稳,社会矛盾尖锐,会影响经济发展和市场稳定。分析政治法律环境主要涉及社会安定程度、政府对经济的干预状况、政府的施政纲领以及相关政策、各级政府的运行情况、政府部门的办事作风、社会团体利益的协调方式、法制建设状况、各种法律法规体系以及司法程序等。近年来,我国在改革开放和现代化建设方面取得了举世瞩目的巨大成就,社会政治稳定,经济持续快速地健康发展,人民生活水平有了很大提高,法制建设也在逐步健全和完善。这些发展变化对于我国金融企业的营销活动产生了重要影响。

当然,在经济全球化和金融一体化的大背景下,金融国际营销已是常事,政治法律环境既包括国内的,也包括国外的。国内外政治法律因素都会不同程度地影响金融企业的营销活动,其中有些因素对于金融营销的影响会更直接、更猛烈,影响程度也更大。对于开展跨国营销的金融企业而言,除需了解国内政治法律环境外,还需了解国际政治法律环境,因为二者相互联系、相互作用,并且都影响和制约金融企业的市场营销活动。金融企业对于国际政治法律环境的分析应着眼于整个国际政治形势及其变化趋势、国际法以及国际经济惯例等方面。

规范金融营销宣传 明确提出"八项禁止"

4.3.3 经济环境

经济环境决定了市场购买力,对金融企业的营销活动有重要影响。具体而言,经济环境分析主要涉及经济发展水平、宏观经济形势、消费者收入水平及消费结构等。

1. 经济发展水平

美国学者罗斯顿根据经济成长阶段理论,将世界各国的经济发展归纳为五种类型——传统经济社会、经济起飞前的准备阶段、经济起飞阶段、迈向经济成熟阶段、大量消费阶段。凡属于前三个阶段的国家被称为发展中国家,而处于后两个阶段的国家则称为发达国家。金融企业开展营销活动受到一个国家或地区整体经济发展水平的制约。新中国成立以来,特别是改革开放以来,我国经济持续快速增长,成为世界第二大经济体,同时,经济结构发生深刻变化,城镇化稳步推进,东、中、西部协调发展,公有制经济和民营经济共生共荣,经济社会发展快速向高质量发展阶段迈进。

在不同的经济发展阶段,居民收入水平不同,消费需求也不一样,从而会在一定程度上影响企业营销活动。例如,以消费者市场来说,经济发展水平比较高的地区,营销更加强调产品款式、性能及特色,品质竞争多于价格竞争;而在经济发展水平低的地区,营销则较侧重产品的功能及实用性,价格因素比产品品质更为重要。因此,对于不同经济发展水平的国家或地区,金融企业应采取不同的营销策略。

2. 宏观经济形势

宏观经济形势是指一个国家宏观经济发展状况及其变化趋势。宏观经济运行包括两个重要方面:一是经济增长;二是总量平衡。经济增长是宏观经济运行的结果,总量平衡是社会总供给与社会总需求互为条件、互相适应、互相决定的连续运行的基本表现形式。宏观经济形势分析就是通过分析社会总供给与社会总需求之间的关系,进而分析宏观经济运行和经济增长的过程。

2019年,我国经济总体保持平稳运行态势,经济运行中出现诸多积极变化:一是经济结构优化升级持续推进;二是工业结构优化调整取得实效;三是减税降费政策红利显著;四是房地产市场"三稳"调控目标稳步落实。2020年,面对全球疫情风波和复杂严峻的内外部发展环境,党中央、国务院统筹部署新冠肺炎疫情防控和经济社会发展工作,国内新冠肺炎疫情在短期内得到了较好的控制,我国经济长期向好的基本面未变,经济增长中枢仍然处于稳定运行通道。2021年,经济继续修复的动能较强,投资有望恢复至疫情前水平,消费有望显著改善,而在出口常态回归和进口回升带动下净出口贡献或有所弱化。整体看,2021年GDP增速有望在2020年低基数效应基础之上出现较大反弹。

3. 消费者收入水平及消费结构

消费者收入是指消费者个人从各种来源中所得的全部收入,包括消费者个人的工资、退休金、红利、租金、赠予等收入。消费者的收入决定了消费者的购买力,但消费者并不是把全部收入都用来购买商品或劳务,购买力只是收入的一部分。因此,在研究消费收入时,要注意人均国民收入、个人可支配收入、个人可任意支配收入、家庭收入之间的区别与联系。需要注意的是,营销管理者在分析消费者收入时,还要区分"货币收入"和"实际收入"。只有"实际收入"才影响"实际购买力"。由于通货膨胀、失业、税收等因素的影响,有时货币收入增加,而实际收入却可能下降。2019年上半年,我国居民人均可支配收入15294元,比上年同期名义增长8.8%,扣除价格因素,实际增长6.5%。其中,城镇居民人均可支配收入21342元,名义增长8.0%,扣除价格因素,实际增长5.7%;农村居民人均可支配收入7778元,名义增长8.9%,扣除价格因素,实际增长6.6%。

消费结构是指消费过程中人们所消耗的各种消费资料(包括劳务)的构成,即各种消费支出占总支出的比例关系。优化的消费结构是优化产品结构和产业结构的客观依据,也是企业开展营销活动的基本立足点。二战以来,西方发达国家的消费结构发生了很大变化:①恩格尔系数显著下降,目前大都下降到20%以下;②衣着消费比重降低,幅度在20%~30%之间;③住宅消费支出比重增大;④劳务消费支出比重上升;⑤消费开支占国民生产总值和国民收入的比重上升。随着经济的快速发展和城乡居民收入的不断增加,我国居民消费结构也在不断变化。以 2013—2018 年的数据来看,城乡居民消费结构中占比下降最为明显的是食品烟酒和衣着类消费:全国居民人均食品烟酒消费占比从 2013 年的 31% 降至 2018 年的 28%,其中城市、农村居民相应支出占比分别从 30% 和 34% 下降至 28% 和 30%。与之相对应的是,居民消费中居住、交通通信、教育文化娱乐和医疗保健等享受类消费支出占比在上升。

4.3.4 社会文化环境

社会文化环境是指在一种社会形态下形成的信念、价值观念、宗教信仰、道德规范、审美观念以及世代相传的风俗习惯等被社会所公认的各种行为规范。任何企业都处于一定的社会文化环境中,营销活动必然受到社会文化环境的影响和制约。在企业面临的诸多环境因素中,社会文化环境是较为特殊的:它不像其他环境因素那样显而易见且易于理解,却又无时不在地深刻影响着企业的营销活动。无数事例说明,无视社会文化环境的营销活动必然会陷于被动或归于失败。

社会文化环境的研究一般从以下几个方面入手:①宗教信仰分析。宗教是构成社会文化的重要因素,对人们的消费需求和购买行为影响很大。不同的宗教有自己独特的节日礼仪、商品使用要求和禁忌。某些宗教组织甚至在教徒购买决策中有决定性的影响。为此,金融企业可以把重要的宗教组织作为主要的公共关系对象,在营销活动中也要注意到不同的宗教信仰,以避免由于矛盾和冲突给营销活动带来损失。②价值观念分析。价值观念是指人们对社会生活中各种事物的态度和看法。不同文化背景下,人们的价值观念往往有着很大的差异,对商品的色彩、标识、式样以及促销方式持有褒贬不一的意见和态度。企业营销必须根据消费者不同的价值观念设计产品、提供服务。③消费习俗分析。消费习俗是指人们在长期经济与社会活动中所形成的一种消费方式与习惯。不同的消费习俗,具有不同的消费需求。研究消费习俗,不但有利于组织产品的生产与销售,而且有利于正确、主动地引导健康消费。了解目标消费者的禁忌、习惯、避讳等是金融企业开展营销活动的重要前提。

4.3.5 科学技术环境

科学技术环境是指科学技术的变革、发展和应用状况。科学技术环境不仅直接影响金融企业的经营,而且还和其他环境因素相互依赖,共同影响金融企业的营销活动。首先,科技的发展不仅提高了生产效率,也提高了交换效率,给金融市场营销工作提供了突破性机会。如 ATM 机、电子汇兑、网络银行、手机银行等的出现,不仅极大地提高了金融服务效率,改变了传统银行在人们心目中的形象,也使金融企业能更准确、更快捷、高质量、大容量地为客户提供新的金融产品和服务。同时,通过无线电广播、电视、计算机信息网络进行宣传,提高了营销力度,降低了营销成本。其次,科技的发展改变了人们的生活观念和生活方式,给金融企业带来了新的营销机会。比如,人们逐渐接受"工作在城市,居住在乡村"以及"用明天的钱圆今天的梦"的观念,推动了消费金融的发展。

在日新月异的科技进步中,大数据技术格外引人瞩目。基于客户终端信息、位置信息、通话行为、手机上网轨迹等丰富的数据,为每个客户打上标签;借助数据挖掘技术如分类、聚类、RFM 等进行客户分群,完善客户的 360 度画像,深入了解客户的行为偏好和需求特征;通过分析客户通讯录、通话行为、网络社交行为以及客户资料等数据,开展交往圈分析;利用各种联系记录形成社交网络来深化对用户的洞察,并进一步利用图挖掘的方法来发现各种圈子,发现圈子中的关键人员,以及识别家庭和政企客户,或者分析社交圈子寻找营销机会;在客户画像的基础上深入理解客户特征,建立客户与业务、资费套餐、终端类型、在用网络的精准匹配;利用客户画像信息、客户终端信息、客户习惯偏好等,还可以为客户提供定制化的服务,优化产品和定价机制,实现个性化营销,提升客户感知与体验。

新兴技术正重塑金融业 金融巨头竞相布局新业态

3.3.6 自然地理环境

一个国家或地区的自然地理环境包括该地区的自然资源和地理环境。自然资源是指自然界提供给人类的各种形式的物质财富,如矿产资源、森林资源、土地资源、水力资源等。这些资源分为三类:一是"无限"资源,如空气、水等;二是有限但可以更新的资源,如森林、粮食等;三是有限但不可再生的资源,如石油、煤、锡、锌等矿物。自然资源是进行商品生产和实现经济繁荣的基础,与人类社会的经济活动息息相关。地理环境是指一个国家或地区的地形地貌和气候,是金融企业开展营销活动所必须考虑的因素,这些地理特征对市场营销有一系列影响。如气候(温度、湿度等)与地形地貌(山地、丘陵等)特点,都会影响金融企业的营销活动。

当代自然地理环境最主要的动向是:自然资源日益短缺,能源成本趋于提高,环境污染日益严重,政府对自然资源的管理和干预不断加强。所有这些都会直接或间接地给金融企业带来威胁或机会。金融企业要有高度的环保责任感,善于抓住环保中出现的机会,推出"绿色信贷""绿色金融",以适应世界环保潮流。此外,金融企业需要结合所服务当地的自然地理特点,推出相应的服务,解决客户的问题,以满足客户的需求。

世界屋脊上的"汽车银行"

本章小结

金融营销环境是指金融企业生存和发展所需的、独立于企业营销职能部门之外的、约束其营销行为并对营销绩效产生潜在影响的各种外部因素和力量的总和。简单来讲,金融营销环境是指所有能影响金融企业开展营销活动、实现营销目标的一切因素和力量的总和。微观营销环境和宏观营销环境之间不是并列关系,而是主从关系。微观营销环境受制于宏观营销环境,微观营销环境中的所有因素均受宏观营销环境中各种因素的影响。概括来讲,金融营销环境表现出客观性、差异性、相关性、动态性、不可控性等特点。

微观环境因素是指与金融企业紧密相连、直接影响企业营销能力和营销效率的各种因素和力量,主要涉及企业内部部门、资金/设备供应商、业内竞争对手、外围服务提供者、最终客户及社会公众。在制订营销计划时,营销部门应兼顾与其他部门的关系,如高层管理部门、财务部门、会计部门、研发部门、行政部门、后勤部门、分支机构等。供应商是金融企业创造价值的出发点,是顾客价值传递系统中的重要一环,金融业的供应商包括资金供给方和设备供应商。营销部门要在顾客心中留下比竞争对手更有优势的印象,分析业内竞争对手可以从两个角度着手——竞争对手的数量与竞争对手的类型。在金融外包业爆发式发展的大背景下,外围服务提供者的类型和数量激增。金融业是典型的客户密集型服务业,最终客户可大体分为三类:个人客户、工商企业客户、政府社团客户。社会公众是对金融企业实现其营销目标有着实际或者潜在的兴趣或影响的任何团体,包括政府公众、媒介公众、社团公众、社区公众、内部公众等。

宏观环境因素是指金融企业无法直接控制的、通过影响微观环境来影响企业营销能力和营销目标实现的一系列巨大的社会力量,包括人口、政治、经济、社会文化、科学技术及自然环境等。一个特定市场的人口数量及其分布、年龄结构、教育结构、家庭结构、地区特征和迁移活动等都会影响市场的规模、结构、特征与变动趋势。政治环境是指金融企业开展营销活动的外部政治形势,引导金融企业开展营销活动的方向;法律环境是指国家或地方政府所颁布的各项法规、法令和条例等,是金融企业开展营销活动的行为准则;经济环境决定了市场购买力,经济环境分析主要涉及经济发展水平、宏观经济形势、消费者收入水平及消费结构等;社会文化环境是指在一种社会形态下形成的信念、价值观念、宗教信仰、道德规范、审美观念以及世代相传的风俗习惯等被社会所公认的各种行为规范。任何企业都处于一定的社会文化环境中,营销活动必然受到社会文化环境的影响和制约。科学技术环境不仅直接影响金融企业的经营,而且还和其他环境因素相互依赖,共同影响金融企业的营销活动。自然地理环境包括一个国家或地区的自然资源和地理环境。自然资源是指自然界提供给人类的各种形式的物质财富,如矿产资源、森林资源、土地资源、水力资源等。地理环境是指一个国家或地区的地形地貌和气候,是金融企业开展营销活动必须考虑的因素。

思考题

1. 什么是金融营销环境?
2. 金融营销环境具有哪些特点?
3. 影响金融营销的微观因素有哪些?
4. 业内竞争者有哪些类型?它们的营销意义是什么?
5. 金融企业开展营销活动面临的社会公众有哪些?对金融营销产生什么影响?
6. 影响金融营销的宏观因素有哪些?
7. 举例说明科学技术进步特别是大数据技术对金融营销的影响。

案例讨论

直销银行发展互联网普惠金融的 SWOT 分析

普惠金融的重点是人们在获取金融服务时能否公平和便利,具有广覆盖的特征。随着互联网技术的进一步发展,"互联网+金融"为普惠金融启动了新引擎。互联网金融背景下顺势而生的直销银行,因其业务开展不再依靠实体网点和实体卡,更专注于为更多客户提供质优价廉的金融服务,与传统银行关注重点大客户相比,其低成本、可扩展的本质与"长尾效应"较为匹配,发展普惠金融更有优势。因此,为了贯彻落实普惠金融战略,直销银行如何结合自身优势、劣势、机遇与挑战,选择合适战略,促进自身发展,就显得尤为重要。

直销银行发展互联网普惠金融的 SWOT 矩阵分析如表 4-2 所示。

表 4-2　直销银行发展互联网普惠金融的 SWOT 矩阵分析

外部环境	内部环境	
	优势因素(S) 受众广、获客成本低	劣势因素(W) 1. 市场认知度较低 2. 客群、产品同质化
机遇因素(O) 1. 政策逐步完善 2. 市场潜力大 3. 数据信息完善	SO 战略:突出优势,紧抓机遇 1. 充分利用行内外利好政策,抓住发展机遇 2. 积极扩宽直销银行市场 3. 充分利用已有数据信息库	WO 战略:转化劣势,紧抓机遇 1. 联合传统渠道,构建大零售格局 2. 加强前沿科技应用,发展金融科技 3. 丰富应用场景,深化客群营销
挑战因素(T) 1. 市场竞争激烈 2. 技术、风控要求高	ST 战略:突出优势,规避挑战 1. 积极与互联网科技企业合作 2. 大力发展金融科技,提高风控能力	WT 战略:减少劣势,回避挑战 1. 明确目标客户与市场,与互联网科技企业市场区分 2. 与竞争者合作 3. 剥离不良资产

通过对直销银行发展互联网普惠金融的优势、劣势、面临的机遇与挑战进行具体分析,构建 SWOT 矩阵,归纳出直销银行发展互联网普惠金融的四种战略选择。由于直销银行处于进一步拓展阶段,因此相对常用于业务发展初期的 SO 战略、发展成熟时期的 ST 战略、外界威胁严峻时期的 WT 战略,目前直销银行适宜采用 WO 战略。

资料来源:程瑨.直销银行发展互联网普惠金融的 SWOT 分析与战略选择[EB/OL].(2019-08-29)[2021-02-16].https://www.cebnet.com.cn/20190829/102597925.html.

案例思考题:

1. 上述案例运用 SWOT 法从哪些方面分析了直销银行发展互联网普惠金融的环境因素?
2. 除 SWOT 分析法外,常见的金融营销环境分析方法还有哪些?

第 5 章　客户金融交易行为分析

学习目标

- ◆ 理解客户金融需求的构成与层次；
- ◆ 掌握不同类型客户的金融交易行为特点；
- ◆ 熟悉不同类型客户金融交易行为的影响因素；
- ◆ 了解不同类型客户金融交易行为的决策过程。

导入案例

凤凰智保为客户打造个性化保险配置方案

根据腾讯用户研究与体验设计部发布的《2018 年互联网保险年度报告》，互联网保民的数量为 2.22 亿，虽然相较于 8.02 亿的总网民数量，还有较大的上升空间；但相比于此前，互联网保单数量在 5 年间增长了 18 倍，实现了跨越式发展。多数客户在购买保险产品时，更希望得到实时、定制化的服务和产品。这就对保险销售人员的专业知识储备、捕捉用户需求点等方面的能力提出了更高要求。相比之下，大数据及人工智能等现代科技在挖掘并满足用户需求方面能发挥更大的作用。

凤凰金融推出智能保险产品"凤凰智保"，定位于家庭 AI 智能保险顾问，依托大数据、人工智能等技术，为用户提供全面、可观、智能的保险配置方案。凤凰智保的产品仓库中存储了 4000 多款市场热门的保险产品，并不断更新完善，以保证产品库内保险产品的完整性及丰富性。同时，通过大数据、AI 等技术对各种保险产品进行解构，并进行数据标签保存。

在客户方面，凤凰智保综合考虑客户包含基本信息、健康状况、家庭状况、财务状况、消费习惯在内的近 100 个标签，深度挖掘用户需求，并利用大数据与人工智能，将用户的需求画像与保险产品的数据标签进行匹配，从而在短时间内生成为客户量身打造的个性化保险配置方案。

同时，凤凰智保还研发推出了"用户干预体系"，以期在科学配置的基础上，充分尊重用户的需求偏好。通过"用户干预体系"，用户可以在量化模型推荐的产品之上，根据自己的需求，对保额大小、预算、产品偏好等做出调整。此时，凤凰智保推出的"产品性价比 K 值模型"则能让用户更为直观地了解产品的性价比值，从而做出更好的选择。

凤凰智保不以销售为目的，其提供的保险配置方案更加中立，受到很多用户的喜欢。对此，凤凰金融总裁表示，用户在购买保险产品时的最大痛点是针对保险产品的决策问题，凤凰智保的推出是希望用科技手段帮助用户解决购买保险产品时的决策痛点。可以说，这是用户需求催生的服务。

资料来源：用户需求催生新服务，凤凰金融的凤凰智保为客户打造个性化保险配置方案[EB/OL]. (2019-04-12)[2021-02-15]. https://www.sohu.com/a/307535019_120105173? qq-pf-to=pcqq.c2c.

金融企业的一切活动最终都是为客户的金融需求服务的,只有在明了客户金融需求的基础上,才能有的放矢,开发出适宜的金融服务和产品。个人客户、企业客户、机构客户是金融营销的主要对象。本章将在阐明客户金融需求构成和层次的基础上,分别介绍个人客户、企业客户、机构客户金融交易行为的特点、影响因素以及决策过程。

5.1 客户的金融需求

5.1.1 客户金融需求的构成

任何市场化组织都是为了满足某类需求而产生并发展的,金融企业也不例外。金融营销人员需要了解客户对金融究竟有哪些需求,只有了解客户的需求才能提供符合客户需求的金融服务,客户实实在在的金融需求是金融企业利润的源泉。概括来讲,客户的金融需求主要包括资金融通、风险规避、财富管理和金融服务,见图 5-1。

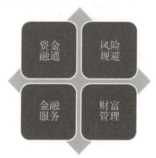

图 5-1 客户金融需求的构成

1. 资金融通

简单来讲,资金融通是当事人借助各种手段到金融市场筹措或贷放资金的行为总称。依据是否通过金融中介,资金融通可分为直接融资和间接融资。直接融资是资金盈余者与资金短缺者之间直接进行协商,或者在金融市场上前者购买后者发行的有价证券,从而使资金盈余者将资金使用权让渡给资金短缺者的资金融通活动。间接融资是指某些单位通过存款形式或购买银行、信托、保险等金融企业发行的有价证券,将其暂时闲置的资金先行提供给这些金融企业,然后再由这些金融企业以贷款、贴现等形式,或通过购买资金需求单位发行的有价证券,把资金提供给这些单位使用,从而实现资金融通的过程。资金融通是绝大多数金融企业的基本职能,银行、证券公司、保险公司、信托公司、财务公司等都可以通过业务运作进行资金融通。银行吸收存款、发放贷款,把社会闲散资金投入需要资金的部门;在投资银行的帮助下,企业在证券市场发行股票、债券,以达到融资目的;保险公司收取众多投保人的保费,向少数发生损失的客户赔付,也可看作有融资的意义。

2. 风险规避

风险规避是指在考虑某项活动存在风险损失的可能性较大时,采取主动放弃或加以改变的方法,以避免与该项活动相关的风险。客户的许多金融行为都是为了规避风险,最简单的存款都有着规避风险的意味。客户存款到银行不仅是为了获得利息,也是为了避免保管现金的风险。保管箱业务是一种由银行等金融企业提供的保障服务,既使个人财物不受损失,又严格保护个人隐私,已成为普通居民理财的明智之选。保险是最重要最常用的风险规避工具。购买保险是通过计划的变更来消除风险或风险发生的条件,保护目标免受风险的影响,花少量的保险费,避免大的经济损失。此外,金融衍生工具被金融企业广泛应用的初衷便是避险保值,金融衍生工具有助于投资者认识、分离各种风险构成和正确定价,根据各种风险的大小和自己的偏好更有效地配置资金。

3. 财富管理

财富管理是指以客户为中心,设计一套全面的财务规划,向客户提供现金、信用、保险、投资组合等一系列的金融服务,管理客户的资产、负债及流动性,满足客户不同阶段的财务需求,帮助客户达到降低风险、财富保值、增值和传承等目的。财富管理的范围包括现金储蓄及管理、债务管理、风险管理、保险计划、投资组合管理、退休计划及遗产安排。随着高净值人群不断增长,市场竞争与日俱增,如何管理资产使其保值增值是当下人们关注的重点,而财富管理的出现则是一剂良药。财富管理具有私密性、高端性、优雅性、轻松性等特点。从事财富管理业务的金融企业除银行、证券公司、基金公司、信托公司外,还有第三方理财公司。从某种意义上来说,第三方理财公司在资产管理市场上的拓展和定位有些类似于现如今的私募基金,将专家理财和灵活的合作条款捆绑嫁接作为打开资产管理市场的突破口。

败家子基金

4. 金融服务

金融服务是指金融企业利用信息、技术、资金、网络和信誉等方面的优势,不运用或较少运用自身资财,以中间人或代理人的身份为客户办理收付、咨询、代理、担保、租赁及其他委托事项,提供各类金融服务并收取一定费用的经营活动。以商业银行为例,金融服务类业务是指商业银行以代理人的身份为客户办理的各种业务,目的是为了获取手续费收入,主要包括支付结算类业务、银行卡业务、代理类中间业务、基金托管类业务和咨询顾问类业务。金融服务的内涵在不断丰富,如过去转账结算服务的主要消费者是企业,但现在个人也在越来越多地使用信用卡、网上支付等方式结算。

5.1.2 客户金融需求的层次

1943 年,马斯洛在《人类激励理论》一书中首次提出"需求层次理论",认为人有五个层次的需求,从低到高依次是生理需求、安全需求、社交需求、尊重需求、自我实现需求。借鉴马斯洛的需求层次理论,客户的金融需求可分为一般需求、优质需求、个性化需求三个层次(见图5-2)。金融企业需要考虑为不同层次的需求提供相对应的金融服务或产品。

图 5-2 客户金融需求的层次

1. 一般需求

一般需求是指客户对金融企业的服务需求仅仅停留在最普通、最常见的业务上，只要求金融服务具有一般功能即可，没有更高、更复杂的要求。比如，客户要求办理一张借记卡，将手头的闲钱存一年定期等储蓄行为即是这方面的需求，是客户要求获得的一般的、简单的、基础性的金融服务。大部分金融客户的一般性需求都是一样的，这些一般性需求包括中短期融资贷款、资金结算、理财服务、与业务相关的信息咨询等。对于这类需求，金融企业可以用标准化服务来满足，例如，银行为办理小额存取款的客户准备了自动存取款机，客户可以在自助设备上自己完成所有的操作。

2. 优质需求

优质需求是客户在基本需求得到满足的基础上，对金融企业的服务态度与服务效率提出更高的要求。当今金融业的竞争，不仅是企业间的信誉竞争，同时也是优质服务多元化、系统化的竞争。谁的信誉好，谁的服务优，谁就能更适应客户的不同层次需求，抓住更多的优质客户群。服务过程中的每一个细节都有可能影响客户的服务体验。例如，硬件设备的稳定性、员工的素质和服务意识、客户的等待时间长短等，都影响着客户对服务的质量评价。只有维持与客户之间的良好合作关系，以市场为导向，以多样化、特色化、高质量服务为手段，满足不同客户的多层次需求，才能获得自身发展的最大持续动力。

3. 个性化需求

个性化需求是指客户对金融服务有特别的要求，希望金融企业提供定制的专门服务。满足个性化需求，意味着金融企业要把每一个客户当作一个细分市场，根据客户的具体要求提供相应的服务。我国的互联网和数字化经济已走在世界前列，每天都有大量数据被创造、被记录、被分析。过去的财富管理以产品为导向，即"有什么卖什么"，现在则越来越围绕客户的喜好——风险偏好、投资偏好、流动性需求等来配置产品。如何抓住正在成长为经济生活重心的"90后""00后"，各家银行各显神通，"个性化"成为抢占年轻人市场的一大"法宝"。比如，为了打破"千人一卡"的局面，包括中行、光大、中信、平安、广发在内的多家银行均推出了私人定制信用卡，用户可自行选择喜爱的图片，并根据个人喜好对图片进行编辑。

大数据应用助力个性化金融服务需求

马斯洛的需求层次理论指出，人的需求像阶梯一样由低级向高级不断发展，在一定程度上反映了人类心理活动和交易行为的共同规律。客户的金融需求具有多样性、差异性、无限性、可变性，同样符合马斯洛需求层次理论的发展规律；与此同时，客户的金融需求并不是完全按照从低级到高级的固定次序发展的，即客户的金融需求变化并不完全是按层次逐级递升的，客户的金融需求常常表现为层次的交叉性、混合性。客户担心闲钱放在家里不安全而将钱存入银行，既有一般的增值和安全需求，又有优质的便捷和效率需求；高端客户享受贵宾式服务，既体现了一般需求、优质需求，更体现了尊重、自我实现等个性化需求。

5.2 个人客户金融交易行为分析

个人客户(包括个人和家庭)是金融市场中的基本客户。从整个社会各部门的资金供需状况来看,由于个人或者家庭的收入一般大于支出,其通常是社会资金的盈余部门,也就是资金供给者。当然,随着经济的发展和社会的进步,个人或家庭也越来越多地成为金融市场的资金需求者。

5.2.1 个人客户金融交易的特点

个人客户的金融交易与金融企业的零售业务相对应,表现出如下特点。

(1)市场广阔,次数频繁,金额较小。截至2020年2月,全球人口总数为75.8亿人,中国以14亿人位居第一,成为世界上人口最多的国家。随着社会经济发展和生活质量提高,人们的金融需求越来越多。基于如此之大的人口基数,个人客户金融市场广阔。与此同时,与企业客户或机构客户相比,个人客户金融交易频繁,每次的交易金额较小。

(2)产品规格多,可替代性强。正是因为市场广阔,每个人的金融需求存在很大差异,个人金融市场上金融产品规格必然多样化,才能满足不同方面、不同层次的金融需求。然而,由于个人金融需求的内容相对比较单一,所以个人金融产品的技术专用性门槛比较低,可替代性强,很容易被竞争对手模仿或者被新的金融产品替代。

(3)大多数人凭情感交易。经济学理论假定人是理性的,每一个交易决策都会谨慎分析所有信息。但是,现实交易中面对纷繁芜杂的信息,个人客户往往无所适从,不可能获得全部信息,也没有能力处理所获得的信息,最终不知从何下手,决策多受情感因素左右。

(4)产品供需不易控制。个人金融需求多是内生的,是伴随社会经济发展和生活质量提高的必然产物。再加上个人客户的金融需求在时间、空间上都极度分散,所以不容易受外部因素控制。需求决定供给,个人金融市场的产品供给以需求为导向,在需求不易控制的情况下,产品供给同样不易控制。

5.2.2 个人客户金融交易的影响因素

不同的个人客户,其金融交易的习惯和偏好不同。影响个人客户金融交易行为的因素非常多,主要有年龄、财富积累、受教育程度、职业状态、生活方式、心理因素等。

1. 年龄

在不同年龄阶段,一个人的价值认知、财富积累和风险承受能力会变化,不断改变对金融服务和产品的选择。较之年长的客户,年轻的客户往往更容易接受新的金融服务或产品,有时候是因为这些产品适合自己,有时候只是为追求时尚。例如,余额宝等互联网理财产品比较受年轻人欢迎,因为年轻人熟悉互联网,更愿意去尝试新的理财产品、新的理财方式。

年龄影响人们对金融服务和产品的偏好,因为在大概率上不同年龄对应家庭生命周期的不同阶段。根据家庭生命周期理论,随时间推移,家庭会经历多个阶段:单身阶段(年轻单身且没有和父母生活在一起)、新婚夫妇(无子女)、满巢Ⅰ(最小孩子的年龄小于6岁)、满巢Ⅱ(最小孩子的年龄为6岁以上)、满巢Ⅲ(年长孩子已婚,但还有孩子在家)、空巢Ⅰ(孩子离家,但夫妇还在工作)、空巢Ⅱ(孩子离家且夫妇退休)、寡居Ⅰ(独居但仍在工作)、寡居Ⅱ(独居且退休)。营销管理者需要确定客户的家庭生命周期阶段,并针对每一阶段提供适当的金融服务和产品。

2. 财富积累

不同程度的财富积累决定了客户持有不同的金融需求,所以财富积累程度会影响客户的金融服务或产品偏好,进而影响金融交易行为。以2018年招商银行零售客户为例(见图5-3),超高净值客户的投资渠道有私人银行、家族信托、三方财富管理公司,主要诉求是财富安全、财富传承、卓越生活品质;高净值客户的投资渠道有金融机构资管部门、三方财富管理公司,主要诉求是财富保值增值、子女优质教育、改善生活品质;普通大众的投资渠道是金融机构资管部门、互联网理财,主要诉求是财富保值增值、养老保障以及改善生活品质。

图5-3　2018年招商银行零售客户分布①

3. 受教育程度

随着国家稳步发展和人民逐渐富裕,我国迎来大众教育品质提高、特色教育快速发展的阶段。由于金融的专业性,国民教育水平提高对于金融业的影响是积极的。首先,高的受教育程度可以使人们更好地理解现代金融技术、风险管理手段,从而提高终生效用。其次,高的受教育程度增加了人力资本,提高了风险厌恶程度,使人们更倾向于回避风险。伴随着人力资本的提高,人们的收入也在增加,金融需求相应增加。再次,一般来说,受教育程度高的客户会更容易接受复杂的金融服务或产品,他们不会简单地接受营销人员或客户经理的建议,而是会提出自己的想法,寻找自己满意的金融服务或产品。

4. 职业状态

职业不仅可以反映个体当下和未来的收入状况,而且能够反映社会经济资源拥有的数量和质量、生存发展的空间和机会等。学术界普遍认为,职业声望是衡量社会经济地位的一种指标。不同类型的职业从业人员参与金融交易呈现出一定的差异化特征:国家机关党群组织、企事业单位负责人、专业技术人员、办事人员和有关人员较多地参与金融交易;商业和服务业人员、生产和运输设备操作人员较少地参与金融交易;农林牧渔水利生产人员几乎不参与金融交易。另外,工作忙碌与否和金融交易行为也有很大关系。有大量空闲时间的人有可能选择自己盯盘炒股,而工作繁忙的人显然没有足够的时间,于是基金等专业理财产品成为首选。

---

① 数据来自招商银行年报,艾瑞研究院绘制;AUM指资产管理规模(asset under management)。

5. 生活方式

通常而言,生活方式是指人们的物质资料消费方式、精神生活方式以及闲暇生活方式等内容,反映个人的情趣、爱好和价值取向,具有鲜明的时代性和民族性。研究客户的生活方式涉及考察客户的活动(工作、爱好、购物、运动、社交等),发现他们的兴趣(食品、时尚、家庭、娱乐等),汇集他们的观点(自我评价、社会问题评价等)。生活方式反映的不仅是客户所处的社会阶层及其个性特点,还是个人行动模式和个人与社会互动的反映。好好利用生活方式这一概念有助于营销管理者理解客户价值观的变化以及这些变化对他们消费决策的影响。生活方式比社会阶层或性格更能解释对金融交易的态度。有的客户在做任何购买决策时都喜欢货比三家,选择金融产品时精挑细选,不会冲动购买;有的客户不喜欢出门,不喜欢麻烦,喜欢"宅"在家里,便捷的金融消费方式会受到他们的欢迎。

6. 心理因素

客户的性格、阅历、成长经历等会影响其消费心理的形成,而心理因素又会影响客户的购买选择。心理因素涉及动机、知觉、经验、看法和态度等要素。需求达到足够强烈的程度才能成为"动机",即动机是足以迫使人们行动起来去寻找满足的强烈需要。受到动机驱使,人们准备行动时,会受到知觉的影响。知觉是人们收集、整理及解释外部世界信息的过程。心理学认为,人对同样的刺激产生不同知觉的原因在于知觉形成的三个过程不同:选择性注意、选择性曲解、选择性保留,知觉差异产生了不同的体验,导致了不同的交易。人们在行动的同时会学习,进而获取经验。通过行动和经验,人们会获得看法和态度,这反过来又会影响他们的行为。

5.2.3　个人客户金融交易的决策过程

从本质上来讲,个人客户的交易决策过程即是交易心理活动过程,理论上将这个过程分解归纳为5个主要步骤——认识问题、信息寻找、判断选择、交易决策、交易后行为(见图5-4)。

图5-4　个人客户金融交易的决策过程

1. 认识问题

个人客户的金融交易决策始于认识问题,即确认自己的金融需求。假设经过一年的辛苦工作,你手头上有50000元积蓄,如何打理这50000元?这个问题的提出,就是在认识问题、确认需求。你的金融需求可能由内部刺激引起(如追求资产保值增值),也可能由外部刺激引起(如通货膨胀或紧缩)。人们出于财富增值或规避风险的动机而产生金融需求。在这一步骤中,营销管理者的任务是了解客户的真正需求是什么,以及这些需求是如何产生的,从而确定什么样的服务或产品才是适合客户的。

2. 信息寻找

提出问题、确认需求后,客户下一步要做的是找寻信息,为解决问题做准备工作。信息来源大致有四类:公共来源,即大众传媒、中介机构、评价机构等;商业来源,即广告、营业推广、人员促销等;个人来源,即家庭、朋友、邻居等;经验来源,即自身经历、体验等。这些信息来源的相对影响力随客户和产品的不同而不同。总体而言,个人来源的信息对客户的影响力最大,而商业来源的信息往往具有较强的引导性,若客户获得的信息主要来自商业渠道,那么营销人员的后续营销过程会容易很多。因此,营销人员必须仔细辨别客户的信息来源以及各类来源信息对特定客户的重要性。信息寻找的工作量大小,主要取决于客户动机的强烈程度、初始信息量的多少、获得信息的难易程度、对获得更多信息的重视程度以及在寻找信息过程中获得的满足感。

3. 判断选择

在掌握足够信息后,客户脑海中评价金融服务或产品的依据慢慢清晰起来。这里需要注意的是,不同客户对不同金融服务或产品评价依据的看重程度不同,比如有些客户更加看重产品属性,有些客户更加看重品牌形象,营销管理者有必要了解客户的评价依据具体是什么。此外,在金融服务或产品评价过程中,客户往往考虑多重因素,如同时包含产品属性、重要程度、品牌形象等,这就涉及评价方法的问题。客户并不是在所有交易中都使用同一种简单的评价方法,实践中有几种不同的评价方法,营销管理者应该了解这些评价方法,从而预测客户的交易行为。

4. 交易决策

在选择评价步骤中,客户对不同的金融服务或产品进行排序并达成交易意向。一般来说,客户的交易决策将倾向于最爱的产品或品牌,但在交易意向和交易决策之间还会受到三个因素的影响——他人的态度、预期环境影响、非预期环境影响。因此,倾向性不一定总是引起实际的交易选择。比如,即使客户已经做出购买开放式货币基金的决定,但只要没有最后实施交易,就仍然可能改变决定。可能意外事故、重大政策变化或社会事件,甚至家人或好友的一句话都会改变他的交易意向,使他在产品选择序列中寻找其他方案。

5. 交易后行为

金融交易完成并不意味着营销工作的结束。交易后,客户可能满意,也可能不满意,并产生交易后行为。实际感知和事先期望之间的比较决定了客户的交易后满意程度。以客户满意度为目标,金融营销人员要善于管理客户对金融交易的事先期望和实际感知。客户的实际感知好于事先期望是大喜过望,实际感知接近事先期望是满意,实际感知低于事先期望则是失望。客户失望的情形除自身认知原因外,有时还与营销人员夸大服务或产品性能,拔高客户事先期望有关。聪明的营销人员甚至适当压低对服务或产品性能水平的描述,通过缩小事先期望与实际感知之间的差距来提高客户的满意度。如集合投资宣传资料承诺回报率为1%~3%,而实际底线至少可以达到2%,客户满意度必然提高。

5.3 企业客户金融交易行为分析

在现代市场经济中,企业客户(主要是工商企业)是金融服务的主要对象。作为金融企业的客户,企业既可能是资金供给者,也可能是资金需求者。

5.3.1 企业客户金融交易的特点

企业客户的金融交易与金融企业的批发业务相对应,表现出如下特点。

(1)多属于引致需求。企业客户的金融交易行为不同于个人客户,最大的差异在于企业客户从事金融交易是为生产服务。换言之,企业客户的金融需求是为了企业持续性生产运营,为了生产更多、更好的产品满足消费者的消费需求。比如,家用轿车的消费需求快速膨胀,汽车制造商向银行申请贷款力求扩大生产规模,汽车经销商向银行申请贷款力求扩大销售规模。无论汽车制造商还是汽车经销商,他们的贷款需求都是由最终的消费需求所引致的。

(2)产品专业性强,需求弹性小。企业客户的金融需求必然与自身生产、财务等状况相匹配,这就要求面向企业客户的金融服务或产品必须在全方位调研后进行专业设计。较之于个人客户的金融服务或产品,企业客户的金融服务或产品专业性强,不容易被新的服务或产品所替代。与此同时,企业客户对已经使用的金融服务或产品具有一定的依赖性,更换成本比较高,所以需求弹性较小。

(3)次数较少,交易金额较大。虽然在现代经济体中,企业普遍存在,几十上百万的企业活跃于社会的各个角落。但较之于个人客户市场数十亿的人口基数而言,企业客户市场的规模还是有限的。企业客户的金融交易并不像个人客户那样频繁,相对来说交易次数较少,但是每次交易的金额又远远大于个人客户,动辄成百上千万。

(4)产品供需结构复杂。虽然个人客户的金融需求受多重因素影响,但是相比较而言,企业客户的金融需求受更多因素影响,包括宏观经济、行业前景、地域环境、组织、个人等,而且很多因素都处于动态变化之中,这就导致企业客户的金融需求结构更加复杂。与之相对应,企业客户的金融产品供给结构也更复杂。

5.3.2 企业客户金融交易的影响因素

一般来说,企业客户金融交易的影响因素主要有环境因素、企业文化、决策历史以及决策者的风险态度等。

1. 环境因素

环境因素包括政策与法律法规、经济前景、利息、市场等具体因素,这些因素直接或间接地影响企业客户的金融交易行为。环境因素对企业客户金融交易的影响是双重的,可能带来发展机遇,也可能带来威胁冲击。环境的特点影响着企业的活动选择。外部环境的稳定性发生变化,企业需对经营方向和内容进行调整。市场结构决定企业的经营重点。处于垄断地位的企业通常将经营重点致力于改善内部生产条件、扩大生产规模以及降低生产成本,而处在竞争市场上的企业则需密切注视竞争对手的动向,不断推出新产品,努力改善营销宣传,建立健全销售网络。此外,对环境的习惯反应模式也影响着企业的活动选择。即使在相同的环境背景下,不同的企业可能做出不同的反应。这种调整企业与环境之间关系的模式一旦形成,会趋向固化,限制对金融交易方案的选择或更换。

2. 企业文化

企业文化制约着企业及其成员的行为方式。在决策层面上,企业文化影响人们对待改变的态度。任何决策的制定都是在某种程度上对过去的否定,任何决策的实施都会给企业带来某种程度的改变。企业成员对这种可能产生的改变会持有抗拒或欢迎两种截然不同的态度。在偏向保守、怀旧文化的企业中,人们总是根据过去的标准来判断现在的决策,担心在改变中会失去什么,对将要发生的改变产生怀疑、害怕和抗御的心理与行为;相反,在具有开拓、创新文化的企业中,人们总是以发展的眼光来分析改变的合理性,希望在可能产生的改变中得到什么,因此渴望、欢迎、支持改变。显然,欢迎改变的企业文化有利于新金融交易的实施,而抵御改变的组织文化则可能给任何新的金融交易实施带来灾难性的影响。在后一种情况下,为有效推进新的金融交易,营销人员必须通过大量工作改变企业成员的态度,建立有利于改变的企业文化。如此,金融交易方案的设计必须考虑改变现有企业文化而必须付出的费用和时间成本。

3. 决策历史

今天是昨天的继续,明天是今天的延续。历史总是要以这种或那种方式影响着未来。在大多数情况下,企业决策不是在一张白纸上进行初始决策,而是对初始决策的完善、调整或改革。企业过去的决策是目前决策的起点。过去选择的方案实施不仅伴随人力、物力、财力等资源的消耗,而且伴随内部状况的改变。"非零起点"的目前决策不得不受到过去决策的影响。过去决策对目前决策的制约程度要受到它们与现任决策者的关系的影响。如果过去决策是由现任决策者制定的,而决策者通常要对自己的选择及其后果负管理责任,因此往往不愿意或不希望对企业活动进行重大调整,而仍倾向于把大部分资源投入过去方案的执行中,以证明自己的决策正确。相反,如果现在的主要决策者与过去的重要决策没有很深的渊源关系,则会易于接受重大改变。

4. 决策者的风险态度

决策是人们确定未来活动的方向、目标和内容的行动,而人们对未来的认识能力有限,目前预测的未来状况与实际的未来状况不可能完全相符,因此在决策指导下进行的活动,既有成功的可能,也有失败的危险。任何决策都要冒一定程度的风险。企业及其决策者对待风险的不同态度会影响金融交易决策。愿意承担风险的企业,通常会在环境变化前采取进攻性的行动;而不愿承担风险的企业,通常只能根据环境变化做出被动的反应。愿冒风险的企业经常进行新的探索,而不愿承担风险的企业则受到过去决策的严重限制。

5.3.3 企业客户金融交易的决策过程

分析企业客户的金融交易决策过程有必要区分不同情形。对于新的金融交易,决策过程比较复杂,而重复交易的决策过程则要精简很多。在企业内部,通常围绕决策制定有关规章制度,以确保交易目标的实现。概括来讲,企业客户的金融交易决策过程可以归纳为7个步骤——问题确认、需求和条件说明、找寻金融企业、要求报价、选定金融企业、合同条款谈判、表现回顾。为了便于理解,这里以决策程序复杂、耗时很长的股票发行为例,对企业金融交易决策过程进行分析。

图 5-5 企业客户金融交易的决策过程

1. 问题确认

类似个人客户,企业客户的金融交易决策始于问题确认,明确自己的真正需求是什么。在股票发行案例中,企业萌生发行股票想法最显而易见的初衷是筹集资金。不过,各个行业的实际情况千差万别,决定了它们发行股票的主要原因或者目的不尽相同。有些企业是为了广泛吸纳社会资金,注入资金可扩大经营规模;有些企业是为了提升企业形象,提升公司的公信力和影响力;有些企业是考虑到上市后需要定期披露财务报表,把经营状况置身于公众视野之下,提高对行业和受众的影响力,使股东、员工的财富增加,提升员工忠诚度。如此种种,企业产生了在股票市场发行股票的需求。

2. 需求和条件说明

企业确认了发行股票的需求后,需要将自己的需求清晰、专业地表述出来,列出拟发行股票的规格、数量、特征,以及所需金融服务的要求等。注意,要使用专业术语描述自身发行股票需求的具体特征与数据。例如,"扩大企业资本金15%,在中国A股市场面向公众募集,发行普通股1600万份,每份面额1元,预计半年后上市流通。""扩大企业资本金5%,在港股市场定向发行,发行普通股500万份,每份面额1港币,预计3个月后上市流通。"专业表述有利于提高与金融从业人员沟通和交流的效率。

3. 找寻金融企业

根据证监会等监管机构的规定,一家企业要发行股票[特别是首次公开募股(initial public offering,IPO)]必须聘请中介辅导机构,包括承销商、会计师事务所、律师事务所。另外,根据实际需要还可能要聘请资产评估机构、IPO咨询机构等其他机构。承销商通常由投行或券商来扮演。企业如何获取投行或券商作为承销商的相关信息呢?可以查阅同行业已经发行股票企业的招股说明书,里面有说明聘用了哪家金融企业担任承销商;可以查阅投行或券商的官网,直接联系投行或券商,咨询是否有证券承销业务;也可能来自口碑、机构相互推荐、宣传册、上门推销等。企业通常在多家投行或券商之间进行招标,要求各机构在投标时拿出具体的工作程序和操作方案,这样不仅给企业提供了有关信息和知识,而且直接给了企业一个比较基准。确定两三家投行或券商备选后,准备进入下一阶段。

4. 要求报价

确定两三家投行或券商备选后,企业会要求报价,"入围"的投行或券商需要提供详细的书面报告或正式的口头陈述。当然,在给出报价之前,投行或券商必须对该企业发行股票涉及的所有事项进行充分调研分析,此外报价还要讲究书写技巧,因为报价报告不仅是技术文件,同时也是营销文件,可以帮助自己脱颖而出。比如,在报价报告中做出有吸引力的项目预期承诺、较高的定价、包销、降低承销佣金或提供搭桥贷款等。投行或券商还可利用种种方法充分展现自己作为财务顾问的专业素质、与众不同的人才优势和历史业绩,为企业设计合理的财务结构、融资方案,提供项目管理、理财、服务承诺等。在某种程度上讲,报价的高低与投行或券商的服务水平和质量以及对项目的责任心有很大的联系。一般而言,规模大、历史沿袭长、架构比较复杂的企业能够接受稍微高一点的报价。

5. 选定金融企业

目前企业对金融企业的选择主要遵循以下原则:资质达标、规模对位、费用合理、竞争比较、任务明确。企业应收集整理"入围"投行或券商的报价资料,逐一列出各项素质指标进行比较排序。企业应深入了解"入围"投行或券商的保荐团队,保荐团队的重要性甚至超过承销商本身,应考虑的因素有相关的项目经验、团队带头人的社会资源及其协调能力、团队主办人员的从业经验和业务能力、保荐与承销收费标准以及重要的业务风格等。此外,企业还要关注"入围"投行或券商的信誉度,即看其过去工作质量、服务态度、诚信情况,包括有无受到证监会处分。同时,判断"入围"投行或券商将本企业放在整个业务构成中的位置,一是能否选派一流专家在场参加工作,二是在推荐任务繁忙时,能否将本公司放在优先位置。谨慎的企业在做出最终决定之前,还会找排序第二、三名的投行或券商谈判,以争取更有利的价格和条件。

6. 合同条款谈判

最终选定某家投行或券商后,进入合同细节条款谈判阶段。在谈判过程中,尽可能敲定工作内容、范围、时间、要求与费用。有关工作要求和费用,企业自己要心中有数,同时在谈判时尽可能谈细并确定下来。金融企业则是尽量争取签订长期合作的一揽子服务计划,以节约重复谈判的费用成本。股票融资合同的重要内容包括股票发行数量、筹资金额、发行和上市的时间与地点、投资银行服务内容、收费金额和方式等,在谈判期间要就其中的细节和规定进行细致而有效的推敲,通过讨价还价过程达成双方认为合理的交易约定,尽量避免敞口合同。详细的金融产品与服务项目清单对于交易双方都是必要的。

7. 表现回顾

在完成股票发行一段时间后,企业将会回顾投行或券商的表现,评价金融服务和产品是否与承诺相符,是否应该继续维持与这个投行或券商的关系。金融企业应该收集这些评价意见,及时沟通,消除某些误会,改善服务或产品,必要时调整原定合同条款,提高客户的满意度。以新三板为例,很多公司因为主办券商服务不到位而选择"解约"。据统计,2017年1月1日到3月16日,157家新三板公司发布了变更持续督导主办券商的公告,平均每天就有2家公司变更主办券商,督导期最短的只有3个月。

5.4 机构客户金融交易行为分析

机构客户主要包括各级政府机关、事业法人、社团法人、金融同业等。机构客户因管理相对规范、资金归集量大且稳定、成本较低、风险较小等特点而倍受各金融企业的青睐。考虑到机构客户金融交易决策过程同企业客户大致相同,下面将重点讲解机构客户金融交易行为的特点与影响因素。

5.4.1 机构客户金融交易的特点

与企业客户相类似,机构客户的金融交易同金融企业的批发业务相对应;但较之企业客户,机构客户的金融交易行为表现出自身的典型特点,如组合性、个性化、理性与非理性并重、经济效益与社会效益并重。

(1)组合性。机构客户的金融需求往往不只局限于一种服务或产品,而是需要金融企业提供丰富多样的金融服务和产品组合。例如,高校有闲置资金时,会存入银行;如果想争取更大的收益,会要求银行提供理财服务;当其需要加强对各部门的资金管理和归集时,会要求银行提供现金管理服务;当其进行基础设施建设时,会要求银行提供短期贷款、中长期贷款等;当其进行学费归集和收缴时,会要求银行进行代收代付业务服务。另外,还有校园内进行结算的校园卡网络与银行结算系统的对接、为学生提供的助学贷款、代理保险等综合性金融服务。

(2)个性化。鉴于机构客户多是大客户,金融企业对不同类型的机构客户采用不同的营销策略。例如,政府机构和事业法人往往有不同的需求。对单一机构客户而言,金融企业必须通过与客户的日常接触或专业化的市场调研,及时了解客户的要求与想法,积极适应甚至主动引导客户的需求变化,适时调整营销策略。对于机构客户,产品组合、合理定价、增值服务是金融企业营销策略的重点。在政策允许的范围内,金融企业应根据客户的经营特点和运作规律,抓住客户需求重点,以满足机构客户的个性化需求。

(3)理性与非理性并重。机构客户的金融需求并非随意的、情感性的、冲动性的,而是理性的。客户选择哪家金融企业或者决定购买某种金融产品、参与某种金融交易是有明确目的的,而且往往是在进行认真对比分析计算的基础上理性选择满意的方案,以达到预期目的。但由于其地位特殊性、行政依赖性强等特点,机构客户在进行决策时往往受到更多非理性因素的影响,如行业主管机构的意见、政府有关部门的态度、系统管理的需要、金融企业派出营销人员的级别和营销工作是否全面深入等。但随着金融服务不断创新和功能不断提升,机构客户的金融需求将越来越趋于理性。

(4)经济效益与社会效益并重。政府部门要维护市场秩序和社会公平,社会效益是这类客户的首要目标。市场化色彩相对浓重的学校、医院、报业、广播电视等事业法人也是公益性的,不以赢利为唯一目的。金融企业面对机构客户时应充分考虑到机构客户的公益性特征。比如,公用事业单位的信用评级和项目评估与企业客户就有着较大区别。企业客户信用评级是从企业角度进行分析,强调企业自身对债务的保障程度,而公用事业信用评级是在考虑项目经营管理能力的基础上,注重分析其所依赖的政策的合理性、稳定性和实际执行效力,同时,还注重分析政府支持对债务的保障程度,包括在偿债资金来源上的支持、经营过程中的政策支持以及在发生偿债困难时的特别支持等。

5.4.2 机构客户金融交易的影响因素

通常而言,机构客户金融交易的影响因素主要有机构自身属性、政策法规、决策者价值取向与偏好。

1. 机构自身属性

虽然各级政府机关、事业法人、社团法人、金融同业被统称为机构客户,但是他们彼此之间有着本质区别。不同的属性决定了不同的机构客户参与金融交易的动机、做事风格、执行程序等。例如,政府机关更多的是追求社会效益,财政收入与支持有严格的计划性和政策性;高校的金融需求主要是满足学校正常运转的资金需求,同时做到保值增值。机构客户的自身属性是金融企业开展营销活动需要考虑的首要因素。清楚把握客户属性,有助于清晰认识客户真正的金融需求,并恰到好处地提供金融服务和产品。

2. 政策法规

相比处于更为充分的市场竞争环境下的企业客户,机构客户更容易受到国家政策的倾斜和保护,当然也受到更多的政策约束。机构客户能否参与某一金融交易、能在多大程度上参与,很多时候都要遵循明确的政策法规。政策法规是机构客户参与金融交易的行为准绳,不存在讨价还价的空间,这是金融营销人员需要格外注意的。与之相伴随的就是政策风险。政策法规一旦发生变动,金融交易很可能戛然而止,这经常导致金融企业措手不及,使以前的营销付出功亏一篑。

3. 决策者价值取向与偏好

机构客户决策者的价值取向取决于所处社会阶层和家庭背景,多具有较高的精神追求,如利他主义和利国主义。此外,机构客户决策者往往偏好具有共同文化背景、共同地域背景和共同价值取向等理念,以及具有相似的奋斗历程。地缘文化、校友文化、共同的奋斗经历、利他主义需求,这些较高层次的精神需求是金融企业面向机构客户开展营销活动的重要指南针。类似企业客户的情形,现任决策者与过去决策的关系也会影响决策者的最终选择。

本章小结

概括来讲,客户的金融需求主要包括资金融通、规避风险、财富管理、金融服务。客户的金融需求可分为一般需求、优质需求、个性化需求三个层次。金融企业需要考虑为不同层次的需求,提供相对应的金融服务或产品。

个人客户金融交易表现出市场广阔、次数频繁、金额较小,产品规格多、可替代性强,多凭感情交易,产品供需不易控制等特点。不同的个人客户金融交易的习惯和喜好都不一样,影响个人客户金融交易行为的因素非常多,主要有年龄、财富积累、受教育程度、职业状态、生活方式、心理因素等。从本质上来讲,研究个人客户交易决策过程就是研究客户交易心理活动的过程。理论上将这个过程分解归纳为5个主要步骤——认识问题、信息寻找、判断选择、交易决策、交易后行为。

企业客户金融交易表现出多属于引致需求,产品专业性强、需求弹性小、次数较少、交易金额较大,产品供需结构复杂等特点。一般来说,影响企业客户金融交易的因素主要有环境因素、企业文化、决策历史以及决策者的风险态度等。企业客户的金融交易决策过程可以归纳为7个主要步骤——问题确认、需求和条件说明、寻找金融企业、要求报价、选定金融企业、合同条款谈判、表现回顾。

机构客户的金融交易决策过程同企业客户大致相同,但较之企业客户,机构客户的金融交易行为表现出自身的典型特点,如组合性、个性化、理性与非理性并重、经济效益与社会效益并重。通常而言,机构客户金融交易的影响因素主要有机构自身属性、政策法规、决策者价值取向与偏好。

思考题

1. 如何理解金融需求的构成与层次?
2. 请解释个人客户金融交易的特点。
3. 个人客户的金融交易行为受哪些因素影响?
4. 请举例说明个人客户的金融交易决策过程。
5. 请解释企业客户金融交易的特点。
6. 企业客户的金融交易行为受哪些因素影响?
7. 请举例说明企业客户的金融交易决策过程。
8. 机构客户的金融交易表现出什么特点?
9. 机构客户金融交易主要受哪些因素影响?

案例讨论

与疫情赛跑,浦发银行特事特办、快速响应企业需求

2020年春节前后突如其来的新型冠状病毒肺炎疫情,给无数企业的生产经营带来了巨大考验,而对于与实体经济共生共荣的银行业而言,更应根据特殊时期的需要,提升响应速度和金融支持力度。

浦发银行按照"特事特办、急事急办"的原则,聚焦抗击疫情第一线,对医药企业、防疫物资生产企业以及直接受疫情冲击而无法按时还款企业,通过一企一策制定方案、多部门协同、加班加点快速审批、开通绿色通道、给予利率优惠和减免手续费等措施,为企业提供及时而有力的支持,与企业共渡难关。

春节前夕,上海某民营小微企业受下游客户武汉某企业付款延期影响,即将到期的460万贷款无法落实还款资金。浦发银行上海张江科技支行获悉企业困难后,第一时间为客户提供"无还本续贷"服务,在春节假期前完成贷款续贷及相应的审批工作,并以优惠的利率完成放款,缓解其资金压力。

在境外支付、汇款和跨境采购方面,浦发银行发挥专业优势,协同总分行各部门,充分利用金融和外汇工具,协助企业第一时间完成交易。1月31日,浦发银行上海三林支行接到上海某电商企业1000万元采购防疫口罩的紧急境外支付需求。鉴于客户开通了跨境双向人民币资金池,浦发银行优先推荐客户通过CIPS系统以跨境人民币方式对外支付,整笔业务流程耗时不到2小时。

1月30日,浦发银行南京分行辖属江阴支行的客户江阴某国际贸易公司因向日本某企业采购一批N95口罩,希望加急办理日元购付汇业务。南京分行迅速组建业务经办行、运营管理、资金财务、金融市场和交易银行等多部门参与的工作小组,启动特殊时期购付汇绿色通道,连夜梳理外汇头寸申报、购付汇等流程,并免除相关手续费。次日上午9点前,审批全部完成,企业顺利汇出645万日元货款。

同日,浦发银行杭州分行临安支行的企业客户急需进口2000套防护服和2000只口罩捐赠给临安区人民医院。临安支行开启特殊时期跨境汇款绿色通道,在总分支三级协调配合下,争分夺秒、特事特办,从客户提交申请开始,仅仅用了23分钟便为企业成功完成跨境汇款业务,并免除全部汇款手续费。

同样是为了保障企业采购疫情防控物资,1月31日,浦发银行重庆分行解放碑支行为某医药企业急需支付疫情防控物资采购款而火速返岗,并召集运营管理部、信用运营中心、作业中心等部门,3小时内为该企业完成4000万元货款支付,用行动为疫情防控提供金融支持。

资料来源:与疫情赛跑,浦发银行特事特办、快速响应企业需求[EB/OL].(2020-02-03)[2021-03-10]. http://openapi.jrj.com.cn/flipboard/2020/2/3/28754736.shtml.

案例思考题:

1. 新型冠状病毒肺炎疫情对企业客户的金融需求造成了什么影响?
2. 金融企业如何建立并维护与企业客户的长期合作关系?

第6章　目标市场营销策略

 学习目标

- ◆ 掌握金融市场细分的内涵、原则及依据；
- ◆ 掌握目标市场的概念以及目标市场的考量维度；
- ◆ 掌握常用的目标市场策略；
- ◆ 掌握目标市场定位的含义以及常用的目标市场定位策略；
- ◆ 掌握基于大数据用户画像的基本原则、信息维度和基本步骤。

导入案例

我国推出首个女性互联网金融贷款服务

世界银行集团成员机构国际金融公司（International Finance Corporation，IFC）、蚂蚁金融服务集团（蚂蚁金服）与高盛"巾帼圆梦"万名女性创业助学计划2015年1月27日在北京推出中国首个专门的女性互联网金融贷款服务项目。

据悉，IFC将通过高盛"巾帼圆梦"——IFC女性企业家融资工具向蚂蚁金服旗下的蚂蚁微贷提供5亿元人民币的信贷资金专门用于女性企业家贷款。这笔资金将定向投放给蚂蚁微贷平台上的女性用户，就此扶持她们在面对难以获得银行贷款的境况下使创业得以持续。高盛"巾帼圆梦"——IFC女性企业家融资工具是首个专为女性拥有的中小企业提供融资的全球性项目。蚂蚁微贷平台上拥有大量的女性贷款用户，目前蚂蚁微贷的用户主要来自阿里巴巴集团旗下的淘宝网、天猫等电商网站。

蚂蚁金服提供的数据显示，在蚂蚁微贷的平台上，女性经营的店铺符合信用贷款准入条件的比例略高于男性经营的比例，女性店铺的准入比例为50.10%。蚂蚁金服首席执行官表示，中国女性对中国的经济增长至关重要。她们对事情充满热情，往往是值得信赖的企业家。我们的平台上有许多成功的妇女创业故事，我们希望能够提供多方面的支持，让她们能够进一步拓展自己的事业。通过和IFC、高盛携手，我们得以将我们的服务提供给更多女性，让她们有机会发挥更大潜能，追求事业上不断地成功。

IFC执行副总裁兼首席执行官表示："互联网科技能够简化借贷程序，令小微企业更容易并以较低成本获得贷款。世界银行集团致力于在2020年前普及金融服务，要实现此目标，扩展小微信贷业务将尤为关键。"IFC此前已向蚂蚁金服提供总值10亿元人民币的信贷额度，协助其拓展小微信贷业务，上述合作也是IFC首次投资蓬勃发展的中国互联网金融行业。这两个项目均符合IFC在新兴市场推广普惠金融和女性金融的使命。蚂蚁金服和高盛同样致力于支持小微企业的成长。

"通过'巾帼圆梦'计划的成效，我们切身体会到投资于女性能直接促进经济增长和社会繁荣，"高盛基金会主席谈道，"协同我们的合作伙伴，我们为企业家创造了更多机会，为女性企业家最主要的发展障碍之一提供了解决方案,为她们开拓了繁荣发展所需要的资金渠道。"

资料来源:中国首个女性互联网金融贷款服务推出[EB/OL].(2015-01-28)[2021-02-15]. http://www.cs.com.cn/sylm/jsbd/201501/t20150128_4631943.html.

目标市场营销是粗犷式营销转向精细化营销的开始,旨在对客户做细分管理和营销,力求客户价值最大化。在市场调研的基础上,营销管理者识别不同消费者群体的差别,发现并选择若干最有价值并能为之提供最有效服务的消费者群体作为自己的目标市场,满足目标市场的需要,从而建立有竞争优势的品牌。目标市场营销包括三大内容:市场细分(segmentation)、目标市场选择(targeting)、市场定位(positioning),简称STP策略。本章将系统介绍金融市场细分的内涵、原则及依据,介绍目标市场的概念、选择目标市场的考量维度以及常用的目标市场策略,介绍市场定位的含义及常用策略。同时,本章还将介绍大数据时代金融目标市场选择的新发展——用户画像,借助大数据技术勾勒客户轮廓,找到目标客户,并触达客户。

6.1 金融市场细分

6.1.1 金融市场细分的内涵

所谓市场细分是指营销管理者通过市场调研,依据消费者需要和动机、购买行为和购买习惯等方面的差异性和类似性,将某一特定市场划分为若干个消费者群体,以选择和确定目标市场的一系列活动。每一个消费者群体即是一个细分市场,每一个细分市场都是由具有类似需求倾向的消费者构成。放眼金融市场,金融服务不断发展,客户群体不断扩增,客户所处的背景环境、经济收入、文化层次以及个性能力都有相当大的差距,导致客户需求千差万别;与此同时,金融企业自身的服务能力有限,要想在激烈的市场竞争中取胜,就一定要专注市场细分。

大数据赋能金融业的数字化时代,金融市场细分往往从大数据出发,由粗至细慢慢向各层次延伸。一般情况下,金融企业根据客户主体的基本服务需求和风险承受能力,简单地将一些需求趋同或差异不明显的客户归至同一细分市场,通过具体细分来优化服务,确定服务范围,降低服务成本。按照资产情况区分的细分市场也能很好地把握客户的需求动向和承受能力。在同一个一般层级上的细分市场,还需要进行更细的分层。一般是在大群体的细分市场中按照具体客户的差异大小来重新细分,将细分市场中需求及购买力偏差相对更为统一的客户再单独分类。例如,在贷款业务群体中再分出不同贷款类型的细分客户,如此在具体业务操作上可以更加便捷地满足客户的需求,提高服务质量。

6.1.2 金融市场细分的原则

根据市场结构、潜在客户特点以及自身优势,金融企业细分市场是一项具有创造性的活动。金融市场细分必须遵守可衡量性、可赢利性、可进入性、可持续性、可反馈性等原则(见图6-1)。

图6-1 金融市场细分的基本原则

(1)可衡量性。市场细分需要依据不同的因素变量。可衡量性是指细分市场的各类因素变量是可以测量的,各个细分市场的规模和购买力水平也是相对确定的。每个细分市场必须具有辨识度,有清晰的边界,同时细分市场的各种市场特征是能够被识别和表达的。有些细分变量,如"依赖心理"在实际中是很难测量的,以此为依据细分市场就不一定有意义。

(2)可赢利性。可赢利性是指细分出来的市场规模要具备足以让金融企业实现赢利的量级和潜力,即所选择的细分市场要有足够的需求量且有一定的发展潜力,能够使金融企业赢得长期稳定的利润。应当注意的是,需求量是相对本企业服务或产品而言,并不是泛指一般的人口和购买力。

(3)可进入性。可进入性是指金融企业能够通过适当的营销策略进入目标市场,并在市场中为客户提供有效的金融服务,即金融企业所选择的目标市场是否易于进入,根据金融企业目前的人、财、物和技术等资源条件能否通过适当的营销组合策略占领目标市场。

(4)可持续性。可持续性是指细分出来的金融市场必须在一定时期内保持相对稳定,并可长期持续,以便金融企业进行合理规划,制定较长期的营销方案,有效地占领目标市场。若细分市场不具有可持续性,金融企业的营销行为容易短视化。

(5)可反馈性。细分市场的消费者对金融企业的同一营销方案会做出及时、迅速且具有差异性的反应,或者说当营销方案变动时,不同细分市场会有不同的反应。如果不同细分市场中的消费者对营销方案的反应不具有差异性,行为上的同质性远大于其异质性,此时就没有必要进行市场细分。

6.1.3 金融市场细分的依据

根据市场细分的内涵,金融市场的细分主要是依据消费者特征。金融业范围较广,产品种类繁多且复杂,同时金融企业的客户几乎遍及所有的地理区域与社会阶层,金融需求千差万别。这些都导致依据消费者特征进行市场细分具有较大难度。许多金融企业只是依据资产水平,如银行将客户划分为高资产财富客户、中资产理财客户、低资产大众客户。这种划分方法实际上是从金融服务和产品的角度来细分市场,能够让银行一线服务人员知道应该围绕哪些产品来提供服务,但并不能解决向客户提供个性化服务的本质问题。因为金融市场细分的核心是客户,而非产品。

金融市场细分应该基于对客户态度和行为的理解,可以参考客户对消费和储蓄的控制程度、对金钱的兴趣和知识、积累与消费的欲望、对金融顾问的信任和需求、投资心理等5个变量(见图6-2)。

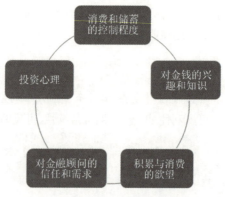

图6-2 金融市场的细分变量

1. 消费和储蓄的控制程度

消费和储蓄是当代社会人类最基本的金融需求。具有同样社会地位和收入水平的人在消费和储蓄上的行为差异巨大。消费者的消费和储蓄行为在时间上是多层次的,消费和储蓄的两难选择首先体现在消费者日常生活的一次次决策中。例如,是买一个自己一直想要的iPad还是把钱省下来,生活中这一次次决策的日积月累形成了消费者在短期的消费和储蓄状况,而短期行为又进一步决定了人们长期的消费和储蓄状况。有些人量入为出,很少超支消费,保留着传统的勤俭美德;有些人未雨绸缪,控制消费,往往为了更长期的支出目标而注重储蓄;有些人负债消费,消费的冲动经常超越储蓄能够支撑的程度。

2. 对金钱的兴趣和知识

认识客户对金钱的态度是一门学问。客户想说的和会做的经常是不一致的。有人说,"要是我有一百万,一定先买辆奔驰汽车"。当他真的拥有一百万时,可能会优先解决另外的需求。从实际情况来看,许多普通消费者对于金钱的认知还仅仅停留在基础的支付工具上,而财富客户显然需要将对金钱的认知提升到金融的高度。财商教育有利于从小培养正确的财富观。中国财商教育的缺失,让不同家庭背景出生的孩子长大后对金钱的态度两极分化严重。一般家庭出来的孩子长大后节衣缩食,省下来的钱都进行储蓄;富裕家庭出身的孩子,肆意挥霍,根本意识不到赚钱的辛苦。

3. 积累与消费的欲望

客户对于积累与消费的欲望决定了投资行为的可持续性。投资型客户的目标是通过投资来积累,因此当他们获利后,会将获得的全部收益再次投入投资过程。而有一些人投资的目的是为了获利消费,他们会将投资所得取出来用于消费,这种类型客户的可持续投资意愿经常会受到投资结果的影响,获利了可能停止投资用于消费,亏损了也可能停止投资变得沉默。简单来讲,投资型客户更加注重长期的财富积累,热衷滚雪球似的"钱生钱";消费型客户更加注重短期的消费享受,而且具有明显的风险厌恶倾向,对投资行为缺乏信心。

4. 对金融顾问的信任和需求

不同于一般意义的服务,金融服务和产品是专业且复杂的,大多数消费者本身并不是相关领域的专家,这时金融顾问变得格外重要。对于银行理财、证券服务、保险服务、投资服务等业务来说,客户对于金融顾问的信任和需求是一个非常关键的分类维度。客户对于金融顾问的态度是一个重要的指标。一个自认为专业的客户对于金融顾问的建议往往带着审视的目光,而许多客户会对金融顾问依赖有加,认为金融顾问无所不能。金融顾问准确了解客户对金融建议的态度和依赖性,对于如何采取更有效的服务行动非常重要。

5. 投资心理

同样的环境下,同时同方向操作,投资者心态差异往往导致投资收益相差甚远。客户投资心理是一个非常重要的分类维度。尤其是对于股票、债券、理财、基金等投资类金融产品来说,投资心理决定了客户以什么样的方式来选择金融服务。常见的投资心理有无主见心理、犹豫不决心理、贪婪心理、赌博心理、惊慌心理、盲目跟风心理、嫌贵贪平心理、偏颇心理等。稳健型的投资者更喜欢债券类的固定收益产品,而激进型的投资者更愿意尝试股票和期货之类的交易类金融产品。有时会把投资心理称为金融性格,根据客户金融性格和金融产品的相关性进行分类是一项意义重大的举措。

P2P 行业发展趋势下一步:细分市场

6.2 金融目标市场选择

6.2.1 金融目标市场的概念

为了满足潜在或现实的客户需求,金融企业在细分市场的基础上根据自身优势选择着重发展某一或某些特定市场,这些特定市场被称之为目标市场。目标市场和细分市场是两个不同的概念,二者既有联系又有很大区别。细分市场是根据客户需求倾向和购买行为等因素划分出的客观存在的市场,而目标市场是在市场细分的基础上,结合金融企业自身的战略选择和资本优势进一步选择一个或若干个细分市场,具有一定的针对性。对于金融企业来说,细分市场是选择目标市场的前提和基础,选择目标市场是细分市场的最终目的。只有通过细分市场及选择目标市场,金融企业才能制定出具体的目标市场营销战略。

金融企业为什么要选择目标市场?虽然金融市场范围很大,选择机会很多,但从金融企业的经营成本来看,自身条件毕竟有限,且无法满足存在于整个市场上的所有细分市场,并不拥有进入所有细分市场的能力,所以选择适合自己的目标市场变得十分必要。选择目标市场既可以控制经营成本,又可以利用规模经济获取更大收益。

6.2.2 金融目标市场的考量维度

在操作层面上,金融企业选择目标市场时应该考虑 4 个因素,包括企业的自身实力、目标市场的潜量、目标市场特征与企业理念的吻合程度、同业竞争对手的状况(见图 6-3)。

图 6-3 选择目标市场的考量维度

1. 企业的自身实力

企业实力即金融企业自身是否拥有一定规模的资金量。虽然在整个市场中金融企业面临的选择有很多,许多细分市场都有赢利机会,但是受资金限制,金融企业不得不寻找个别最合适的细分市场作为目标市场。如此可以集中利用资金,获取规模经济的利润。对于大型资金量充足的金融企业来说,在目标市场上可以采取扩张的方式,大范围发展自己的业务;对于中小型资金量有限的金融企业来说,应该采取谨慎态度,选择最适合的细分市场做专做精。

2. 目标市场的潜量

目标市场的潜量即目标市场潜在的需求量,是指在一定时间内,目标市场潜在客户需求的最大量。首先,金融企业所选定的目标市场应当具备一定的发掘潜量,因为赢利性是关键。如果目标市场处于一个已被完全开发或当下经济环境中开发意义不大的状态,则需谨慎进入,因为没有足够潜量的目标市场是不足以支撑金融企业生存和发展的。其次,注意潜量的适度性。并不是潜量越大越好,尤其是对于资金量较小的企业,开发潜量过大的目标市场很有可能导致资金流动性降低,最终引发流动性风险。

3. 目标市场特征与企业理念的吻合程度

市场细分的根本目的是明确目标市场的具体特征和需求趋势,从而发现同金融企业自身条件最为契合的市场。金融企业的优势一般在于资金实力、经营规模、网点分布、技术力量、风险控制等方面,因此,可以根据自身在市场中的整体定位来选择合适的目标市场。选择吻合度最高的目标市场可以最大限度地发挥自身优势,达到资源利用最大化。例如,中国邮政储蓄银行由原中国邮政改制,优势在于网点分布广阔,涉及全国各个角落,因此中国邮政储蓄银行的市场定位是简单业务的大范围推广,目标市场是农村城镇等业务单一、地理位置偏远、触及成本较高的细分市场。

4. 同业竞争对手的状况

同业竞争对手是指在同一个细分市场中兴趣一致且竞争意图相仿的企业。如果在同一个细分市场中存在很多竞争对手,市场竞争过度,则竞争成本必然较高;反之,当一个细分市场的竞争并不完全或者竞争者实力较弱时,竞争成本和竞争风险就相对较小。因此,市场结构及竞争情况是确定该细分市场是否值得进入的重要影响因素。首先,考虑竞争者的资金实力。如果竞争对手是强有力的大型金融企业,拥有垄断潜能,此时的竞争成本很大,风险控制也很难,故而需要慎重考虑。其次,考虑竞争替代品。竞争替代品的存在会直接导致细分市场中产品价格和利润增长受限,所以需要考虑该细分市场中未来存在竞争替代品的可能性。

6.2.3 金融目标市场的选择策略

在市场细分的基础上,金融企业应根据自身实力和客观条件来选择目标市场。具体而言,可参考运用的目标市场选择策略包括无差异性目标市场策略、差异性目标市场策略和集中性目标市场策略。

1. 无差异性目标市场策略

无差异性目标市场策略是指金融企业将整个市场看作同质性的大市场,不做细分或者对各细分市场同等对待,只注重客户需求的共性,不究其差异性,采用单一的营销组合方案。无差异性目标市场策略的优点在于可以大批量生产和销售,形成规模效应,降低生产成本和营销费用。但是,这种策略忽视了客户需求的差异性,难以满足客户的个性化需求;同时,容易导致竞争激烈和市场饱和,难以保持持久的规模经济效益。所以,这种策略只适用于客户需求差别不大的大众化或通用型产品。从普惠意义上说,支付宝、微信支付、百度钱包等都是采用了无差异性目标市场策略。

2. 差异性目标市场策略

差异性目标市场策略是指在市场细分的基础上，金融企业选择若干细分市场作为目标市场，并根据不同客户群体的需求差异，制定相适应的营销组合方案。该策略的理念基础在于整个金融市场上不可能存在完全无差异的客户需求，因此有必要根据不同客户的需求差异制定服务方式和营销策略。差异性目标市场策略的优点在于有市场细分作为基础，区分客户间的具体需求差异，提出了更加完善的营销方案；相比无差异性目标市场策略而言，能够更广地触及整体市场，扩大市场占有率，提高企业竞争力。这种策略的缺点在于差异性较大的客户需求处理往往伴随着差异化明显的营销方式，这很有可能导致营销成本升高，操作难度也相对偏高。例如，蚂蚁金服几乎覆盖了互联网金融领域的全部子市场，有互联网第三方支付、互联网消费金融、互联网理财、互联网保险、互联网银行和互联网征信等，是采用差异性目标市场策略的典型代表。

3. 集中性目标市场策略

集中性目标市场策略，又称密集性目标市场策略，是指金融企业从众多细分市场中选择一个或少数几个作为目标市场，将有限的资金集中于选定的目标市场中，集中采用一种或少数几种营销组合方案来满足目标市场需求。由于自身条件的局限性以及细分市场的多样化，金融企业无法完全适用差异性目标市场策略，只能选择与自己吻合度较高的细分市场来着重发展。企业选择集中性目标市场策略，目标明确，针对性强，有利于集中资源与力量，迅速占领市场，提高知名度，扩大市场份额。但是该策略有较大的风险性，企业资源集中于一个或少数几个细分市场，一旦目标市场发生急剧变化，企业有可能陷入困境。易宝支付聚焦关键行业、冀龙贷以农村客户为主即是集中性目标市场策略的典型代表。

6.3 金融目标市场定位

6.3.1 目标市场定位的含义

目标市场定位，又称营销定位，是指金融企业依据目标市场状况及该市场的具体要求设计自己的核心服务和产品，为自身塑造与众不同的、令人印象深刻的鲜明形象，并将这种形象生动地传递给目标客户，从而在客户心目中占据一个独特、有价值的位置。简而言之，目标市场定位即是在目标客户心目中树立独特的形象。金融企业在确立目标市场定位时要结合自身客观优势、劣势以及外部市场环境，着重考虑竞争对手的市场定位和产品特色，同时也要时刻关注客户对本企业服务和产品的了解程度、重视程度和信赖程度。

更进一步地讲，目标市场定位可区分为形象定位和产品定位。形象定位是指金融企业通过对自身优势的判断和吻合市场的观察，明确市场占有目标后所确立的明显不同于竞争对手的具体地位和服务方向；产品定位则是指金融企业设计和推广具有自身特点的金融服务和产品，赋予服务和产品一定的个性或特色，树立服务和产品在市场上的一定形象，从而使目标市场上的客户了解和认识本企业的产品。

6.3.2 目标市场定位的主要策略

金融企业选择目标市场定位策略时，应考虑企业的自身资源、竞争对手的可能反应、市场的需求特征等因素，根据不同的主客观条件来选择。常见的目标市场定位策略有避强定位策略、迎头定位策略、比附定位策略等。

1. 避强定位策略

避强定位是指金融企业为避免与强有力的竞争对手发生正面竞争，而将自己定位于另一市场区域内，使自己在某些特征或属性方面明显区别于强势对手。避强定位策略可以帮助金融企业迅速在市场上站稳脚跟，并在客户心目中树立一定的形象。避强定位是一种"见缝插针""拾遗补阙"的定位思想，优点是能够帮助企业远离其他竞争对手，在市场上迅速站稳脚跟，树立企业形象，从而在该市场上取得领导地位；当然，避强定位也有缺点，企业常常处于不太有利的市场区域，发展空间受限。由于这种做法风险较小，成功率较高，被多数企业所青睐。在互联网金融领域，易宝支付只经营行业的第三方支付，属于典型的避强定位。

2. 迎头定位策略

迎头定位，又称针对式定位或竞争性定位，是指金融企业采取与竞争对手大致相同的营销策略，与其争夺同一市场。正因营销策略大致相同，当某个企业走到了前头、抢占了制高点，竞争对手就会紧随其后，甚至快速超越。显然，这是一种与竞争对手"互不相让""对着干"的定位方式。需要说明的是，迎头定位不是说企业一定要打败竞争者或挤掉竞争对手，事实上这也是很难做到的。现实情况常常是，与竞争对手在近乎相同的营销策略下产生社会轰动效应，或平分秋色，或扩大整体市场容量。在互联网金融中，阿里巴巴与腾讯即是采用了迎头定位策略。第三方支付方面，阿里巴巴有支付宝，腾讯有微信支付；理财方面，阿里巴巴有余额宝，腾讯有财付通；互联网银行方面，阿里巴巴有网商银行，腾讯有微众银行；等等。

3. 比附定位策略

比附定位，又称反衬定位，是指金融企业以消费者所熟知的品牌形象作衬托（或对照），反衬出自身品牌的特殊地位与独特形象。从本质上来讲，比附定位是一种借势定位，借背景（作参照或比附对象的品牌）之势，烘托自身品牌形象。比附定位策略需要考虑一个重要问题，即比附对象的选择，与谁相比是关键。如果同一个知名度较低的品牌相比，不仅有失自己的身份，也不利于提高自身品牌的知名度，反而有可能帮比附对象提高了身价。因此，通常情况下比附对象主要是那些有较好市场反响的、知名度高的品牌或事件。例如，翼龙贷成为联想控股成员企业，客观上便是借势联想的品牌形象，属于比附定位。

6.4 基于大数据的用户画像

我国"80后""90后"正在成为金融消费的核心力量，但是他们的金融消费习惯已经发生改变，不愿到金融网点办理业务，不喜被动接受金融服务和产品，如此便导致金融企业无法接触到客户，无法了解客户的真正需求。大数据时代赋能金融业发展，伴随大数据及大数据技术的应用，金融企业可以借助用户画像来了解客户，找寻并触达目标客户。

6.4.1 用户画像的基本原则

用户画像是在了解客户需求、消费能力及信用额度的基础上，寻找目标客户，并利用画像信息为客户提供合适的服务和产品。基于大数据的用户画像所涉及数据的维度需要结合业务场景,既要简单干练又要和业务强相关,既要筛选便捷又要方便进一步操作。用户画像需要坚持三个基本原则,分别是信用信息和人口属性为主、强相关信息为主、定性数据为主。

1. 信用信息和人口属性为主

信用信息是用户画像中最重要和最基础的信息,因为其描述了一个人的社会消费能力。任何企业进行用户画像的目的是寻找目标客户,而目标客户必须是具有潜在消费能力的用户。信用信息则可以直接证明客户的社会消费能力。工作、收入、学历、财产等都属于信用信息的范畴。定位目标客户之后,金融企业需要触达客户,此时便需要依赖人口属性信息,包含姓名、性别、电话号码、通信地址、家庭住址等。这些信息可以帮助金融企业联系客户,将服务和产品推送给客户。

2. 采用强相关信息,忽略弱相关信息

强相关信息是同场景需求直接相关的信息,可以是因果信息,也可以是相关程度很高的信息。如果定义采用0到1作为相关系数取值范围的话,0.6以上的相关系数便是强相关。例如,在其他条件相同的前提下,35岁左右的人平均工资高于30岁的人,计算机专业的毕业生平均工资高于哲学专业的毕业生,金融行业的平均工资高于纺织行业的平均工资,上海的平均工资高于海南省的平均工资。从这些信息可以看出年龄、学历、职业、地点对收入的影响较大,同收入高低是强相关关系。简单地讲,对信用信息影响较大的信息便是强相关信息,反之则是弱相关信息。用户的其他信息,如身高、体重、姓名、星座等,很难从概率上分析出其对消费能力的影响,这些便属于弱相关信息,不具有较大的商业价值,不应该放到用户画像中进行分析。

3. 将定量信息归类为定性信息

用户画像的目的是寻找目标客户,而定量信息不利于筛选客户,需要将定量信息转化为定性信息,通过信息类别来筛选人群。例如,依据年龄段对客户进行划分:18～25岁定义为年轻人,26～35岁定义为中青年,36～45岁定义为中年人;参考个人收入信息将人群定义为高收入人群、中等收入人群、低收入人群。关于定性信息的类别和划分方式方法,金融企业可以从自身业务出发,没有固定的模式。金融企业集中各类定量信息,并进行定性化,对定性信息进行分类,有利于对用户进行筛选,快速定位目标客户。

6.4.2 用户画像的信息维度

从实用角度出发,金融企业进行用户画像所需信息可分成5类,分别是人口属性、信用属性、消费特征、兴趣爱好、社交属性,基本覆盖了业务需求的强相关信息,结合外部场景数据将会产生巨大的商业价值。

(1)人口属性:用于描述一个人的基本特征,帮助金融企业知道客户是谁,以及如何触达客户。客户的姓名、性别、年龄、电话、邮箱、家庭住址等都属于人口属性信息。

(2)信用属性:用于描述客户收入现状、收入潜力以及支付能力,帮助金融企业了解客户的资产情况和信用情况,有利于定位目标客户。客户的职业、收入、资产、负债、学历、信用评分等都属于信用属性信息。

(3)消费特征:用于描述客户的主要消费习惯和消费偏好,便于寻找高频、高价值客户,帮助金融企业依据客户消费特点推荐相关金融服务和产品,提高转化率。为便于筛选客户,可以参考客户的消费记录将客户直接定性为某些消费特征人群,如差旅人群、旅游人群、餐饮用户、

汽车用户、母婴用户、理财人群等。

(4) 兴趣爱好：用于描述客户有哪些方面的兴趣爱好，在哪些兴趣方面消费偏好比较高，帮助金融企业了解客户的兴趣和消费倾向。兴趣爱好的信息可能会和消费特征的信息部分重合，区别在于数据来源不同。消费特征来源于已有的消费记录，但是购买的服务和产品不一定是自己享用，然而兴趣爱好代表本人的真实兴趣，如户外运动爱好者、旅游爱好者、电影爱好者、科技发烧友、健身爱好者、奢侈品爱好者等。兴趣爱好的信息可能来源于客户的社交信息和位置信息。

(5) 社交属性：用于描述客户在社交媒体的评论，这些信息往往代表客户的内心想法和潜在需求，具有实时性强、转化率高等特点。例如，客户询问房屋贷款哪家优惠多、哪个理财产品好等，这些社交信息反映了客户的潜在需求。如果金融企业能及时了解到客户的社交信息，将会有助于产品推广。

金融领域的数据来源

6.4.3 用户画像的基本步骤

参考金融企业的业务需求和数据类型，可以将金融企业用户画像工作进行细化，包括从数据集中到数据处理，从强相关数据到数据定性分类，从引入外部数据到依据业务场景筛选目标客户。

1. 画像相关数据的整理和集中

金融企业内部的信息分布在不同的系统中。一般情况下，人口属性信息主要集中在客户关系管理系统中，信用属性信息主要集中在交易系统和产品系统中，消费特征信息主要集中在渠道和产品系统中。兴趣爱好和社交属性信息需要从外部引入。客户的行为轨迹可以代表其兴趣爱好，而移动设备的位置信息可以提供较为准确的行为轨迹；社交信息可以借助金融企业自身的文本挖掘能力进行采集和分析，也可以借助厂商技术能力在社交网站直接获得。社交信息往往是实时信息，商业价值较高，转化率也较高，是大数据预测方面的主要信息来源。如果客户在对比两款汽车的优劣，那么客户购买汽车的可能性就较大。这时金融企业可以及时介入，为客户提供金融服务。

这些数据分布在不同的信息系统中，金融企业都上线了数据仓库，所有与画像相关的强相关信息都可以从数据仓库里面整理和集中，并且依据画像的商业需求，进行跑批作业。数据仓库成为用户画像数据的主要处理工具，可依据业务场景和画像需求将原始数据进行分类、筛选、归纳、加工等，生成用户画像需要的原始数据。用于用户画像的信息维度不是越多越好，只需要找到 5 大类强相关信息即可。另外，根本不存在 360 度的用户画像，也不存在足以完全了解客户的丰富信息，同时数据的时效性也要重点考虑。

2. 找到同业务场景强相关数据

依据用户画像的基本原则，所有画像信息应该是 5 大类强相关信息——人口属性、信用属性、消费特征、兴趣爱好、社交属性。只有强相关信息才能帮助金融企业有效结合业务需求，创造商业价值。例如,姓名、手机号码、家庭地址是能够触达客户人口属性的强相关信息,收入、学历、职业、资产是客户信用属性的强相关信息,差旅人群、汽车用户、旅游人群、母婴人群是客户消费特征的强相关信息,摄影爱好者、游戏爱好者、健身爱好者、电影人群、户外爱好者是客户兴趣爱好的强相关信息,社交媒体上发表的旅游需求、旅游攻略、理财咨询、汽车需求、房产需求等是客户社交属性的强相关信息。金融企业内部信息较多,在用户画像阶段不需要采用所有信息,只需要采用同业务场景和目标客户强相关的信息即可,这样有利于找到业务应用场景,也容易实现数据变现。

3. 对数据进行分类和标签化

金融企业集中了所有信息之后,依据业务需求,需要对信息进行加工整理,对定量信息进行定性化处理,方便信息分类和筛选。这部分工作建议在数据仓库进行,不建议在大数据管理平台进行加工。定量信息进行定性分类是用户画像的一个重要环节,具有较高的业务场景要求,考验用户画像商业需求的转化处理。定量信息进行定性分类的主要目的是帮助金融企业将复杂数据简单化,融入商业分析要求,对数据进行商业加工。例如,将客户按照年龄段区分为少年、青年、中青年、中年、中老年、老年等,源于各人生阶段的金融需求不同,在寻找目标客户时,可以通过人生阶段进行目标客户定位;利用客户的收入、学历、资产等情况将客户分为低、中、高端客户,并依据其金融需求提供不同的金融服务。

将定量信息归纳为定性信息,并依据业务需求进行标签化,有助于金融企业了解客户的潜在需求,为金融服务和产品找到目标客户,开展精准营销,并降低营销成本,提高产品转化率。另外,金融企业还可以依据客户的消费特征、兴趣爱好、社交信息及时为客户推荐产品、设计产品、优化产品,更好地为客户提供服务。

4. 依据业务需求引入外部数据

用户画像的初衷主要是为业务场景提供数据支持,包括寻找目标客户并触达客户。金融企业的自身数据不足以了解客户的消费特征、兴趣爱好、社交属性,因此需要引入外部信息来丰富客户画像信息。例如,引入银联和电商的信息来丰富消费特征信息,引入移动大数据的位置信息来丰富客户的兴趣爱好信息,引入外部厂商的数据来丰富社交属性信息等。

外部数据鱼龙混杂,合规性是金融企业引入外部数据时的一个重要考虑。敏感信息(如手机号码、家庭住址、身份证号)在引入或匹配时应该注意隐私问题,基本原则是不进行数据交换,可以进行数据匹配和验证。市场中数据提供商很多,并且数据质量尚可,需要金融行业一家一家去挖掘或委托一个厂商代理引入。独立第三方帮助金融企业引入外部数据可以降低数据交易成本,同时也可以降低数据的合规风险。另外,各大城市和区域的大数据交易平台也是较好的外部数据引入渠道。

5. 按照业务场景筛选目标客户

大数据管理平台在整个用户画像过程中起到了数据变现的作用。从技术角度来讲,大数据管理平台将画像数据进行标签化,利用机器学习算法找到相似人群,同业务场景深度结合,筛选出具有价值的数据和客户,定位并触达目标客户,记录并反馈营销效果。过去大数据管理平台主要应用于广告行业,在金融行业应用不多,未来金融行业会成为数据商业应用的主要平台。

以信用卡公司为例,大数据管理平台可以帮助信用卡公司筛选出未来一个月可能进行分期付款的客户,筛选出金融理财客户,筛选出高端客户,筛选出教育险、保障险、寿险、车险等客户,筛选出稳健投资、激进投资、财富管理等客户,并且触达这些客户,将数据价值进行变现。大数据管理平台还可以了解客户的消费习惯、需求偏好以及兴趣爱好,为客户定制金融服务和产品,提高产品转化率与用户黏度。

商业银行用户画像实践介绍

本章小结

市场细分是指营销管理者通过市场调研,依据消费者需要和动机、购买行为和购买习惯等方面的差异性和类似性,将某一特定市场划分为若干个消费者群体,以选择和确定目标市场的一系列活动。金融市场细分遵守可衡量性、可赢利性、可进入性、可持续性、可反馈性等原则。金融市场细分应该基于对客户态度和行为的理解,可以参考客户对消费和储蓄的控制程度、对金钱的兴趣和知识、积累与消费的欲望、对金融顾问的信任和需求、投资心理等5个变量。

为了满足潜在或现实的客户需求,金融企业在细分市场的基础上根据自身优势选择着重发展某一或某些特定市场,这些特定市场被称为目标市场。金融企业在具体选择目标市场时应该考虑4个因素,包括企业的自身实力、目标市场的潜量、目标市场特征与企业理念的吻合程度、同业竞争对手的状况。目标市场选择策略一般包括无差异性目标市场策略、差异性目标市场策略和集中性目标市场策略。

目标市场定位,又称营销定位,是指金融企业依据目标市场状况及该市场的具体要求设计自己的核心服务和产品,为自身塑造与众不同的、令人印象深刻的鲜明形象,并将这种形象生动地传递给目标客户,从而在客户心目中占据一个独特、有价值的位置。常见的目标市场定位策略有避强定位策略、迎头定位策略、比附定位策略等。

大数据时代赋能金融业发展,伴随大数据及大数据技术的应用,金融企业可以借助用户画像来了解客户,找寻并触达目标客户。用户画像需要坚持3个基本原则,分别是信用信息和人口属性为主、强相关信息为主、定性数据为主。从实用角度出发,金融企业进行用户画像所需信息可分成5类,分别是人口属性、信用属性、消费特征、兴趣爱好、社交属性,基本覆盖了业务需求的强相关信息,结合外部场景数据将会产生巨大的商业价值。参考金融企业的业务需求和数据类型,可以将金融企业用户画像工作进行细化,包括从数据集中到数据处理,从强相关数据到数据定性分类,从引入外部数据到依据业务场景筛选目标客户。

思考题

1. 什么是金融市场细分?金融市场细分应遵循哪些原则?
2. 基于对客户态度和行为的理解,金融市场细分可依据哪些变量?
3. 什么是目标市场?可以从哪些维度考量一个目标市场?
4. 常用的目标市场选择策略有哪些?
5. 什么叫目标市场定位?

6. 目标市场定位有哪些策略?
7. 用户画像应遵循哪些基本原则?
8. 用户画像的信息维度包括哪些?
9. 请简要介绍用户画像的基本步骤。
10. 请举例说明用户画像在金融行业的实践应用。

案例讨论

试水大数据 中信银行POS网贷初显成效

一场由互联网引领的网络银行革命正在悄然发生,面对互联网金融的兴起,传统银行必须顺应时势,加大互联网金融与网络金融的创新与融合,才能让自身成为网络银行革命的领军者。在大力推进零售业务的同时,中信银行在网络金融业务领域的探索走在了行业前沿。

在"大数据"时代背景下,各家商业银行都在拼抢主动权,争夺数据资源,旨在精准营销产品。中信银行把旗下"POS商户网络贷款"产品设计为"无抵押、无担保的小额短期线上信用贷款"。

据了解,该产品主要针对的是小微企业主以及个体商户。其最大的特色是以商户自身稳定的POS交易记录为贷款审批的主要依据,流水越多额度越高。其流程是由POS商户登录并且提交贷款申请后,后台系统在线自动审批该笔贷款,并快速计算出贷款额度,最高可达50万元。贷款期限最长90天,随借随还,按日计息。申请、审批、提款、还款等手续全部可在线完成。试水一年,在网络融资方面,中信银行对POS商户网络贷款持续进行优化和迭代升级,网贷业务稳步增长。中信银行中报显示,POS商户网络贷款一期优化已于6月20日上线。网络贷款业务稳步增长、资产质量保持良好。报告期内,中信银行网络贷款累计放款47.26亿元,从2013年上线以来累计放款63.04亿元;截至报告期末,贷款余额8.93亿元;报告期内实现利息收入3146.01万元;新增合作电子商户192家,同比增长1.46倍,累计合作客户582家。

中信银行2013年6月与银联商务有限公司在沪签署战略合作协议,共同推出全新POS网络商户贷款业务,体现了小微贷的大数据模式。此次合作标志着中信银行利用网络科技的力量将小微企业融资服务能力提升到新的高度,也标志着银联商务利用大数据开发,为银行和商户提供增值服务能力的提升,更开启了中信银行与银联商务强强联手、合作共赢的新篇章。

资料来源:试水大数据 中信银行POS网贷初显成效[EB/OL]. (2014-09-29)[2021-02-15]. http://www.sznews.com/banking/content/2014-09/29/content_10269290.htm.

案例思考题:

1. 请描述中信银行POS网贷的目标市场。
2. 请解释中信银行及其产品的目标市场定位。

策略篇

第7章 金融服务产品策略

学习目标

- ◆ 熟悉金融服务产品的概念、特征及层次划分;
- ◆ 掌握金融服务产品组合的定义及组合策略;
- ◆ 熟悉金融服务产品的开发类型及开发程序;
- ◆ 掌握金融服务产品的开发策略;
- ◆ 掌握金融服务产品的品牌策略;
- ◆ 掌握金融服务产品的生命周期策略。

导入案例

支付宝再推逆天新功能:小微企业扫张发票就拿到10万贷款

2019年,全国9省(广东、江苏、浙江、河北、河南、安徽、湖南、江西、陕西)首批上线了一项全新的小微企业贷款工具——发票贷款,用支付宝扫发票即可获得贷款。凭借这一新工具,9省预计将有超过3000万小微创业者获益。

据悉,这项新功能由网商银行提供,网商银行行长说:"凭借打通税务信息和多项科技手段的运用,我们可以为9省超3000万小微创业者提供全新的贷款支持,并让他们的贷款额度平均大涨3倍。"

用户体验后发现,用支付宝"扫一扫"扫描增值税发票左上角的二维码后,就可以查询自己在网商银行的贷款额度,额度测算过程仅需一两分钟,如需取用,资金可在1秒钟到达。其中,有优秀税务记录的小微企业发现,在授权并提供税务信息后,额度上涨尤其剧烈,平均可上涨8~10倍。

考虑到许多小微创业者资金周转快,贷款周期短,从9月19—24日的5天时间内,9省的小微创业者如果扫发票并获得额度提升,10天内的贷款利息将由网商银行全额负担。这样一来,预计将有上千万小微企业可以在0成本的情况下享受一次贷款服务,完成临时资金周转。

据悉,在9省率先上线后,预计这一新方式将在年内推广至全国。

资料来源:支付宝再推逆天新功能:小微企业扫发票就能获得10万贷款[EB/OL].(2019-09-19)[2021-02-15].https://www.chinaz.com/sees/2019/0919/1048784.shtml.

产品是企业满足消费者需求的载体,在所有营销要素中占据首要地位。在确定目标市场及市场定位后,金融企业需要根据目标市场的需求与特征,开发、设计和提供合适的金融服务产品。随着社会和科学技术的不断发展,金融服务产品品种、功效多样化,内涵扩大化,金融企业继续沿用原先的营销观点来指导金融服务产品的开发、设计及营销活动,不仅难以达到预期的营销目标,甚至可能导致经营管理的失败。本章将在界定金融服务产品概念及特征的基础

上,论述金融服务产品的层次划分与组合策略,然后全面系统地讲解金融服务产品的开发策略、品牌策略和生命周期策略。

7.1 金融服务产品及产品组合策略

7.1.1 金融服务产品的概念及特征

市场营销学家菲利普·科特勒将产品定义为"能够提供给市场以满足需求和欲望的任何东西"。那么,我们可以将金融服务产品理解为提供给市场来满足金融需求和欲望的任何东西。对金融服务产品理解的侧重点不同,定义也就不同。如果从金融服务角度理解,金融服务产品是"以特定市场为目标,由金融企业为任意用户提供的一整套服务"。这是英国金融营销学家亚瑟·梅兰所下的定义。如果从金融工具角度理解,金融服务产品是金融市场中的交易对象,即各种金融工具。金融服务产品在我们的生活中随处可见,并且我们几乎时时刻刻都在使用金融服务产品,如储蓄存款、财产保险、信用卡消费、股票债券、理财产品等。概括来讲,金融服务产品具有无形性、不可分割性、广泛性、增值性、易模仿性、持续性等特点(见图7-1)。

图7-1 金融服务产品的特征表现

1. 无形性

一般意义上的消费产品是有形的,是实实在在的物理存在;然而,大多数金融服务产品在实物形态上是无形的,不能预先用五官直接感触,更无法像有形产品一样通过观察外观及测试性能,快速、准确地判断其质量和价格是否合理。由于金融服务产品不具备某些鲜明的物理特征,所以其具有较强的抽象性,这使得金融服务产品在扩展方面具有比较广阔的想象空间。需要说明的是,在交易过程中,部分金融服务产品伴有实物介质,如信用卡、存折、账单等,这些东西并非金融服务产品本身,它们只是金融服务产品的交易凭证。

2. 不可分割性

首先,无形性决定了金融服务产品不可存储,其生产和消费必须同时进行,各个相关环节是不可分割的,故而金融企业需要把控、优化金融服务的整个流程及各个环节;其次,金融服务产品的交易过程必须有顾客参与,即与顾客是不可分割的;再次,金融服务产品的相关内容与金融企业不可分割,例如,很多传统银行服务与银行本身是分不开的,办理账户、申请贷款等都需要提供面对面的服务。随着信息技术与互联网的发展,某些金融业务已经改用自助服务模式,貌似与金融企业分隔开,其实不然。即使自助服务,其顺利完成也需要依赖金融企业的机器设备、信息系统、管理系统等。

3. 广泛性

金融服务产品的广泛性体现为产品类型、功效多样化,这要归因于金融消费市场广阔、客户类型千差万别。虽然客户的金融需求主要划分为资金融通、风险规避、财富管理和金融服务等4大类,但是在实际操作中,即使同一类型的金融需求,在不同客户身上仍然会表现出一定的差异性。以个人客户为例,金融交易决策受年龄、财富积累、受教育程度、职业状态、生活方式、心理因素等影响,不同的个人客户在金融需求方面存在很大差异,引致不同的金融服务需求,最终决定金融企业需要提供广泛的金融服务产品来满足客户的不同需求。

4. 增值性

增值性是金融服务产品区别于大多数其他产品最显著的特点。对于一般产品而言,一旦正式销售,无论使用程度如何,产品都在时刻发生"贬值",再次销售不得不变身"二手"产品,出售价格远比不上购买价格。对于金融服务产品而言,无论购买或者出售都可能会盈利。例如,金融市场中的资金盈余者购买股票、债券、基金或者理财产品,初衷都是为了获得未来收益,实现资产增值;资金需求者借助发行股票、债券或者商业票据等筹集资金,用于投资或者其他方面进而获得比融资成本更高的收益,同样是追求资产增值。

5. 易模仿性

从本质上来讲,金融服务产品是一纸契约,约定交易双方的权利、义务、责任关系。金融服务产品类似于商业方法或者智力规则,目前我国的专利法对商业方法或智力规则等内容是不予保护的,所以金融服务产品无法申请专利保护。不似实物产品的生产过程可能存在核心科技或者技术门槛,金融服务产品的难点在于产品设计,只要一家金融企业设计并面向市场推出一款特别的金融服务产品,效仿者完全可以短时间内模仿或复制。当然,金融服务产品的易模仿性在一定程度上损害了金融创新,这是一个值得重视和研究的话题。

6. 持续性

通常情况下,消费者购买产品的交易过程在钱货两讫的同时基本结束,即使存在售后或者三包服务;而金融服务产品的交易过程是具有持续性的。以个人理财产品为例,金融企业首先要分析客户的财务状况,发掘客户的金融需求,进而为客户制订财务管理计划,并帮客户选择金融服务产品;客户购买金融服务产品并不是交易的结束,而是意味着交易刚刚开始。在客户持有理财产品的时间段内,金融企业要时刻关注客户、产品、市场的变化,以便在必要时刻调整客户的财务管理计划;在客户出售理财产品时,金融企业要评估是否实现了客户的理财目标,同时客户会对过去一段时间所享受的金融服务做出评价。

7.1.2 金融服务产品的层次划分

为探讨消费者对产品的认知,以及如何进一步刺激消费者的消费欲望,营销学从本质上对产品进行层次划分。从本源上讲,金融服务产品属于服务产品,为个人、企业、机构等客户的货币财富提供服务。借用营销学产品分层方法,可以将金融服务产品划分为五个层次——核心产品、形式产品、期望产品、延伸产品、潜在产品,每个层次都创造了更多的顾客价值,它们共同构成了顾客价值层级(见图7-2)。

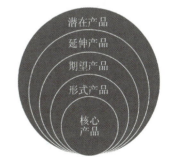

图7-2 金融服务产品的层次划分

1. 核心产品

核心产品是金融服务产品最基本的层次,是金融服务能为消费者提供的基本效用和利益,用来满足消费者的基本金融需求。从根本上说,每一种金融产品实质上都是为解决问题而提供的服务,核心产品是消费者要购买的实质性内容。对于金融服务产品而言,基本的金融需求包括安全、便捷、保值、增值等。例如,客户到银行办理储蓄存款,既有安全需求又有利息增值需求;客户开通手机银行进行转账操作,是出于便捷需求;等等。

2. 形式产品

形式产品是核心产品借以实现的外在形式,是金融服务产品满足消费者需求的特定表现形式。通常形式产品由5个方面构成,即质量、特征、形态、商标和包装。金融服务的形式产品主要表现为权益凭证或交易契约,如存款单、保险单、债券、票据等。随着科技进步,金融活动和交易变得越来越虚拟化,产品的表现形式也发生了一些变化,以纸张为载体的契约凭证逐渐变为电子凭证,如储蓄卡、信用卡、股权证等。

3. 期望产品

期望产品是消费者在交易过程中期望产品所具备的一系列属性和条件,一般表现为顾客在购买某种具体的金融服务产品或消费其提供的能够满足核心利益的服务时,期望从中获得一些良好的服务,如获取产品的便利性、查询有关信息、提供咨询或建议等。在同等情况下,如果一家金融企业能够比其他竞争对手提供更多的能够满足客户期望的服务与产品,无疑对消费者更具吸引力。

4. 延伸产品

延伸产品又称附加产品或增值产品,是消费者购买核心产品、形式产品和期望产品时附带获得的各种利益总和。具体到金融服务产品,延伸产品是指金融企业根据顾客的相关需求提供给顾客期望之外的利益,有助于将本产品同竞争对手的产品区别开来。例如,银行为活期储蓄存款账户免费发放借记卡,使活期账户在存款保值的基础上增加了转账、消费功能;保险公司设计分红型保险,客户既能够实现规避风险的基本需求,又能够按照一定比例参与分配保险公司实际经营成果优于定价策略假设的盈余。

5. 潜在产品

潜在产品是指金融服务产品最终可能的所有增加和改变的利益,是在核心产品、形式产品、期望产品、延伸产品之外能满足消费者潜在需求但尚未被消费者意识到,或者已经被意识到但尚未被消费者重视或消费者不敢奢望的一些产品价值。潜在产品指出了现有金融服务产品可能的演变趋势和未来前景。例如,京东金融4.0版本新增"重要的事,别忘了"模块,正是实现了客户需要但很多金融产品没有的功能,通过提醒并且自动执行的方式,解决了如何将收入用于储蓄、投资和消费这个问题,最终提升了客户的幸福感。

7.1.3 金融服务产品的组合策略

1. 金融服务产品组合的内涵

在市场营销学中,具有不同规格、型号、式样或价格的最基本产品单位,称为产品项目;一组密切相关的产品项目,称为产品线或产品大类、产品系列。金融服务产品组合是指金融企业为满足消费者的金融需求所提供的全部产品项目、产品线的组合方式,包括4个要素——宽度、长度、深度和关联度。所谓宽度,又称广度,是指金融企业所拥有产品线的数量,产品线数量越多,表明产品组合越宽;所谓长度,是指金融企业提供的所有产品项目的总数,产品项目总数越多,表明产品组合越长;所谓深度,是指金融服务产品线中每一产品项目有多少品种规格,某一产品项目的品种规格越多,表明产品组合越深;所谓关联度,又称密度,是指各个金融服务产品线在功能、类别、服务方式、服务对象和营销方面的相关性、接近性和差异性。4个要素的不同表现可以形成不同的产品组合,产品组合有助于促进销售、提高利润、分散经营风险、满足顾客的不同需求。

从理论上讲,金融服务产品组合的宽度越宽、长度越长、深度越深、关联度越高,对企业的发展越有利。这是因为金融服务产品组合的宽度越宽,越有利于分散风险;金融服务产品组合的长度越长和深度越深,可以吸引不同品位、不同要求的顾客,有利于进一步细分市场,并增加目标市场的销售和利润;金融服务产品的关联度越高,越有利于推销及交叉销售。

2. 金融服务产品的组合策略

金融企业在确定产品组合时,应考虑自身实力、经营目标和市场条件。如果金融企业具有较强实力,且经营目标是占有更多的市场份额,则其产品组合应增加宽度与深度;反之,则应选较窄的产品组合,将营销重点放在某一种或几种金融服务产品上。组合策略是指金融企业对金融服务产品组合的宽度、长度、深度、关联度进行最优决策。通常情况下,金融服务产品的组合策略主要包括以下几种。

(1)全线全面型策略。在全线全面型策略下,金融企业以向所有细分市场提供所需一切服务或产品为目标,并不断扩大产品组合的宽度和深度,尽可能满足整个市场的所有需要。近年来,商业银行尝试向顾客提供全方位金融服务,包括支票、融资、保险、信托、租赁、咨询、信用卡、信用证、货币市场共同基金等。

(2)市场专业型策略。市场专业型策略是指金融企业以向某一专业市场提供所需各种服务和产品为目标,关注产品组合的宽度和关联度,深度一般较小。例如,互联网金融企业翼龙贷专注农村市场,支持农村特色种植业、养殖业及便利农民生活的服务业等的发展,帮助近百万户次"三农"家庭、个体工商户及小微企业获得有效资金支持,并实现脱贫减贫、增收致富、创业创新。

(3)产品线专业型策略。产品线专业型策略是指金融企业根据自身专长,专注于某几类服务或产品,力求满足市场各类顾客的需求。采用这种策略的金融企业更加关注产品组合的深度和关联度,不太强调产品组合的宽度。例如,中保人寿保险公司专门经营人寿保险业务,围绕人寿保险提供很多不同规格的险种。

(4)特殊产品专业型策略。在特殊产品专业型策略下,金融企业根据自身所具备的特殊资源条件和特殊技术专长,专门提供或经营某些具有优越销路的服务或产品项目。采用这种策略的金融企业更加关注产品组合的关联度,不太强调宽度和深度。以某些投资银行为例,专门为那些新兴的、发展速度较快、被传统商业银行认为风险太大而不愿为之服务的行业或中小企业服务。由于服务或产品的特殊性,金融企业所能开拓的市场是有限的,但竞争威胁也较小。

(5)产品线填补策略。产品线填补策略是指金融企业以原有产品线为基础,增加新的产品线和产品项目。这一策略主要利用企业原有技术、资源或市场来进一步扩大业务范围,有助于充分利用过剩的生产能力,防止竞争者进入。例如,保险公司在基本险种的保障责任上附加一些险种,扩充保障责任范围。海洋运输货物保险是在基本险"水渍险"的基础上,附加11种一般附加险、6 种特别附加险和 2 种特殊附加险,从而达到扩大承保范围的目的。

(6)产品线削减策略。多种产品构成一个产品组合,每个产品在维持企业生存中扮演着特殊的地位;如果产品角色的重要性降低或不再适合产品组合,它就不再是一项重要的产品。金融企业根据市场环境变化,适当剔除某些获利较小且无发展前途的产品,保留并集中资源于获利较大、市场占有率较高的产品,被称为产品线削减策略。例如,保险公司剔除了自行车盗窃险等经营亏损、消费者需求不强的险种。

7.2 金融服务产品的开发策略

7.2.1 金融服务产品的开发类型

产品开发是指金融企业为适应市场需求而研究设计出与原有产品具有显著差异的金融服务新产品。若金融服务产品中任何一个层次发生更新或改变,使得产品增加了新的功能或效用,并能给消费者带来新的利益,都可称为产品开发。概括来讲,金融服务产品开发有以下 4 种具体形式。

1. 产品发明

产品发明是指金融企业根据市场需求,利用新原理与新技术开发金融服务新产品。这种新产品可以改变消费者的生活方式或使用习惯。例如信用卡改变了人们的支付习惯,大大减少了现金使用量,并充分体现了灵活、便捷、安全的特点;而自助银行、网上银行、手机银行更是将现代高科技与金融业务紧密结合,把金融服务产品开发推向了高潮。当然,产品发明难度相对较大,需要大量的资金投入与先进技术,开发周期也较长。该类产品开发可以充分反映金融企业的实力与竞争能力。随着市场经济与科学技术的不断发展,消费者需求不断增加,产品发明将发挥越来越重要的作用。

2. 产品改进

产品改进是指金融企业对现有金融服务产品进行改进,使其在功能、形式等方面具有新的特点,以满足消费者需求,扩大产品销售。当前,金融服务产品种类繁多,为避免发明新产品所需的大量资金、人力、时间等成本,金融企业可以选择改造或重新包装现有产品,以扩大产品的服务功能与效用。例如,南方基金在传统固定管理费的基础上,首创"赚钱才收固定管理费"的基金,赚钱才收管理费,多赚不多收,使原有的金融服务产品焕发出新活力。与产品发明相比,产品改进受限制较少,且成本相对较低,便于市场推广和消费者接受,但容易被竞争者模仿。

南方基金推出"赚钱才收固定管理费"创新产品

3. 产品组合

产品组合是指金融企业重新组合两个或两个以上的现有产品,从而推出金融服务新产品,提供给具有特殊需求的细分市场客户。如果金融企业拥有过多产品,那么很难从整体上开展有效的营销活动,因为消费者难以充分了解全部产品。为更好地让消费者了解并接受,金融企业可以对原有产品进行重新组合并在某个特定细分市场推广,帮助消费者获得一揽子服务,这样易于占领市场并不断吸引新的消费者。例如,中国银行与太平洋保险公司联合推出"信用卡购物保险",这一金融新产品将持卡人的人身保险、信用卡购物、物品损失保险等业务集于一身。

4. 产品模仿

产品模仿是指金融企业以市场现有的其他产品为样板,结合本企业以及目标市场的实际情况和特点,加以改进和完善后推出新产品。由于金融服务新产品是在学习别人经验、结合自身特点的基础上加以效仿的结果,因此金融企业在开发时所花费的人力、物力、资金等都比较低,简便易行且周期较短,故而被广泛采用。对金融创新产品的迅速模仿能力成为金融企业综合竞争力的体现。例如,2013 年 6 月 13 日,余额宝横空出世,短短 18 天就实现了从零到 66 亿元的飞跃,3 个月后突破了 500 亿元,当年年底规模增长到了 1853 亿元。商业银行意识到不改变巨大的息差,根本阻挡不了储户投奔余额宝,于是它们纷纷模仿余额宝推出了各种各样版本的"宝"。

7.2.2 金融服务产品的开发策略

金融服务产品开发可以是产品发明、产品改进,也可以是产品组合、产品模仿。常见的金融服务产品开发策略有进攻式开发策略、防御式开发策略、系列化开发策略、差异化开发策略、超前式开发策略。

1. 进攻式开发策略

进攻式开发策略又称领先型开发策略、抢占市场型开发策略或先发制人型开发策略。这是指金融企业抢先开发新产品,并投放市场,使自身产品在激烈的市场竞争中处于领先地位。如此,消费者认为第一个上市的产品才是正宗的产品,具有强烈地占据市场"第一"的意识。采用进攻式开发策略要求金融企业具备敢冒风险的精神、雄厚的资金实力、较强的研发能力、强势的分销渠道,以及要求新产品不易在短时间内被竞争对手模仿。

2. 防御式开发策略

防御式开发策略又称追随型开发策略、模仿型开发策略。这不是企业被动性防御,而是企业主动性防御。虽然金融企业并非产品开发的原创者,但是当市场出现成功的新产品后,立即进行有针对性的模仿、改进、升级等二次开发,消除上市产品的最初缺陷从而获得后来居上的竞争优势。防御式开发策略要求金融企业具有高水平的情报专家,能迅速掌握其他企业及其新产品的研发设计动态和成果;同时,还必须具有很强的消化、吸收与创新的能力,具有高效研制新产品的能力,甚至创造性地解决既有产品没能彻底解决的、消费者所关注的问题的能力。

3. 系列化开发策略

系列化开发策略又称系列延伸策略,是指金融企业围绕现有产品的功能、技术、价格等因素进行全方位的延伸,开发出一系列相关但又不同的新产品,形成不同类型、不同规格、不同档次的产品系列。系列化的产品能更好地满足不同顾客的不同需求,乃至同一顾客的不同需求,从而扩大产品的市场占有率,增强企业的竞争实力。系列化新产品开发策略既可以把握市场需求,又可以利用企业的原有优势,还能节省开发成本,因而成为新产品开发的一种基本途径。这种产品开发策略要求金融企业具有设计、开发系列产品的横向拓展资源,又要具有加深产品深度的纵向组合能力。

4. 差异化开发策略

差异化开发策略又称产品创新式开发策略。在金融市场产品同质化现象严重的情况下,若要使自身产品获得消费者的青睐,金融企业必须推出与众不同、有特色的产品,满足消费者的个性化需求。这就要求金融企业进行市场调研,分析并追踪市场变化,了解消费者需要哪些产品,使用现有技术能够生产哪些产品以及不能生产哪些产品。采取差异化开发策略要求金融企业具有优秀的市场调研分析能力、雄厚的资金实力、较强的研发能力。该策略的一个缺点是产品的差异性会随着其他金融企业纷纷模仿而不复存在。

5. 超前式开发策略

超前式开发策略又称潮流式开发策略,是指金融企业根据消费流行对消费者心理的影响,模仿电影、戏剧、体育、文艺等明星的流行生活特征开发新产品。在日益追求享受、张扬个性的消费经济时代,了解消费流行的周期性特点有利于金融企业超前开发新产品,赢得超额利润。例如,作为2008年北京奥运会唯一银行合作伙伴,中国银行先后发行10余种奥运金融产品,包括"中银VISA奥运信用卡"、"中银VISA奥运版港币预付卡"、全球首套"奥运福娃礼仪存单"和"携手奥运成长账户"等奥运主题系列产品,有效迎合了消费者的奥运主题需求。采用超前式开发策略要求金融企业具有预测消费潮流与趋向、及时捕捉消费流行心理以及开发流行产品的能力。

完善大数据产品体系,破解小微企业融资难

7.2.3 大数据背景下金融服务产品开发

金融服务产品开发依赖于开发者科学、客观的判断及有效的开发策略,基于大数据的处理与分析能为产品开发人员提供准确的判断依据,更精准地预测用户需求,从而提高产品开发的效率。以大数据为基础的金融服务产品开发具有更客观的判断依据、更清晰的用户定位、更长的生命周期,并能在最大程度上实现资源整合式产品开发。

从开发方式上来说,基于大数据的金融服务产品开发具有高度的协同性。通常来说,新产品开发设计需要调动多个部门共同发力,根据不同的开发阶段及相关内容配置资源,但是由于信息不对称,部门间的协作同步性较差,一个小的改动往往需要部门间反复沟通。基于大数据的产品开发方式必须是数据充分、实时共享的,这使得各个部门之间可以随时保持信息上的联动互通,确保各部门的意图能够被充分理解,缩短开发时间,节省开发成本。例如,研发部门随时了解市场部门的消费信息反馈,有助于通过数据分析高效地发掘用户的潜在需求,并生成创新的产品概念。从开发流程上来说,无论是"串行"模式还是"并行"模式,开发轨迹基本上都是线性的,这就意味着其可逆性较差,一旦出现设计方向上的修改往往就会有较大成本的投入,如果在设计定型、大量分销铺货后市场反应平淡,则会出现很大损失。基于大数据的产品开发流程需要更多的数据互通、共享。

1. 基于大数据分析的产品立项

传统的产品开发设计过程中,由于时间及预算限制,调研问卷发放数量是有限的,同时在排除掉一部分信度效度较低的问卷后,有效回收的问卷就更少了;而在访谈式调研中,由于调研时间较短,受访者与调研者之间缺乏深入沟通,很多有效信息是无法提取的。在这种情况下,不得不更多地依靠开发人员的个人经验来进行判断,而这种判断带有很强的主观性,与开发人员本身的生活经历、成长环境、从业经验等要素息息相关,常会出现开发人员自身扮演用户角色的情况,因此局限性较大。基于大数据的产品开发,数据来源更为广泛,同时数据获取常常是在用户无意识状态下进行的,数据的真实性更高。决策者和开发人员根据这些数据对消费者的潜在需求进行判断、对产品未来的发展趋势做出预测,结论就会更加真实、可靠,使产品立项更加科学化。

2. 信息互通的产品设计及调试

在产品设计阶段,参与开发的各部门在合理的组织框架下,实时共享进程数据,减少因信息不对称造成的设计指标模糊不清问题,有助于开发方向始终保持明确。同时,也可使开发部门通过大数据实时掌握消费者的最新动态及预期,适时地对开发思路做出调整。基于大数据的处理分析,产品在市场中所处的层次、需求量的多少、与同类产品相比的优势劣势、哪些人将会是潜在的用户群体、他们的消费特点及行为方式等因素会以智能、动态的方式呈现出来,因此开发者能够对产品和用户进行更加精准的定位。另外,在调试阶段,通过大数据分析可以更快地找出设计过程中有问题的因素,并以最快速度进行调整。

3. 小规模销售试用及大数据分析

传统的产品开发在产品投入市场后才能被动地获知市场反应,也有的企业通过试销来获取市场反馈,但总体来说其反馈的速度较慢,同时对消费者的具体要求反应迟钝。而通过小规模销售试用及大数据分析,可以迅速地获取消费者的使用反馈信息,在大批量投入生产前预判市场反应,从而减少不适销产品给企业带来的损失。

4. 基于大数据分析的修改及批量生产

金融企业根据大数据所反馈的问题进行产品调整,减少了设计返工带来的时间成本,确保新产品不会错失上市的最佳时机。根据乒乓球理论,借助大数据及其分析技术,金融企业将产品这颗球投入市场必然会接到从市场而来的反馈信息球,从所获得的反馈信息中,调整产品设计,再将新产品这颗球发回给市场,周而复始。金融企业通过不断的修正和发展来迎合市场和消费者的需求,从而生产出顺应市场发展、符合消费者真正需求的"好"产品。

5. 正式引入市场

正式引入市场又称为商业化阶段,使该项服务或产品成为金融企业的正式业务种类,面向市场全面推出。金融企业需要制订一系列的广告和销售促进计划、销售渠道计划、销售人员和中间商培训计划等,以促进新产品的顺利推出。由于此阶段耗资最大,费用比例较高,获利的可能性较小,因此一般情况下,金融企业可以采取分阶段逐步进入市场的策略,先在主要市场或地区推出,再扩大到全国甚至国际市场,以避免较大的损失。

大数据分析技术改变保险产品设计方式

7.3 金融服务产品的品牌策略

7.3.1 品牌的概念及作用

品牌是一个集合概念,通常由文字、标记、符号、图案或设计等要素及它们的组合构成。设立品牌的目的主要是准确识别服务或产品,并使之与竞争对手的服务或产品区别开来。具体而言,品牌由品牌名称和品牌标志两部分构成。品牌名称是品牌中可以用语言称呼的部分,如宝马、民生、金穗卡等;品牌标志是品牌中可以辨认、容易记忆但不能用语言称呼的部分,通常由鲜明的色彩、图案、符号和特殊字体等构成,如奥迪的品牌标志由并排的四个圆环构成。

金融服务产品品牌能使顾客很容易地辨别该产品所属的金融企业。以中国银行 LOGO 为例,白底红字,从总体上看似古钱形状,不贯通的"中"字代表中国,外圆表明中国银行是面向全球的国际性大银行;交通银行的 LOGO 是将交通银行英文译名 BANK OF COMMUNICATIONS 的首字母"B"和"C"整合到一起,构成一个立体面,传递企业实力雄厚、业务综合等信息,整个图案具有延伸感,体现了交通银行不断发展、壮大、日益繁荣的趋势(见图 7-3)。品牌是具有经济价值的无形资产。

图 7-3 中国银行和交通银行的品牌

品牌的由来

品牌具有暗示产品功能、便于识别产品、企业利益驱动、体现产品或企业核心价值等作用。具体来说,金融服务产品品牌在营销过程中的作用主要体现在:①识别作用。我国金融政策开始向规范化、开放化、国际化方向发展,多数金融企业纷纷开展金融政策允许的各种业务,金融服务产品日趋丰富。在此条件下,品牌作为识别标志自然应运而生,以此在顾客心中留下简洁而深刻明了的印象,占据有利的位置。②增值作用。品牌一旦在用户心目中树立了良好的形象和声誉,有助于大大提高金融服务产品的附加价值和金融企业的商誉,这对金融企业整体形象的提高有着不可低估的作用。③促销作用。一方面,当品牌得到推广以后,品牌本身就是一种有效的广告,会在用户心目中产生联想效应。另一方面,品牌有利于金融企业按不同细分市场的需求提供特色金融服务。

7.3.2 金融服务产品的品牌策略

品牌是一种资产,能够为企业和顾客提供超越产品或服务本身利益之外的价值;如果品牌文字、图形做改变,附属于品牌之上的资产将会部分或全部丧失。为了发挥品牌的最大作用,金融企业应该事先做出战略规划,确定如何合理使用品牌,即品牌策略。金融企业常用的品牌策略主要有:有无品牌策略、单一品牌策略、品牌延伸策略、多重品牌策略。

1. 有无品牌策略

一般来讲,多数企业都会建立自有品牌,虽然这会增加成本费用。有些企业对其产品不规定品牌名称和品牌标识,也不注册登记,实行非品牌化,这种产品被称为无牌产品。有无品牌策略意味着企业要对其产品在使用品牌和不使用品牌问题上做出决策。如果品牌作为一个营销手段能带来额外利润,则应该使用品牌;反之,则可以不使用品牌。随着金融市场不断开放和金融服务产品间竞争日益加剧,品牌有助于金融企业开拓市场,增加商誉,提升核心竞争力,所以绝大多数金融企业对其产品都会使用品牌。

2. 单一品牌策略

单一品牌策略是指金融企业对所有产品都使用同一个品牌。比如,南方基金管理股份有限公司对其旗下的所有基金产品均冠以"南方"品牌。这种策略的优势是节约产品促销费用,有利于新产品开拓市场,同时实现了企业形象和产品形象的统一,有利于品牌的成长。但是这一策略也有明显的弊端,由于所有产品均使用同一品牌,每一种产品都不能出问题,否则就可能"株连"到其他产品,使整个品牌信誉受损,甚至动摇主力产品在消费者心目中的地位。

3. 品牌延伸策略

品牌延伸是指将一个现有的品牌使用到一个新类别的产品上,即品牌延伸策略是将现有成功的品牌,用于新产品或修正过的产品的一种策略。中国银行推出"长城"品牌,对许多储蓄卡和信用卡都以"长城"开头,作为品牌延伸的标志,包括"长城环球通港澳台自由行信用卡""长城商贸通借记卡""长城健康卡""长城环球通信用卡"等。品牌延伸策略的好处是可以加快新产品的定位,保证新产品投资决策的快捷准确,有助于减少新产品的市场风险,有助于强化品牌效应,提高整体品牌组合的投资效益。类似单一品牌策略,品牌延伸策略也存在"一招不慎满盘皆输"的风险。

4. 多重品牌策略

多重品牌策略是指金融企业同时设立多个品牌,对每一个或每一类产品使用一个品牌。例如,新华保险推出少儿成长险,围绕这一产品设计了4个不同的品牌——快乐少年、阳光少年、无忧少年和绿荫寿险,借助不同品牌突出了产品特色。这种品牌策略的优点在于能进一步细分市场,满足不同消费者的个性化需求,提高市场占有率,也有利于实现一定程度的资源共享,激发企业内部活力,提高整体效益;缺点在于不断推出新品牌,增加了品牌成本,而且每个品牌获取的市场份额和利润创造都是有限的。

7.4 金融服务产品的生命周期策略

7.4.1 金融服务产品的生命周期阶段

产品生命周期(product life cycle,PLC),亦称商品生命周期,是指产品从准备进入市场开始到被淘汰退出市场为止的全部运动过程,是由需求与技术的生产周期所决定的。依据产品生命周期理论,金融服务产品的生命周期可分为4个阶段:导入期、成长期、成熟期和衰退期(见图7-4)。

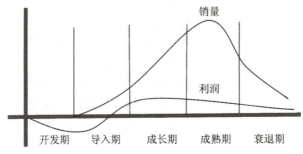

图 7-4 金融服务产品的生命周期

1. 产品导入期

抛开开发期,金融服务产品初次进入市场,便进入产品生命周期的第一个阶段——导入期。在导入期,潜在消费者对新产品缺乏了解,需要一个认识和接受的过程,只有少数追求新奇的顾客可能购买,因此本阶段产品销量增长缓慢。此外,前期投入费用和成本较高,一般包括开发、创新或引进新产品的费用,为促进市场认识而必须支出的广告费用,将新产品投入市场所必须的分销体系建设支出等,致使该阶段的产品利润相对较低,有时甚至会亏损。

2. 产品成长期

经过导入期的试销,金融服务产品已经被消费者所了解、熟悉并接受,分销渠道也已经成熟,大量的新顾客被激发购买欲望,市场需求逐步扩大。在实现规模销售的情况下,销售额迅速上升,而产品成本开始下降,利润逐步增长。需要注意的是,囿于金融服务产品易模仿的特质,看到有利可图的竞争者可以短时间复制出类似的产品,并进入市场参与竞争,结果就是同类产品的市场供给增加,但是此时的竞争程度并不激烈。所以,成长期是整个产品生命周期的"黄金"阶段——销售加速,利润上升,但竞争有限。

3. 产品成熟期

产品成熟期又称稳定期,是指产品在市场上销量和利润都逐渐趋于稳定的阶段。在产品成熟期,绝大多数消费者已经接受该产品并发生购买行为,潜在购买者逐渐转向现实购买者,市场需求趋向饱和,市场完全被开发。为争夺市场份额,金融企业间的竞争达到白热化地步,广告等促销费用加大,同类产品或改良产品纷纷进入市场。一方面产品销量不佳,甚至价格下跌,另一方面营销成本上升,所以成熟期产品的利润趋于稳定或下降。通常而言,产品成熟期持续的时间比前两个阶段都要长一些。

4. 产品衰退期

经历成熟期,产品不得不面临衰退期。在这个阶段,金融服务产品已不适应市场需求,相对应的销售市场开始萎缩甚至消失,产品销售量呈急剧下降趋势,利润也相应下降。因无利可图,很多竞争对手可能停止销售,相继退出市场。该产品会逐渐从市场上消失,生命周期至此结束。产品进入衰退期的原因有很多,如技术进步、替代品出现、顾客喜好变化等。此外,有些产品慢慢衰退,有些产品急速退出。

上述产品生命周期的 4 个阶段,只是一种抽象化的理论观点。由于各个金融服务产品具有不同属性与特点,其生命周期及经历各阶段的时间长短并不相同。有些金融服务产品整个生命周期可能只有几个月,有些金融服务产品的生命周期可长达几十年甚至数百年,且每种产品经历生命周期各阶段的时间长短也不尽相同。此外,各种金融服务产品也不一定都能经历上述 4 个阶段。有的金融服务产品可能刚进入市场不久就遭遇衰退,成为"短命"产品;有的金融服务产品可能开始上市就迅速成长,由导入期直接进入成熟期,最后进入衰退期;有的金融服务产品可能经历导入期,进入成长期、成熟期,再进入成长期的循环—再循环的不规则生命周期。一般来说,大多数金融服务产品都将"衰老",直到退出市场。

7.4.2 金融服务产品的生命周期策略

1. 产品导入期策略

根据产品导入期的市场特点,金融企业可以在价格和促销组合方面采取相应的营销策略。

(1)快速撇脂策略。快速撇脂即高价格、高促销并用,以高价格配合高调促销将金融服务产品推向市场,以引起潜在消费者的注意。快速撇脂策略可以先声夺人,帮助产品迅速占领市场。在市场潜在需求量大、产品新颖且有特色、顾客求新心理强烈的情况下,此策略比较容易奏效。

(2)缓慢撇脂策略。缓慢撇脂即高价格、低促销并行,将金融服务产品以高价格推向市场的同时,并不进行广泛宣传。采用这种策略的条件是:市场规模有限,消费者可选择的产品品种少,对价格不太敏感,同时市场中竞争威胁不大。

(3)快速渗透策略。快速渗透即低价格、高促销并用,以低价格和高调促销来推出新的金融服务产品,力求以最快的速度进行市场渗透和提高市场占有率。采取本策略的条件是:市场规模较大,消费者对产品不太了解,同业间竞争非常激烈。

(4)缓慢渗透策略。缓慢渗透即低价格、低促销并行,以低价位、低促销的方式将金融服务产品引入市场,促使市场很快接受该产品,迅速打开市场局面,同时可以节约促销费用。本策略的适用条件是:市场规模较大,价格弹性大,促销弹性小,众多消费者对该产品已经有所了解。

2. 产品成长期策略

在产品成长期内,金融企业应该尽可能地延长成长阶段,最大限度地提高销量或市场占有率,使产品能在销售最高点时进入成熟期,如此便能从产品的最大销售收入中获得尽可能多的利润。在产品成长期可采用以下营销策略。

(1)改善产品品质策略。根据市场信息和顾客需求,不断提高金融服务产品的质量,努力发展新品种、新规格,增加新用途,满足消费者更广泛的需求,提高产品的竞争能力。

(2)开拓新市场策略。在既有分销渠道的基础上,扩展新产品的消费市场,开拓新渠道、新市场,使凡是了解并可能购买的消费者能够方便地购买该产品,尽可能地实现该产品的每次销售机会。

(3)改变促销重点策略。在成长期内,促销策略的重心应从介绍产品、扩大产品的知名度转移到树立品牌形象,培养消费者的品牌偏好,并不断争取新消费者等方面。

(4)适时降价策略。鉴于成长期产品成本有所降低,产品价格就有了调整的空间。这时,选择适当的时机,调整价格,有助于吸引更多消费者。

3. 产品成熟期策略

在产品成熟期,营销管理者需要充分关注目标市场中的常用消费者,因为常用消费者更透彻地了解问题,代表着大部分市场的潜在销量,对其他消费者具有宣传导向作用。在产品成熟期可采用以下营销策略。

(1)市场改良策略。在原有销量的基础上,不断挖掘产品的新用途,开拓新的细分市场,因为新的细分市场意味着潜在的、被忽略的消费群体,意味着销量增加;刺激现有顾客,增加重复购买频率;重新为产品定位,寻找潜在顾客,以此来扩大产品的销量。

(2)产品改良策略。改进产品品质,提高产品性能,既可以满足消费者图实惠的心理,又可以提高产品的市场竞争力;增加产品的新特征,尤其是高效性、安全性或方便性;基于美学理念改进金融服务产品的视觉呈现,提升顾客美的享受;改进售前、售中、售后服务品质,满足顾客的不同需求。

(3)营销组合改良策略。根据产品在成熟期的特点重新调整定价、分销渠道及促销组合方案,刺激或扩大消费者的购买,以延长产品成熟期。该策略简单易行,但必须注意在改变策略前需要进行充分调研、分析市场,执行决策时必须迅速果断。

4. 产品衰退期策略

在产品衰退期,购买该产品的大都是较为保守的消费者或者是该产品的忠实消费者。针对这一时期的特点,金融企业可采取以下营销策略。

(1)维持策略。金融企业继续使用过去的营销策略,保持原有的细分市场,维持原有的市场份额。待到适当时机,停止该产品的经营并退出市场。

(2)集中策略。金融企业将资源集中于最畅销的品种、最有利的细分市场和最有效的分销渠道上。简言之,缩短战线,以最有利的市场赢得尽可能多的利润。

(3)榨取策略。大幅度降低营销费用,如削减广告费用、精简推销人员等,虽然销量有可能迅速下降,但是可以增加眼前利润。

(4)放弃策略。如果金融企业决定停止经营处于衰退期的产品,应立即退出还是逐步退出问题上慎重决策,并应处理好善后事宜,有秩序地转向新产品。

☕ 本章小结

金融服务产品是提供给市场来满足金融需求和欲望的任何东西。概括来讲,金融服务产品具有无形性、不可分割性、广泛性、增值性、易模仿性以及持续性等特点。借用营销学产品分层方法可以将金融服务产品划分为5个层次:核心产品、形式产品、期望产品、延伸产品、潜在产品。通常情况下,金融服务产品组合策略主要包括全线全面型策略、市场专业型策略、产品线专业型策略、特殊产品专业型策略、产品线填补策略以及产品线削减策略。

产品开发是指金融企业为适应市场需求而研究设计出与原有产品具有显著差异的金融服务新产品,包括产品发明、产品改进、产品组合、产品模仿。常见的金融服务产品开发策略有进攻式开发策略、防御式开发策略、系列化开发策略、差异化开发策略、超前式开发策略。以大数据为基础的金融服务产品开发具有更客观的判断依据、更清晰的用户定位、更长的生命周期,并能在最大程度上实现资源整合式产品开发。开发流程大致包括基于大数据分析的产品立项、信息互通的产品设计及调试、小规模销售试用及大数据分析、基于大数据分析的修改及批量生产、正式引入市场。

品牌是一个集合概念,通常由文字、标记、符号、图案或设计等要素及它们的组合构成。设立品牌的目的主要是准确识别服务或产品,并使之与竞争对手的服务或产品区别开来。金融服务产品品牌能使顾客很容易地辨别该产品所属的金融企业。金融服务产品品牌在营销过程中的作用主要体现为识别、增值、促销。为了发挥品牌的最大作用,金融企业应该事先做出战略规划,确定如何合理使用品牌,即品牌策略。金融企业常用的品牌策略主要有:有无品牌策略、单一品牌策略、品牌延伸策略、多重品牌策略。

依据产品生命周期理论,金融服务产品的生命周期可分为4个阶段:导入期、成长期、成熟期和衰退期。在不同阶段,市场、消费者、产品表现出不同特征,金融企业需要针对不同阶段调整营销策略。产品导入期的常用策略有快速撇脂、缓慢撇脂、快速渗透、缓慢渗透等;产品成长期的常用策略有改善产品品质、开拓新市场、改变促销重点、适时降价等;产品成熟期的常用策略有市场改良、产品改良、营销组合改良等;产品衰退期可采取维持策略、集中策略、榨取策略和放弃策略。

思考题

1. 试述金融服务产品的概念及其特征。
2. 如何对金融服务产品划分层次?
3. 请介绍金融服务产品的组合策略。
4. 金融服务新产品的开发类型和开发策略有哪些?
5. 如何借助大数据进行金融服务产品开发?
6. 金融服务产品品牌策略有哪些?
7. 试述金融服务产品生命周期的阶段特性。
8. 请分析金融服务产品在生命周期各阶段的营销策略。

案例讨论

招商银行推出首家"微信银行" 尝试金融互联网产品

2013年7月2日,招商银行宣布升级了微信平台,推出了全新概念的首家"微信银行"。

何谓微信银行?要从招行现在在微信平台上的公众账号说起。2013年3月末,招行推出信用卡微信客服。而此次推出的微信银行服务范围从单一信用卡服务拓展为集借记卡、信用卡业务为一体的全客群综合服务平台,不仅可以实现借记卡账户查询、转账汇款、信用卡账单查询、信用卡还款、积分查询等卡类业务,更可以实现招行网点查询、贷款申请、办卡申请、手机充值、生活缴费、预约办理专业版和跨行资金归集等多种服务。

可以说,招行把相当一部分零售业务开到了微信上,就差从手机里提现了。

此外,微信银行的在线智能客服还可实现在线实时解答顾客咨询。

这应该是典型的金融互联网产品了。

目前对此的评论意见主要有两点:第一,此乃大势所趋,后续其他银行或会跟上。第二,安全性如何?光大银行一位人士说:"微信银行初期用户不多,内容更多集中于服务性质,向顾客提供最新产品信息,所以风险应该不大。但微信银行达到一定用户量肯定会有风险漏洞,比如顾客信息造假如何去验证等。"

当下,其他商业银行也推出微信服务,但仅提供微信客服服务。招行无疑在互联网节奏上先人一步。1995年7月,招行推出集多币种、多储种的存折、存单于一身的"一卡通",被誉为我国银行业在个人理财方面的一个创举,奠定了招商银行在零售业务的江湖地位。有人称之为"一招鲜,吃遍天"。不过招行这几年处于零售业务的平台期,现在借助微信与移动互联之势,能"一招微,再次吃遍天"吗?

资料来源:首家"微信银行"应声落地 银行迈入"微时代"[EB/OL].(2013-07-04)[2021-03-01].http://biz.zjol.com.cn/05biz/system/2013/07/04/019444328.shtml.

案例思考题:

请谈谈你对招商银行"微信银行"这一金融服务产品的认识。

第 8 章　金融服务定价策略

学习目标

- ◆ 熟悉金融服务定价的目标;
- ◆ 理解金融服务定价的影响因素;
- ◆ 掌握大数据时代金融服务定价的基本原则;
- ◆ 熟悉大数据时代常见的金融服务定价误区;
- ◆ 掌握大数据时代常用的金融服务定价策略。

导入案例

大数据背景下保险产品定价

传统的保险产品定价方式主要依赖于历史数据和统计数据,不具备时效性,而且采用样本数据,无法准确刻画出保险标的的风险特征,因此产品存在较大的定价风险。在大数据背景下,不断更新的海量且多维度的数据,可以帮助保险公司改变保险产品的定价方式,从基于样本数据定价转变为基于全量数据的定价方式,利用大数据技术帮助保险公司提高保险定价的科学性与合理性。

以车险为例,传统方法是基于年龄、性别等投保人信息,以及车龄、车价等车辆信息进行风险定价,可能会造成风险预测不准确,导致产品收益过低,不利于产品面向市场推广,进而影响保险公司盈利,或者产品无法覆盖风险,导致保险公司亏损。若基于多维度的全量数据,考虑投保人学历、收入等级、驾驶行为,车辆安全评分、安全气囊个数及质量,经常行驶路段的道路类型、拥堵情况等多方面的信息数据,在传统广义线性模型(generalized linear model,GLM)的基础上应用支持向量机(support vector machine,SVM)、人工神经网络(artificial neural network,ANN)等机器学习算法,能够提高定价的精准度,增加定价的灵活性,提高产品的市场竞争力。

另外,保险费率是保险产品的价格,而保险费率厘定的核心就是对保险损失的预测。在大数据背景下,可以利用集成学习(如 Boosting 算法、Bagging 算法、随机森林等)、人工神经网络(如多层前馈神经网络、递归神经网络)等机器学习算法预测保险损失,提高预测精度。例如,孟生旺提出在汽车保险索赔发生概率和累积赔款的预测中,可以结合支持向量机、梯度提升树和多层感知器等机器学习算法,在一定程度上提高保险损失的预测精度。

资料来源:李菲.大数据背景下的保险产品开发研究[J].信息系统工程,2018(12):123,125.

在营销组合中,产品、渠道、促销、人员、过程、有形展示等要素虽然创造价值,但在实现交易之前均带来成本,只有通过合理定价促成交易方能实现成本补偿及盈利。价格是唯一创造收益的营销要素,在营销组合中有着特别的地位。金融服务定价是指金融企业在某个时刻将金融服务对于客户的价值及时地用货币表现出来。大数据背景下,金融企业具备以数据驱动的实时定价能力,获得更多的弹性空间去制订和修改价格。本章将首先介绍金融服务定价的基础,包括定价目标、影响因素及大数据时代的定价原则,其次探讨大数据时代常见的金融服务定价误区,最后系统讲解大数据时代常用的金融服务定价策略。

8.1 金融服务定价的基础

8.1.1 金融服务定价的目标

定价目标是金融企业营销目标体系中的具体目标之一。当营销目标确定以后,定价目标会具体分解到不同服务的价格上,因此其必须服从于金融营销的总目标,同时也要和其他营销目标相协调。作为定价的指导,金融服务的定价目标如图 8-1 所示。

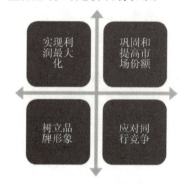

图 8-1 金融服务定价的主要目标

1. 实现利润最大化

盈利是金融企业生存和发展的前提条件,追求最高利润,实现迅速发展是金融企业的目标。利润最大化应以金融企业和金融服务的良好声誉、良好市场环境为前提。在市场地位较为有利、竞争力较强的情况下,这一定价目标是切实可行的。需要注意的是,金融服务产品具有易模仿性,同质现象严重,金融企业所追求的利润最大化可能并不是通过制定最高价格来实现,而是通过制定合理的价格及合理定位的优质服务所推动产生的较大需求量和一定的销售规模来实现的。

2. 巩固和提高市场份额

囿于需求个性化、分布不集中且波动较大等原因,金融服务往往很难实现规模效应,因此不少金融企业在相当长的时间内将市场份额作为定价的指导原则。在其他因素保持不变的前提下,市场份额越大,所获利润越多,经营状况越良好,市场竞争力越强大。只有在市场份额稳固和扩大的前提下,金融企业才能获得长久发展。简单来讲,金融企业可以通过降低价格来提高和扩大市场份额,但由于行业和服务的特性,金融企业有时难以完全依靠降价手段达到巩固和提高市场份额的目标。因此,金融企业应从充实本身的资本实力着手,提高融资及投资的能力,建立良好的金融文化环境,优化金融服务产品,进而提高市场地位和竞争能力,达到巩固和提高市场份额、享有长期利润最大化的目的。

3. 应对同行竞争

为应对同行竞争以获得生存，金融企业可以选择以竞争为前提来制定价格。在定价之前，可对提供同类服务或产品的竞争性金融企业进行比较分析，从有利于竞争的角度出发制定价格，以低于、等于或高于竞争对手的价格出售其服务或产品。一般来说，大型金融企业处于市场领先者地位，多采取稳定价格的策略，以适当的低价主动防御现实和潜在的竞争者；中小企业属于市场追随者，无力左右行业价格，定价着眼点是适应竞争、保存实力，根据主导企业的价格进行抉择。无论是哪一种情况，都需要广泛收集竞争对手有关产品价格的信息资料。

4. 树立品牌形象

现如今，金融服务产品日趋标准化和同质化，消费者决策时更加关注品牌形象。品牌形象无疑成为金融企业的无形资产，是金融企业拓展业务的一项重要财富。树立品牌形象非一朝一夕之事，是一个漫长的复杂工程。作为消费者最敏感的变量，价格是建立品牌形象的重要方面。无论是高价格还是低价格，消费者都会试图解读价格所蕴含的品牌信息。在品牌形象建立的过程中，价格需要一定的恒定值，不宜变化太快或是幅度过大，这样既可以保证品牌形象的稳定，又能扩大品牌的影响力。著名投资银行摩根士丹利(Morgan Stanley)，被公认是提供优质服务的投资银行，较高的定价向市场传递了这一品牌形象信息。

8.1.2 金融服务定价的影响因素

在定价目标的指导之下，开展金融服务定价工作，还需要考虑其他影响因素，具体包括成本高低、市场需求与竞争、政策法规、客户感知价值、风险因素等。

1. 成本高低

成本是定价过程中最基本的影响因素，是金融企业的价格底线，以补偿经营管理和提供服务过程中耗费的物资和劳务。具体而言，成本包括资金成本和营运成本。资金成本为资金的利息成本、机会成本或无风险收益，通常用货币市场利率计算。营运成本是金融企业提供金融服务所需要的非利息性成本，包括人员工资、设备成本及需要补偿的其他费用。每一项金融服务都产生了一定的固定成本与变动成本，价格应该能够补偿其固定成本与变动成本，并有一定的盈利空间。总之，成本核算对于金融企业合理定价具有十分重要的意义。只有完善成本核算体系，才能确定服务的最低价格。当然，在提供同等质量金融服务的同时，成本越低，定价自主权越大。

2. 市场需求与竞争

市场营销理论认为，产品的最高价格取决于市场需求。若某种金融服务产品受到客户追捧，其价格走势必然上升；反之亦然。如今的银行、证券、保险产品日趋同质化，金融企业必须挖掘未被其他企业识别的潜在客户需求，并设计出符合这种需求的产品以取得市场占有率。考察市场需求因素，可以着眼于需求的价格弹性、需求的收入弹性、需求的交叉弹性等。以需求的价格弹性为例，如果需求量变动大于价格变动，那么产品是富有弹性的，这时低价对于刺激需求进而提升效果将有一定的作用；反之，如果需求量变动小于价格变动，则认为产品是缺乏弹性的，消费者对价格的敏感度不高，此时低价并不一定能取得期望效果。

除市场需求因素，市场竞争因素同样会影响金融服务定价。一方面，消费者在进行决策时往往会将同行竞争对手提供的服务放到一起比较，特别是比较价格。金融企业定价前，应该充分参考竞争对手已有的价格信息,积极预测竞争对手同一产品的未来价格走向,为自己定价提供客观依据。另一方面,定价是一种挑战行为,若采取高价格会引来竞争对手,采取低价格则可以阻止竞争对手进入。任何一次价格调整都会引起竞争对手的关注。在价格对抗中,竞争力较强的企业占优势,定价选择空间较大;竞争力较弱的企业往往会采取跟随策略。金融企业在定价时要考虑竞争对手的反应和行为,建立正确的竞争观念,做出有利于自己的定价选择。

3. 政策法规

由于行业特殊性,金融企业的经营活动受到国家各种政策法规的严格限制,其中定价行为也不例外。政策法规是金融企业制定价格不可逾越的约束,不能与之相抵触。金融财政政策的变化会在一定程度上影响金融服务的成本和定价,金融企业应该时刻关注国家政策动态,及时调整价格。对定价影响较大的政策法规有利率政策、汇率政策、证券交易收费政策以及保险费率政策等。例如,我国商业银行在进行定价时,必须严格遵守《中华人民共和国商业银行法》《中华人民共和国储蓄管理条例》《中华人民共和国贷款通则》等,并自觉接受监管机构的监督管理。此外,商业银行不得违背反垄断的法规,不得与其他银行共谋制定垄断价格以及操纵金融市场。

4. 客户感知价值

客户感知价值是指客户在所能感知到的利益和购买此产品付出的成本间进行权衡,对产品做出整体评价,其来自客户的感知过程。区别于服务或产品的客观价值,客户感知价值体现的是客户对金融企业提供的服务或产品价值的主观认识。当产品价格与客户感知价值大体一致或者更低时,客户很容易接受这种产品;反之,客户就不会接受这种产品。此时,定价的关键就不再是产品的成本费用而是客户感知价值。由于收入水平、受教育水平及性格特征存在差异,不同客户对同一金融服务的感知价值不同,最终对同一价格的认可度也会不同。金融企业在定价时有必要分析客户的心理预期,根据不同消费人群进行差异化定价,以适应特定的价值判断和价格承受能力。

5. 风险因素

金融业是一个有风险的行业,在定价时必须考虑包括市场风险、违约风险、利率风险等在内的各种风险因素以及为防范这些风险而付出的成本,使得收入可以补偿这些风险的支出。实际操作中,金融企业会在定价之前评定金融服务产品的风险等级。以银行理财产品为例,根据产品风险特性,由低到高分为 R1(谨慎型)、R2(稳健型)、R3(平衡型)、R4(进取型)、R5(激进型)5 个级别。一般来说,风险等级高的金融产品定价稍高些,风险等级低的金融产品定价稍低些。此外,金融企业还会识别消费者的风险等级。大数据时代,依赖海量数据和科学完善的定价模型,金融企业应针对不同信用评分的人群给予不同的风险定价,从而实现客户精准定位和产品精准定价。

金融服务价格的多样性

8.1.3 大数据时代的定价原则

大数据时代,金融企业可以更方便地收集消费者信息,比过去更了解消费者,可以为每一位消费者提供独特的客户体验。在低成本支持下,金融企业拥有深入每个客户方方面面的洞察力,具备以数据驱动的实时定价能力,能够获得更多的弹性空间去制定和修改价格。大数据时代金融服务产品的定价原则可以概括为顾客导向价值观、差异化定价以及动态定价。

1. 顾客导向价值观

顾客导向意味着金融企业要了解顾客想从金融服务中获得什么。如果知道顾客需要什么,为什么需要,金融企业就知道如何创造出更多的价值去满足顾客需求,还可以向不同细分市场的目标顾客传递服务的价值。最重要的是,金融企业知道如何定价以获取特定市场。金融企业密切关注消费者购买行为,掌握消费者如何做出购买决策、会买什么、在哪里买、会花多少钱以及会多久购买一次,这可以帮助金融企业构建最有效的定价机制,从而建立和维护一种有利可图、长期稳定的客户关系。市场营销中常用的认知价值定价法、差别定价法、关系定价法等都是遵循了顾客导向价值观原则。

金融企业的顾客基数巨大,践行顾客导向价值观具有不容小觑的难度,但是今天大数据及分析技术在金融业的发展与应用,为顾客导向价值观落地提供了技术支持与保障。例如,加拿大某家大型银行从网点、柜台、网上银行、呼叫中心、ATM机、电子邮件、商店POS机、调查问卷等多个渠道搜集客户与银行互动的信息,包含文本、语音等半结构或非结构数据,形成了一个360°客户全景视图,使用文本分析、nPath路径分析、Naive Bayes预测模型等大数据工具刻画客户的行为路径,并预测客户的流失可能性,进而辅助工作人员做出决策,采取客户挽留措施,减少银行损失。

2. 差异化定价

在定价领域,恒久不变的现象之一是面对同样的产品或服务,不同的顾客有着不同的支付意愿。因此,制定一个单一的价格是很不明智的。所谓差异化定价就是针对不同资质的客户实行不同的服务定价,最为明显的例子便是为什么有些客户借款成本比较低,而有些客户却要很高的成本。对于银行等放贷机构来说,有些人贷款的年化利息可能是5%,有些人可能是8%,信用状况导致了这一差异;对于作为信息中介的网贷撮合平台而言,除与出借人约定的利率不同外,平台收取的服务费也有差异。

当然,没有技术支撑的差异化定价都是空谈。差异化定价的核心是精准识别客户资质和特征,并对其进行科学合理的分类,这要求数据量够大,同时建模技术够强。例如,作为信息中介,玖富叮当贷充分利用大数据风控的优势,针对用户特征、还款风险等进行综合评估,进而差异化定价,实现了快速成长。需要说明的是,差异化定价不是"大数据杀熟",而是利用大数据分析顾客的偏好与行为轨迹,为顾客提供个性化、更优质的服务,在此基础上实施差异化定价。

3. 动态定价

动态定价是使用大数据技术,摒弃传统的低价竞争、以浮动定价方式提供优质服务的新概念。动态定价使金融企业有可能实现客户回报最大化。金融企业用较低的菜单成本(即向客户展示价格的成本)便能根据不同渠道和产品内容,设置多重定价。此外,金融企业还能经常对这些价格做出调整。一些企业有能力收集竞争对手和客户的信息,也愿意为此支付相应费用,那么,他们大可在此基础上,进一步实现产品、服务及相应价格的客户化。同时,针对不同的潜在客户,选择最合适的渠道实行动态定价。动态定价帮助企业恰如其分地把握好客户价格承受心理,经济有效地满足他们的需求。因此,企业不会错失丝毫赚钱的机会。

自 2018 年起,随着大数据技术的广泛应用,"因人定价"的时代拉开帷幕,为银行、保险等金融行业带来了"第二春"。例如,日本第一生命集团旗下的生命保险公司推出新产品,用户每 3 年签约一次,签约时根据体检结果确定"健康年龄",健康年龄不同,保险费用也不同。为精准计算健康年龄,该保险公司使用瑞穗第一金融技术公司的精密技术,结合日本医疗数据中心储存的 160 万份体检报告和诊费明细单海量数据计算分析。当然,在正式计算前,用户还需要补充血压、尿液检查、血液检查等数据。

8.2 常见的金融服务定价误区

定价之于企业,好像收割之于农民。但是,很多企业在定价时却相当随意,只有很少数的企业算得上经验丰富。很多企业说价格不是我们决定的,而是市场决定的。这是典型的错误想法,这个想法把宏观经济的概念误用到了微观经济层面。在今天消费升级的中国社会,市场饱和、竞争加剧,消费者购买力却不断扩大,常规的定价方式已经很难奏效。在金融服务定价领域,常见的几个误区有以下几个方面。

8.2.1 误区一:成本导向定价

成本导向定价将金融服务成本作为定价依据。在实际工作中,成本既可以是全部成本,也可以是目标成本,特殊情况下还可以是变动成本。具体而言,成本导向定价方法可以细分为成本加成法和盈亏平衡法。

成本加成法是最基本的成本导向定价方法,即金融企业在完全成本(直接成本+间接成本)的基础上加一定比例的利润制定价格。此种方法关注的是成本的回收和利润的获取,计算公式为:

$$产品总价 = 完全成本 + 加成$$

$$产品单价 = (完全成本 + 加成)/预计销量$$

盈亏平衡法是指金融企业在产品销量既定的条件下,价格必须达到一定水平才能做到盈亏平衡、收支相抵。既定销量称为盈亏平衡点,如果价格低于这一界限,就会亏损;如果价格高于这一界限,就会盈利。

为了使企业达到盈亏平衡,价格应该为:

$$价格 = (变动成本 + 固定成本)/预计销量$$

当然,企业并不仅仅是希望实现盈亏平衡,还希望实现利润。为此,企业可以将目标利润计入价格中,可得下式:

$$价格 = (变动成本 + 固定成本 + 目标利润)/预计销量$$

这种将目标利润加成到成本上的定价方法,被称作目标利润法。与成本加成法相比,两者的计算公式几乎是相同的。

由于简单、方便,成本导向定价方法被大多数公司所采用。此类定价方法看似简单、公平,而且在财务上是审慎的,其实大谬不然。同样一个东西,不同消费者的感知价值是不一样的,如果一个公司只在平均成本上加一个公平回报来定价,那么它几乎也没有什么动力去把成本降到最低。如果公司的成本随着规模扩大等因素降低,是否需要将这部分利润让渡给消费者呢?此外,成本导向定价按照销售目标来制定,假设企业设定的价格能够准确产生预期的销量,但最终的销售目标其实并不确定,这也容易造成企业在价格上的摇摆性。此外,无论是成本加成法、盈亏平衡法,还是目标利润法,都没有考虑竞争对手和市场情况等,这是成本导向定价的另一缺点。

8.2.2 误区二:效仿竞争对手

有些金融企业在战略定价时,倾向于效仿竞争对手。金融企业效仿竞争对手的背后逻辑是现实中消费者在和一家企业进行交易时,往往会以竞争对手同类产品的价格作为判断依据,因此,金融企业在定价时以竞争对手的价格作为主要基础,较少考虑成本因素和市场需求。这种定价方法被称为竞争导向定价法,主要包括随行就市定价法和差别定价法。

随行就市定价法,又称通行价格法,指为了和市场价格保持基本一致以避免竞争风险,根据市场格局,跟随主要竞争对手的价格或市场的平均价格,确定自己的产品价格。随行就市定价法是一种偏防御性的定价方法,在避免价格竞争的同时,也抛弃了价格这一竞争的"利器"。若竞争者突然降低其产品价格,金融企业的产品出售则会立即陷入困境。另外,长期追随市场价格也不利于金融企业自身定价能力的培养。

差别定价法是一种进攻性的定价方法,是指金融企业利用价格因素主动出击,通过在价格上的竞争优势来获取盈利。采用差别定价法的企业需要根据自身的特点制定出低于或高于竞争者的价格作为该产品的价格。注意,并非所有企业都可以使用差别定价法。

产品定价效仿竞争对手容易导致两个问题,让企业付出惨重的代价。第一,它会让价格决策者只需监控竞争对手的价格并随之做出调整,将致其陷入消极被动的状态。如果竞争对手也按照这种方法定价,就会形成"双镜效应"。此时这个价格就不仅仅是企业的价格,而是整个产业的价格,并与市场需求失衡。第二,竞争导向定价还会导致"胆小鬼游戏"。所有人都知道,设置低价是获取市场份额最简单最快捷的方式。问题在于,大家都想要更大的市场份额:在任何一个既有的市场中,如果把所有企业的目标市场份额加起来,总和肯定大于100%。如果所有的企业都过于渴望实现目标市场份额,其结果就是价格很容易进入下行通道,最终不仅伤害企业本身,而且会波及整个行业。

8.2.3 误区三:视消费者而定

金融企业在定价时不以成本为基础,亦不参考竞争对手的做法,而是评估消费者,判断每个消费者的支付意愿,然后按照每个消费者的最大支付意愿进行定价。理论上,这种方式下企业可以在扩大销量的同时,获得最好的边际收益,尽可能攫取更多的消费者剩余;但它最大的缺陷在于,没有哪个消费者愿意当"冤大头",随着社交媒体的发展,价格信息透明化,那些被收取过高价的消费者会逐渐疏远企业。最坏的结果是消费者采取"货比三家"的议价策略,被训练出强大的讨价还价能力,将企业与顾客的关系绑定在零和博弈的对立关系上,而非建立在基于价值的长期合作关系上。这同金融交易的特征是相悖的。

百万咖啡杯

8.3 金融服务定价策略

如何既能让客户愉快地接受价格,又能使金融企业获得一定的利润、长期发展下去,定价策略是关键。常用的金融服务定价策略可以归纳为撇脂定价与渗透定价、组合定价与差别定价、折扣定价与促销定价、流量定价与生态圈定价、行为定价与风险定价。

8.3.1 撇脂定价与渗透定价

1. 撇脂定价策略

撇脂定价是指产品上市之初,将价格定在较高水平,在短期内获取厚利,尽快收回投资。这一定价策略就像从牛奶中撇取所含奶油一样,取其精华,所以称为撇脂定价策略。金融企业将产品价格定得较高,期望在产品生命周期的初期,在竞争者研制出相似产品之前,尽快收回投资,意在取得理想的利润回报;然后,随着时间推移,逐步降低价格使产品进入需求价格弹性较大的市场。一般而言,对于全新的产品、受专利保护的产品、需求价格弹性小的产品、流行的产品、未来市场形势难以预测的产品,常采用撇脂定价策略。

撇脂定价策略的主要优点有:第一,利用高价产生厚利,帮助企业在新产品上市之初迅速收回投资,减少投资风险;第二,利用消费者求新求奇的心理,制定较高的价格,以提高产品身份,创造高价、优质、名牌的形象;第三,前期制定较高的价格,为以后适应竞争而采取主动降价策略留有余地,利于扩大客户群;第四,在产品开发之初,由于资金、技术、资源、人力等条件的限制,企业很难以现有的规模满足所有需求,利用高价可以抑制需求过快增长,缓解供不应求状况,并且可以利用高价获取的高额利润进行投资,逐步扩大生产规模,使之与需求状况相适应。然而,这种定价策略也存在不足之处。第一,高价产品的需求规模有限,过高的价格不利于开拓市场、增加销量,也不利于占领和稳定市场,容易导致新产品开发失败。第二,高价高利会吸引竞争者大量涌入,仿制品、替代品迅速出现,从而迫使价格急剧下降。此时若无其他有效策略相配合,企业苦心营造的高价优质形象可能会受到损害。第三,价格远高于价值,在某种程度上损害消费者利益,容易招致公众反对和消费者抵制,甚至会被当作暴利加以取缔,诱发公共关系问题。

2. 渗透定价策略

与撇脂定价相反,渗透定价是一种低价格策略。金融企业在产品投入市场时制定一个相对较低的价格,以吸引大量消费者进而迅速打开市场,同时通过接近成本的定价,吓退潜在竞争对手。渗透定价策略适合于客户对价格敏感、成本费用随经验增加而降低、低价不会引发过度竞争等情形。

渗透定价策略的主要优点在于:第一,低价相当于提升了消费者购买力,减少了其购买压力,有利于开拓市场;第二,低价意味着低回报,可以有效阻止潜在竞争对手涌入,从而最大限度地控制市场;第三,俗话说薄利多销,价格低但销量增,可以实现规模经济。这种策略的局限性在于:其一,低价低回报,短期内无法带来很大的利润,可能需要很长时间才能收回成本,一定程度上加大了投资风险;其二,难以消化成本增加等涨价因素;其三,若竞争对手之间出现"杀价"行为,往往两败俱伤;其四,低价在一定程度上降低了产品的优质形象。

8.3.2 组合定价与差别定价

1. 组合定价策略

组合定价策略是指处理本企业各种产品之间价格关系的策略,对不同组合产品之间的关系和市场表现进行灵活定价。常见的组合定价策略有产品线组合定价、产品捆绑定价和选择品定价等。

(1)产品线组合定价,亦称产品大类组合定价,是指当系列产品存在成本和需求的内在关联时,金融企业为了充分发挥这种内在关联效应而采取的定价策略。在定价时,首先,确定某一产品的最低价格,在产品线中充当领袖价格,以吸引客户购买产品线中的其他产品;其次,确定某一产品的最高价格,在产品线中充当品牌质量和收回投资的角色;最后,其他产品分别依据其在产品线中的角色而制定不同的价格。例如,在存款业务方面,金融企业提供活期存款、1年期定期存款、3年期定期存款,3 种产品的价格是不同的,这样的定价能帮助客户认识金融产品的差异,从而更好地根据自身需求选购金融产品。

(2)产品捆绑定价,是指金融企业打包或捆绑出售一组服务或产品,组合或捆绑价格低于单独购买相加的价格。捆绑定价有助于帮助多种产品共享销售队伍、降低广告费用、降低销售成本、拓宽销售渠道。并不是所有产品都能进行捆绑,只有具备以下 3 个条件的产品方能进行捆绑定价:首先,产品需要具备相当的市场竞争力,可与竞争产品进行价格差别竞争;其次,产品之间需要具备一定的关联性,如在销售渠道等方面相近;最后,产品之间要有相似的市场定位。

(3)选择品定价,是指金融企业在提供主推产品的同时,附带一些可供选择的其他相关服务或产品,实施组合定价。例如,某款自驾游保险,有必须投保的项目(意外伤害身故/残疾和意外伤害医疗),也有可选择投保的项目(住院津贴、突发急性疾病身故、酒店住宿意外伤害身故/残疾、烧烫伤、行李/证件损失),并按投保项目不同、保障额度不同制定不同的价格(保费),从 0.80 元至 43.8 元不等。

2. 差别定价策略

差别定价是指金融企业用两种或多种价格销售一项服务或产品,尽管价格有差异,但并不是以成本差异为基础得出的。金融企业常用的差别定价策略有产品形式差别定价和分销渠道差别定价。

(1)产品形式差别定价。金融企业按产品的不同型号、不同式样,制定不同的价格,而产品价格之间的差额与成本之间的差额是不成比例的。如中国工商银行提供 2 种汇款方式:一是灵通卡汇款,手续费为汇款金额的 1‰,最低汇款手续费为 1 元,最高为 50 元;二是牡丹卡汇款,汇款没有手续费。又如,某商业银行推出快速汇款和电子汇款,快速汇款最低手续费 5 元,超过 1000 元按 0.5‰收取费用,适合 1 万元以内汇款金额;电子汇款最低手续费 10 元,汇款手续费为汇款金额的1%,最高为50元,适合1万元以上汇款金额。

(2)分销渠道差别定价。分销渠道差别定价,一方面是因为金融企业维护某些渠道的成本更低,另一方面是因为金融企业希望增强某些渠道的销售。现在大多数商业银行除了拥有网点银行外,还拥有自己的网上银行。某银行规定,若通过网点银行汇款,最低手续费5元,超过1000元按0.5%收取费用;若通过网上银行汇款,每笔收费5元,跨行收费10元。这说明该银行正在大力拓展网上银行业务,希望通过差异化定价扩大网上渠道的销量。

8.3.3 折扣定价与促销定价

折扣定价与促销定价都是以减让部分价格的手段刺激消费者更多地购买本企业的服务或产品。金融企业常用的折扣与促销定价策略包括数量折扣、价格免费、价格补贴等。

1. 数量折扣策略

数量折扣是指金融企业以一定数量的服务或产品为基础,根据客户实际购买数量达到或超过基础数的多少分别给予不同的价格优惠或折扣。购买数量越多,折扣越大。实施数量折扣应遵循3个基本原则:一是折扣的数量标准要明确,分出档次,客户实际购买数量达到哪一个档次,就应给予相应的价格折扣;二是享受折扣的基础数量标准不宜太高,让多数消费者"踮起脚尖,够一够"就能享受优惠的机会,进而扩大销售;三是各个档次折扣率的确定要以批量出售所能降低的营销费用为基本依据,保证节约的营销费用大于给予客户的折扣,实现双赢。再进一步,数量折扣有累计数量折扣与非累计数量折扣两种形式。

(1)累计数量折扣。若客户在一定时期内,购买服务或产品达到一定数量(或金额),则按照总量(或总金额)大小给予不同的折扣优惠。这种做法可以鼓励客户经常购买本企业的服务或产品,旨在建立长期稳定的客户关系。

(2)非累计数量折扣。按照规定一次性购买某种服务或产品达到一定数量(或金额),或者购买多种服务或产品达到一定数量(或金额),应给予一次性折扣优惠。这种做法的目的在于鼓励客户每次购买都能达到既定的数量(或金额)。

2. 价格免费策略

互联网时代,企业提供免费服务或产品比以往任何时代都多,这是互联网时代"普惠""共享"的一种表现形态。价格免费已成为网络营销中非常有效的定价策略。实际上,网站、平台提供完全免费的产品并不能直接从用户身上获得收入,但可以通过免费产品来吸引用户浏览网站,增加网站人气和流量。

移动互联时代,互联网第三方支付一直以免费的形象存在于我们的日常经济生活中。随着支付宝、微信支付等量级越来越大,部分商业银行也陆续宣布转账免费。招商银行率先打响了银行业手续费价格战第一枪。2015年9月17日,招商银行宣布,自9月21日起,所有个人客户通过个人网上银行、手机银行App办理境内任何转账业务(包括异地转账和跨行转账),全部免费。不过,银行柜台和ATM渠道的异地转账和跨行转账仍有手续费。11月底,招商银行又宣布即日起至2016年年底,离岸客户通过网上银行汇款至招商银行境内账户免手续费。继招商银行后,宁波银行宣布自2015年9月21日起,所有个人客户通过网上银行、手机银行App办理境内任何转账业务(包括异地转账和跨行转账),均享受零费率。接着,紧紧跟进加入"网上转账全免费"行列的银行越来越多,如江苏银行、上海银行、中信银行、浙商银行。

相比之下,浙商银行的减免范围更广,除网上银行、手机银行外,自助转账机、ATM机等电子渠道也都可享受跨行转账免费优惠。

3. 价格补贴策略

价格补贴是对服务或产品使用者的一种奖励,目的是刺激并鼓励客户多购买、多使用。显然,价格补贴策略与价格免费策略一样,都是一种短期的、临时性的定价策略。例如,自2014年3月至2015年10月微信大额转账支付免费就是一种价格补贴,实施不到两年便开始收费了。

价格补贴的优点在于可以迅速培育市场,培养客户的消费习惯,以及提升企业的品牌知名度和美誉度;缺点在于"烧钱"太厉害,可能造成企业的沉重负担,甚至造成资金链"枯竭",财务告急,难以维持。

8.3.4 流量定价与生态圈定价

1. 流量定价策略

随着互联网的发展,流量思维的重要性日益凸显。在互联网时代,所有的人流都是虚拟的,没有距离和位置的概念,消费者到达任何虚拟场所的成本是相同的。所以,经营者难以找到人流密集的繁华地段,同样也找不到具有商业圈、居民区属性的经营场所。那么,在这种情况下,金融企业想要获得规模大、质量高的用户群体,需要摒弃在物理网点被动迎客上门的理念,转而想方设法创造吸引客户上门的方法。

《支付宝服务收费规则》较好地佐证了流量定价策略。《支付宝服务收费规则》规定,第一,如收费服务的收费标准是以交易流量进行计算的,则"交易流量"指在一定期间内使用"收费服务"而完成流转的款项数额,如因任何原因未能完成款项流转的,则不计入"交易流量",已完成流转的款项因任何原因退回的,本公司已收取的服务费用概不退回。第二,通过"我要收款"服务产生收费"交易流量"的,本公司将向收款方收取服务费用,并直接自产生该流量的交易款项中扣减服务费用,同时将余款付至收款方的支付宝账户;通过"我要付款"服务产生收费"交易流量"的,本公司有权自付款方的支付宝账户余额内扣取服务费用,付款方支付宝账户余额不足以支付服务费用的,则产生收费"交易流量"的付款交易订单视为无效订单。具体说来,基于上述原则,支付宝按流量收取手续费的标准是:PC端使用量1000元(实名认证用户10000元)以内免费,超过部分要收取0.5%手续费。

2. 生态圈定价策略

在互联网情境下,生态圈的魅力毋庸置疑。例如,一家蛋挞店进驻小吃街,不仅从小吃街得到了流量资源,还享受到了小吃街的物业、支付、促销等配套服务,所以对于小吃街生态圈来说,需要结合流量资源、配套服务、市场地位、合作需求,为外部的其他企业进行综合报价。互联网场景中,比较典型的生态圈接入是生产经营者与电商平台合作,构建电商生态圈,电商平台为许许多多生产经营者提供第三方电商平台、网络支付、物流等服务,覆盖商品交易的各个环节,而入驻电商平台的生产经营者将为获得各个环节的服务付费。

金融企业与其他企业联合促销的折扣价格就属于生态圈定价,如2015年"双11"蚂蚁花呗推出百万免息分期产品。针对"双11"免息分期优惠,蚂蚁花呗联合天猫放出近100万款免息分期产品。此次免息分期"总动员",几乎所有的天猫商家都参与了进来,涵盖家电、数码、珠宝、美妆、旅行、家居、车品等10多个类目,分别支持3、6、9期三档免息分期。"双11"期间,只要用户开通蚂蚁花呗,都可以享受优惠。结合蚂蚁花呗"确认收货后,下月还"的特点,用户最长可以超过1年还款,且没有任何手续费。借助生态圈定价,客户得到了实惠,天猫商家更多地实现了销售,而蚂蚁花呗扩大了用户数量,培育了市场。

8.3.5 行为定价与风险定价

1. 行为定价策略

随着大数据技术的广泛应用,行为习惯、身体状况、信用资质、兴趣爱好等数据的收集不再是天方夜谭。在金融行业,很多定价开始基于客户的行为数据,而这似乎是一种更合理、更科学的选择。以车险为例,现行依年计价收费,无论客户是否开车以及行驶里程多少,同一年的收费标准是相同的;若按照是否行驶以及行驶里程长短来计价收费,则因人而异:开车天数多、行驶里程长的客户收费多,反之亦然。UBI全称为usage based insurance,直译为"基于使用的保险",是根据车辆实际使用情况来设计的保险。简单地说,在车上安装一个搜集驾驶数据的"盒子"(OBD设备),根据驾驶人的实际驾驶时间、地点、里程以及具体驾驶行为,来确定该缴多少保费。驾驶方式更安全的车主,缴的保费更少;没有发生开车行为的,不收保费。UBI车险最基本的做法是通过GPS、陀螺仪、加速传感器等收集用户的驾驶行为数据(急速转弯、频繁变道、大脚油门等),结合风险评价标准(城市道路交通指数、道路事故数据)完成个性化定价。实际上,UBI车险的背后有一套成熟的计算模型在支撑。

在互联网金融领域,京东白条与客户在京东商城的购物行为相关联,蚂蚁花呗与客户在淘宝、天猫的购物行为相关联,它们同样是根据用户的行为数据(包括购物频次、购物种类、购物额度)设计信贷额度及利率。

2. 风险定价策略

在信贷产品的定价过程中,投资者衡量风险主要是基于金融企业对产品的评级以及披露的借款人信息。信用评级综合反映了借款人违约不偿还本息的可能性。通常来讲,信用评级越高,标的违约率越低,正常还款的可能性越高。虽然各信贷产品在不同期限下定价各有不同,但仍然可以得到信贷产品的总体定价情况。在平台自主投资的模式中,各信贷产品定价较为接近,以同期限贷款利率作为基准,利差范围为2‰~5‰。

关于理财产品的风险定价,金融企业之间呈现出较大的差异性。以××银行为例,××银行强化了信息披露的服务功能,推出了产品内部评级。××银行内部评级是根据内部评级方法及模型对交易资产的信用风险进行评价,并通过简单的级别符号表示。对于短期产品(一年以内),信用等级由高到低依次为A-1、A-2、A-3、B、C、D;对于中长期产品(一年以上),信用等级由高到低依次为AAA、AA、A、BBB、BB、B、CCC、CC、C,其中除AAA级和CCC级以下(不含CCC级)等级外,每一个信用等级可用"+""-"符号进行微调,表示信用质量略高或略低于本等级。根据评级统计结果,目前网上销售的产品以短期为主,产品评级分布在A-1、A-2、A-3。

本章小结

作为定价指导,金融服务的定价目标主要有实现利润最大化、巩固和提高市场份额、应对同行竞争、树立品牌形象。在定价目标的指导之下,开展金融服务定价工作,还需要考虑其他影响因素,具备包括成本高低、市场需求与竞争、政策法规、客户感知价值、风险因素等。大数据时代金融服务产品的定价原则可以概括为顾客导向价值观、差异化定价以及动态定价。

在今天消费升级的中国社会,市场饱和、竞争加剧,消费者购买力却不断扩大,常规的定价方式已经很难奏效。在金融服务定价领域,常见的几个误区有成本导向定价、效仿竞争对手、视消费者而定。

如何既能让客户愉快地接受价格,又能使金融企业获得一定的利润、长期发展下去,定价策略是关键。常用的金融服务定价策略可以归纳为撇脂定价与渗透定价、组合定价与差别定价、折扣定价与促销定价、流量定价与生态圈定价、行为定价与风险定价。

思考题

1. 金融服务定价主要有哪些目标?
2. 金融服务定价的影响因素有哪些?
3. 谈谈大数据时代金融服务定价应遵循的基本原则。
4. 请举例说明大数据时代金融服务定价的常见误区。
5. 简述常用的金融服务定价策略,并举例说明。

案例讨论

美国证券经纪业务价格的变迁

美国证券经纪佣金制度是美国证券经纪人赖以生存的基础。1975年,美国SEC废除了固定佣金制,导致了折扣证券经纪人的出现。这种经纪人只是按照客户的指令进行简单的证券买卖,不提供任何咨询和建议,因而佣金低,一般比全服务经纪商少75%。20世纪90年代初,随着网络技术的发展,出现了网上交易,这导致经纪业务的佣金进一步降低,全服务经纪商为每笔29.95美元,折扣经纪商为每笔9.95美元,专营网上经纪商为每笔4.95美元。人们盼望已久的"自己动手交易"迅猛发展,市场对经纪人的需求一落千丈。网上交易对经纪人的冲击引发了一种与投资者"同甘共苦"的新的"佣金"制度,即在客户赚钱的情况下才按照净利润的一定比例收费,如果亏钱则要从年费中按照亏损的比例扣除一定的费用。

1999年6月1日,美林证券正式推出"综合性选择"(integrated-choice)策略,向客户提供连续的、从完全自己管理到全权委托管理的系列产品。这些账户根据服务的内容不同,采取不同的佣金费率模式。如自助交易一般不需要理财顾问的指导和建议,每笔交易按29.95美元收取,是典型的佣金模式;无限优势服务则为客户提供全权的资金管理服务,按客户资产的比例收取年费,收费起点为1500美元,是典型的费用模式。

美林证券"综合性选择"策略如表8-1所示。

表8-1 美林证券"综合性选择"策略

服务产品	特征	收费方式	模式
完全自己管理	无须理财顾问的指导和建议	每笔交易按29.95美元收取	佣金模式
金融顾问咨询+自己管理	客户可即时通过免费电话向金融顾问获取信息、咨询和下单	可选择按资产比例付费或者按每笔交易付费	佣金模式+费用模式

续表

服务产品	特征	收费方式	模式
传统经纪业务的延伸	可自己交易,也可咨询金融顾问	交易佣金+咨询收费	佣金模式
无限优势服务	可享受金融顾问的个性化服务,交易次数不限,也可自己交易	按客户资产比例收取年费,收费起点为1500美元	费用模式
全权管理服务	客户全权委托资金管理经理来管理自己的资产	根据具体情况按资产比例收费	费用模式

资料来源:马世兵.我国证券公司经纪业务创新及其风险管理研究[D].长春:吉林大学,2005.

案例思考题:

运用所学知识,分析美林证券的金融服务定价策略。

第9章　金融服务分销渠道策略

 学习目标

- ◆ 理解金融服务分销渠道的含义和类型；
- ◆ 掌握金融企业构建分销渠道应遵循的基本原则；
- ◆ 掌握金融企业构建分销渠道需要考量的主要因素；
- ◆ 掌握金融服务的直接分销渠道策略；
- ◆ 掌握金融服务的间接分销渠道策略；
- ◆ 了解金融服务分销渠道的发展趋势。

导入案例

松果金融：流量分销服务商

同在淘宝平台开店的电商代运营类似，金融领域的分销渠道正在电商化。金融代运营主要服务银行、券商、基金、信托等持牌金融机构，为其在互联网流量平台、分销渠道销售金融产品提供服务，如店铺整体托管、店铺代运营，涉及页面设计、运营维护、数据分析、品牌推广、渠道对接等一系列服务。

松果金融成立于2015年，对标电商领域的"宝尊"，主营金融代运营，为持牌金融企业提供多入口、线上推广、线上运营、运营IT系统及客服等全方位解决方案。松果金融创始人曾诚指出，电商代运营整体格局较为分散，除去行业绝对龙头宝尊电商占据超过20%的市场份额，剩余不到80%的市场份额里有超过1000家品牌电商服务商，平均每家市场占有率低于0.1%。在金融领域，尚未出现寡头垄断的金融代运营服务商。曾诚认为，金融代运营需求正在快速增加。一方面，越来越多开放的流量入口不断增长，金融机构在第三方平台开设分销渠道越来越成为主流。另一方面，我国金融行业IT基础建设基本完成，113家公募基金公司的信息化完成度为98%，166家保险类公司的信息化完成度为95%，442家城商行类的信息化完成度为59%，上万家私募基金的信息化完成度为30%。基于此，金融代运营需求将爆发式增长。

松果金融从金融代运营切入，为银行、券商、基金、信托公司等持牌金融机构提供金融电商运营服务及运营系统支持，如为自有App/微信等运营系统的公司提供积分、卡券管理、运营活动、投教游戏、礼品采购等，为在第三方流量平台开设分销店铺的公司提供店铺开发、运营、策划等服务。曾诚指出，松果金融的"保姆"服务是投入少、效率高、具备成熟的营销工具和礼品供应、跨平台运营。未来，松果金融在取得基金代销牌照后，还将拓展代销业务，收取代销费用，甚至拓展渠道模式，收取接入费和返佣。据曾诚介绍，松果金融已经签约了国泰君安证券、招商证券、兴业证券、天弘基金等36家持牌金融机构。未来，签约客户将继续增加，有望撑起一个百亿级市值的公司。

资料来源：孙雪池．互金生态打开"金融代运营"百亿市场，松果金融要做流量分销服务商[EB/OL]．(2017-11-01)[2021-03-01]．https://www.iyiou.com/news/2017110158836．

分销渠道在市场营销体系中的重要性，通过"渠道为王"的用词可见一斑。分销渠道同样是金融营销的一个重要环节。在市场竞争日益激烈的今天，正确认识金融服务分销渠道，科学地选择合理、有效的分销渠道，在一定程度上决定了金融企业的生存与发展。本章将介绍金融服务分销渠道的含义和类型，分析金融企业构建分销渠道的基本原则和考量因素，从直接渠道和间接渠道两个角度解析金融服务分销渠道策略，并解读大数据时代金融服务分销渠道的发展趋势。

9.1 金融服务分销渠道概述

9.1.1 金融服务分销渠道的含义

在汉语中，"渠道"二字意指沟渠、河道，即在水库或河湖周围开挖的水道，用来引水排灌。在市场营销中，我们用"渠道"来描述产品流通的现象，认为产品在从制造商到消费者的流通过程中形成了分销的轨迹，即分销渠道。根据美国营销协会的定义，分销渠道是指参与商品所有权转移或商品买卖交易活动的中间商所组成的统一体。菲利普·科特勒等定义"分销渠道是促使产品或服务顺利地被使用或消费的一整套相互依存的组织。它们是产品或服务在生产环节之后所经历的一系列途径，终点是被最终使用者购买并消费"。着眼于金融营销，金融服务分销渠道是金融服务从生产领域流向消费领域所经过的整个通道，以及在整个传递过程中为满足消费者需求，利用各种信息技术和网络终端向消费者提供的各种服务。简单来讲，金融服务分销渠道就是金融企业通过一定的手段和途径将金融服务推送到顾客面前的过程，包括以何种方式为顾客提供服务以及在何地为顾客提供服务。

从定义可以看出，金融服务分销渠道具有3个特征：第一，分销渠道的起点是金融企业，终点是个人客户、企业客户或机构客户，分销渠道实现了从生产者到消费者之间的完整流通过程；第二，分销渠道由许多参与者组成，包括个人和组织，这些个人和组织彼此独立，承担着不同职能，又相互配合，结成共生的伙伴关系；第三，金融服务从生产领域到消费领域至少要转移一次所有权。如金融企业将金融服务经由批发商到零售商再到消费者，经历了不止一次的所有权转移；在特定情况下，金融企业将金融服务直接销售给消费者，只经历一次所有权转移。

分销渠道的基本功能是根据顾客的不同需要，有效地组织和传送金融服务产品，从而"变身"真正有意义的产品。分销渠道的主要职能表现在：①研究——收集制订营销计划和进行交换所必需的信息；②销售——对金融企业所供应的金融服务产品进行销售；③接洽——寻找潜在消费者并进行说服性沟通；④配合——对金融企业所供应的金融服务产品进行符合顾客必要性的评分，包括促销活动；⑤融资——为补偿渠道工作的成本费用而对资金的取得和支用；⑥风险承担——承担与渠道工作有关的全部风险；⑦谈判——就金融企业所经营金融服务产品的价格和有关条件达成最后协议。

9.1.2 金融服务分销渠道的类型

金融服务分销渠道多种多样，根据不同标准可以划分为不同类型。按照是否使用中间商，分销渠道分为直接渠道和间接渠道；根据中间商层级的多少，分销渠道分为短渠道和长渠道；依据中间商数量的多少，分销渠道又分为宽渠道和窄渠道。

1. 直接渠道和间接渠道

直接渠道是指金融企业把金融服务产品直接推送并销售给最终消费者,基本模式为:金融企业→消费者。实现形式有自设营业网点、上门推销、电话销售、电视直销、网络销售等。这种渠道类型不存在中间环节,节约了流通费用;产销直接见面,金融企业能够及时了解消费者的需求变化,有利于适时调整营销策略。此外,企业直接参与市场竞争,建立和开拓自己的销售网络,为树立企业形象、提高企业声誉、进一步扩大市场奠定了基础。当然,直接分销渠道亦存在不足之处:提高了企业的经营成本,增加资金耗费及销售风险。

与直接渠道相反,间接渠道是金融企业通过若干中间环节把金融服务产品推送并销售给最终消费者,基本模式为:金融企业→中间商→消费者。间接分销是社会分工的结果,分销工作交给专业的渠道分销商,金融企业不必设置专门的营销机构或销售人员,可以集中精力搞好生产。间接分销渠道的优点在于金融企业可以借助中间商的分销渠道和营销经验,迅速将产品推向市场,取得良好的时间效益;减少了金融企业所承担的销售风险,增强了资金使用的安全性。此类分销渠道的不足在于限制了金融企业与最终消费者的直接接触,不利于在市场上树立企业形象和提高企业声誉。

2. 短渠道和长渠道

金融服务产品从金融企业流向消费者的过程中,每经过一个环节,即经过一个对产品拥有所有权或负有销售责任的机构,称为一个层次或层级。层次或层级越少,分销渠道越短;反之,分销渠道越长。层次或层级少的分销渠道被称为短渠道,层次或层级多的分销渠道被称为长渠道。

短渠道是指金融企业直接销售或仅利用一个中间商销售金融服务产品给目标客户。金融服务产品在转移过程中,可经过代理商、批发商、零售商,但中介机构最多只有一个,由其将金融服务产品最终销售给目标客户。短渠道能减少流通环节,缩短流通时间,信息传播和反馈速度快,金融服务产品的终端价格较低,市场竞争力强。同时,由于环节少,金融企业和中间商较易建立直接的、密切的合作关系。但短渠道也迫使金融企业承担了更多的商业职能,不利于集中精力创新金融服务。如果金融企业直接面向目标客户销售金融服务产品,属于短渠道中的零阶渠道;如果金融企业利用一个中间商销售金融服务产品,属于短渠道中的一阶渠道。

长渠道是指金融企业利用两个或两个以上的中间商将金融服务产品传递给目标客户。长渠道的渠道长、分布密、触角多,能有效地覆盖市场,扩大金融服务产品的销售,充分利用中间商的职能作用,市场风险小。然而,长渠道导致市场信息传递迟滞,金融企业、中间商、消费者之间的关系复杂,难以协调,而且金融服务产品的终端价格一般较高,不利于市场竞争。长渠道有二阶渠道和多阶渠道两种形式。例如,A证券公司获得了某家公司股票的包销权后,可以自己销售也可以通过中间商销售,通过中间商销售就属于金融服务分销的二阶渠道;如果一级中间商又找了二级中间商甚至三级中间商,那么就属于金融服务分销的多阶渠道。

3. 宽渠道和窄渠道

分销渠道的宽度是指每个环节或层次(层级)中使用同类型中间商的数量多少。某一层次(层级)中使用同类型中间商数量较多的即为宽渠道;相反,使用同类型中间商数量较少的为窄渠道。分销渠道的宽窄决定了金融服务产品的市场覆盖面大小,也影响了服务产品与消费者或用户接触的多寡。

更进一步,宽渠道与窄渠道可以细分为密集型分销渠道、选择型分销渠道和专营型分销渠道三种。密集型分销渠道又称为广泛型分销渠道,或普通型分销渠道,是指金融企业在同一渠道层级上选用尽可能多的中间商来分销自己的产品。在密集型分销渠道中,金融企业的产品可以被更多人所看见,让更多人感知和购买产品,但是金融企业对中间商是没有挑选的,无法得知中间商的实力可能会增加分销成本,且过多的中间商加剧了金融企业的渠道管理难度,难以有效控制中间商。选择型分销渠道是指金融企业在市场上选择少数符合本企业要求的中间商经营本企业的产品。企业过滤择优选择中间商,比密集型分销渠道面窄,一般来说企业先密集分销,占据市场后再选择高质量的中间商转型为选择分销。选择型分销渠道为企业节省多余的分销成本,提高了营销的效率,比较容易管理和控制中间商。专营型分销渠道又称特殊分销渠道,是指严格地限制经营服务或产品的中间商数目,中间商不得同时经营其他竞争对手的同类产品。这种分销渠道策略可以增强金融企业对渠道的控制能力,刺激分销商为本企业服务,但同时分担的风险也有所提高,可能会因为一个中间商而失去一个市场。

9.2　金融服务分销渠道的构建

9.2.1　金融企业构建分销渠道的基本原则

金融企业构建分销渠道的基本原则如图 9-1 所示。

图 9-1　金融企业构建分销渠道的基本原则

1. 畅通高效、经济性原则

畅通高效、经济性原则是分销渠道构建的首要原则。任何正确的渠道决策都应符合畅通高效原则。金融服务产品的流通时间、流通速度、流通费用是衡量分销效率的重要标志。畅通高效的分销渠道应以顾客需求为导向,将金融服务产品尽好、尽早地通过最短路线,以尽可能优惠的价格送达顾客方便购买的地点。畅通高效的分销渠道模式不仅要让顾客在适当的时间、地点以合理的价格买到满意的金融服务产品,而且应努力提高金融企业的分销效率,争取降低分销费用,以尽可能低的分销成本获得最大的经济效益,赢得竞争的时间和价格优势,即遵循经济性原则。

2. 适度覆盖原则

金融企业在构建分销渠道时,仅仅考虑加快流通速度、降低分销费用是不够的,还应考虑及时准确送达的金融服务产品能不能销售出去,分销渠道是否覆盖或辐射到目标市场。市场覆盖率的大小与分销渠道的宽窄密切相关。金融企业应遵循适度覆盖的原则,设计宽窄相宜的分销渠道,以获得适度的市场覆盖面,从而避免由于渠道过窄造成的流通不畅,销量不足;或由于渠道过宽造成的费用大增、沟通与服务困难、企业无法控制和管理渠道的情况。20 世纪 90 年代我国银行业快速膨胀,"银行机构网点比米铺还多""找银行易找厕所难",这其实就是分销渠道覆盖过度的现象。

3. 持续稳定原则

金融企业的分销渠道一旦确定，便需花费相当大的人力、物力、财力去建立和维护，整个过程往往是复杂而缓慢的。所以，金融企业一般不会轻易更换渠道成员，更不会随意转换渠道模式。分销渠道的设计是营销组合中具有长期性的战略决策，只有保持渠道的持续稳定，才能进一步提高分销渠道的效率。在市场竞争日益激烈的今天，持续稳定的分销渠道已成为金融企业取得竞争优势、提高谈判能力的重要砝码。持续稳定的分销渠道是实现分销渠道功能的基础，可以强化企业的成本或差异化竞争优势，可以降低损失客户的风险，有利于良好品牌形象的塑造与保持。

4. 适度控制原则

由于影响分销渠道的各个因素总在不断变化，一些原来固有的分销渠道难免会出现某些不合理的问题，这时需要分销渠道具有一定的调整功能，以适应市场的新变化、新情况，保持渠道的适应力和生命力。在各种分销渠道成员中，金融企业对于自身分支机构的控制最容易，但成本相对较高，市场覆盖率较低；建立特约经销商或代理关系的中间商较易控制，但金融企业对特约中间商的依赖过强；利用多家中间商在同一市场进行销售会降低风险，但对中间商控制能力被削弱。分销渠道越长、越宽，金融企业与中间商之间的关系越弱，也越难控制中间商；分销渠道越短、越窄，金融企业与中间商之间的关系越强，越易控制中间商。

5. 协调平衡原则

金融企业在选择、管理分销渠道时，不能只追求自身效益最大化而忽略其他渠道成员的局部利益，应合理分配各个成员间的利益。渠道成员之间存在合作、冲突、竞争的关系，要求渠道领导者对此有一定的控制能力——统一、协调、有效地引导渠道成员充分合作，鼓励渠道成员之间的有益竞争，减少冲突发生的可能性，确保营销总体目标的实现。如果金融企业不能有效协调、平衡渠道成员之间的冲突，将会产生大量渠道内耗，一方面势必降低产品销售，另一方面降低消费者体验，有损企业品牌形象。

6. 灵活性原则

渠道灵活性是指渠道结构易于变化的程度，这对于新产品的市场尤为重要。金融服务分销渠道的成员类型多种多样，除自身分支机构外，金融企业无法完全控制其他渠道成员，所以在构建分销渠道时需考虑渠道的灵活性及随机应变能力。金融企业应根据地区、经济发展水平、文化背景、购买习惯等因素的不同设计不同的分销渠道，并保持适度弹性，可以随时根据外部环境和内部条件变化进行相应的调整。当然，保持渠道灵活性会带来一定的额外成本。在保持渠道灵活性的潜在收益大于额外成本时，渠道保持灵活性是很有必要的。

7. 发挥优势原则

归根结底，分销渠道是为金融企业参与市场竞争，获取更多盈利服务的。为确保在竞争中处于优势地位，金融企业在构建分销渠道时要扬长避短，注意发挥自身优势；同时将分销渠道与产品、价格、促销、人员、过程、有形展示等策略结合到一起，增强营销组合的整体优势。

9.2.2 金融企业构建分销渠道的考量因素

1. 金融服务产品特性

金融服务产品因种类不同而具备不同特性，对于构建分销渠道来说是最重要的考量因素，具体包括产品价格、专业性、及时性、技术性和售后服务等。通常,对于价格较高、技术性强和服务要求高的金融服务产品,比较适合选择直接分销渠道;对于价格较低、技术性与服务要求不高的大众化产品,则可以选择间接分销渠道或者设置多个网点进行普遍性分销。由于金融服务产品的特性包含较多的服务成分,因而客观上要求金融企业设立广泛的分销网络、建立完整的服务体系。另外,金融服务产品的创新和多样化大大促进了分销渠道的升级与发展。

2. 竞争对手和顾客特性

在选择分销渠道时,金融企业应该充分考虑竞争对手的情况。有些金融企业选择与竞争对手同样的分销渠道,贴近竞争对手,希望以更优质的服务取胜;有些金融企业则选择避开竞争对手所用的渠道,在市场空白点另辟渠道发展。

顾客特性是设计分销渠道的市场基础。刻画顾客特性有三个维度:①消费者类型。不同类型的消费者对于不同的分销渠道会产生不同的反应,金融企业需要对此进行分析和研究。②人口统计变量,包括人口数量、性别结构、年龄结构、收入结构、地理分布等。人口统计变量对分销渠道的设置具有决定性影响。③心理变量,包括顾客的风险偏好、对金融企业的忠诚度以及对广告宣传等促销手段的反应等。例如,向厌恶风险的人推销股票等风险大的金融产品成功率较低,但推销风险小的国库券希望却较大。

3. 中间商特性

中间商的性质、能力及其对各种金融服务产品销售的适应性也会影响金融企业分销渠道的选择。金融企业要利用中间商进行产品分销,就必须考虑各种不同中间商在沟通、促销、接触顾客、信用条件、人员素质等方面的特点,从中选择那些最能实现金融企业营销目标和满足消费者需求的中间商。例如,对于技术性较强的金融服务产品,如果要通过中间商分销,那么就需要选择有相应技术和能力的中间商。如果某个市场上的中间商过多,那么金融企业可以通过对比,选择一个或多个中间商,利用多种分销渠道进行销售。

4. 企业自身状况

金融企业自身的资金实力、技术力量、管理能力、销售能力、服务能力、营销目标等都会影响分销渠道的选择。如果金融企业资金实力较为雄厚,管理能力较强,可以建立完全隶属于自己的分销体系,直接销售产品;相反,如果金融企业资金实力较弱,管理能力匮乏,那么通过中间商进行分销则是更好的选择。一般来说,声誉高、实力强、服务能力优越的金融企业,中间商更愿意销售其产品,因而分销渠道选择的余地越大,可以尽可能地利用各种有利的分销渠道;反之,声誉不佳、实力较弱、服务能力有限的金融企业,其分销渠道选择的余地则小得多。另外,金融企业在选择分销渠道时,还必须考虑现有分销渠道的可用性和可用度,因为分销渠道的再选择,受现有分销渠道适用性的严格限制。

5. 法律法规因素

较之于其他行业,关系国民经济命脉的金融业受国家管制较多。在分销渠道选择方面,同样面临较多的法律法规约束。对于有些金融服务产品,政府实行管制政策,不允许金融企业设立分支机构开展经营;如果金融企业想进入某一市场,那么只能选择间接分销渠道。受法律法规约束越大,金融企业选择分销渠道的权利和范围越小。如果政策允许金融企业自由购销各种金融服务产品,分销渠道必定会多样化;反之,渠道就会单一化。例如,2018年3月中国银保监会《商业银行理财业务监督管理办法》规定商业银行母行资管部理财产品的销售渠道仅限于可以吸收存款的银行业金融机构,仅能够由银行进行销售或者其他银行代销,如此,商业银行理财产品的分销渠道必然比较单一。

9.3 金融服务分销渠道策略

所谓分销渠道策略,是指金融企业为了维护老客户和吸引新客户,通过建立最佳的分销渠道,使客户感到其所提供的金融服务产品具有可接受性、增值性和便利性。常见的金融服务分销渠道策略可分为直接分销渠道策略和间接分销渠道策略两大类。前者包括自设分支机构、面对面推销、官网自营、PC客户端、手机软件(App)、微信/微博官方账号等;后者包括开拓金融业内代理渠道、借势专业的金融渠道商、与线上非金融平台合作、依托线下厂商拓展渠道等。

9.3.1 直接分销渠道策略

互联网时代,即使网络成为分销通路,直接分销渠道仍然是金融企业的首选。究其原因,一方面金融企业不愿意放弃对顾客和渠道的直接控制权;另一方面互联网技术让自建渠道的成本大大减少,如果企业本身有品牌优势,自建渠道更容易获得较多流量和访问。

1. 自设分支机构

传统金融企业(特别是银行)分销渠道的典型形式是自设分支机构。分支机构是金融企业最主要的分销渠道,也是决定金融企业能否经营成功的重要因素。金融企业在全国各地广泛设立分支机构,直接向顾客提供金融服务产品,构成了金融企业的直接分销网络。以商业银行为例,我国商业银行大多实行总分行制,首先选择某个地区设立总行,然后在全国各地以及国外设立分行,再由各个分行下设支行、分理处、储蓄所等,上述这些构成了银行服务产品的直接分销网络。

2. 面对面推销

除传统的柜台坐等服务外,直接分销渠道中的各个网点还会派专业推销人员进行面对面推销,这是直接分销渠道中最基础和最原始的形式。目前,越来越多的金融企业成立了专业营销队伍,通过多种形式和途径访问潜在客户,不断拓展新业务,以发展预期潜在客户成为他们的新客户。例如,各金融企业凭借自身努力而发展起来的客户经理就是从事面对面直接推销的人员。面对面推销之所以重要且一直存在,是因为金融知识有一定的门槛,需要面对面地讲清楚。此外,客户的情况往往也各有不同,需要高效率且灵活的见面沟通。

3. 官网自营

随着互联网技术发展,金融企业纷纷开办官方网站,如中国工商银行官网见图9-2。官网自营可以充分利用企业品牌影响力,反过来,官网的权威性又可以为企业品牌背书。因此,金融企业在官网开通互联网金融频道、运营网上商城、提供官方应用程序(PC端、移动端)下载、设立产品论坛等,目的就是充分利用官网的公信力和吸引力,形成自营渠道。自建网上金融商城是业务规模化、规范化和专业化的体现。金融企业将自家服务和产品集中于此,提供一站式、全方位的服务。作为传统渠道的替代,网上商城相当于从前自建的网点和卖场,人们足不出户,登录上网,即可在金融商城中浏览感兴趣的产品,同时可以在商城讨论板块发表个人观点。官网自营的另一种形式是企业官网提供旗下金融平台和金融品牌的链接,如中国平安,在官网品牌墙板块链接了平安证券、平安信托、平安基金、平安资管、平安期货等多个金融品牌(见图9-3)。

图9-2 中国工商银行官网

图9-3 中国平安官网品牌墙链接

4. PC 客户端

　　PC 端就是电脑端,是接入个人电脑的接口。PC 客户端一般是指在电脑上使用的客户端,也就是说在电脑上使用安装的软件。虽然消费者可以直接在金融企业官网登录并进行相关操作,但是PC 客户端操作更便捷安全并且功能非常强大,金融类的相关操作最好是使用官方客户端。PC 客户端采用网页浏览模式,比手机客户端拥有更强的展示能力,能通过图片、视频、语音等形式全方位的表达。多个金融企业在官网给出了 PC 客户端的下载,如招商银行在官网给出网上个人银行链接,点击进入可以看到不同版本的招商银行 PC 客户端下载(见图 9-4)。

图9-4 招商银行 PC 客户端下载

5. 手机软件（App）

移动互联网日益普及，App（见图 9-5）作为移动端的直接分销渠道，在今天乃至未来将成为金融企业的重要依靠。借助 App，人们可以随时关注、随时操作金融业务，特别适合小额业务和灵活支取需求。App 操作常常只占用碎片化时间，更好地满足了广大消费者的个性化需求，即时间层面的认可度较高。正因为 App 的便携性和及时性较好地满足了消费者需求，手机软件成为金融企业的重要消费场景。各类 App 覆盖了人们生活的方方面面，尤其在支付领域，移动端表现出强劲的市场竞争力。2017 年 3 月金融类 TOP 100 榜单中，银行、证券类服务应用表现突出，成为阶段性引领增长的两大重点群体；从整体市场动态看，金融类应用场景化创新加速，未来移动端整体用户活跃水平有望进一步提升。

图 9-5　银行 App

6. 微信/微博官方账号

微信、微博等具有较高使用频率的社交平台所提供的官方服务账号也可成为金融服务的分销渠道。金融企业与这些平台达成合作，申请官方服务账号（官方公众号、官方微博等）。官方服务账号上线初期主要承担信息发布、销售促进、消费者反馈等职能。随着技术改进和功能完善，服务账号拥有更多权限，可以开通钱袋功能进行款项结算，还可以发放红包等，所能提供的服务也更加丰富，如开通理财专栏、投资专栏等。以微信公众号为例，腾讯分别提供了 3 种类型的公众号，分别是服务号、订阅号和企业号。服务号主要偏于服务交互，类似 114，提供服务查询，认证前后都是每个月可群发 4 条消息；订阅号主要偏于为用户传达资讯，类似报纸杂志，认证前后每天只可以群发 1 条消息；企业号主要用于公司内部通信使用。根据业务属性，金融企业可以选择申请不同类型的微信公众号，如果运营得当，可以很好地发挥渠道效应。中国建设银行和兴业银行的微信公众号如图 9-6 所示。

9.3.2　间接分销渠道策略

互联网时代，金融企业使用的间接分销渠道多是一阶渠道，即只有一个层级的中间商。中间商的减少显著降低了渠道成本，也减少了上下游间的渠道冲突。

1. 开拓金融业内代理渠道

这种策略主要是指在金融行业内寻求更多的代理机构。以银行代理销售保险为例，与传统的保险销售渠道相比，它最大的特点是能够实现客户、银行和保险公司的"三赢"。第一，对银行来说，通过代理销售多样化的产品，提高客户满意度和忠诚度。第二，对保险公司来说，利用银行的成熟渠道可以提高销售并且降低成本，以更低的价格为客户提供更好的产品；利用银

图 9-6　中国建设银行微信公众号和兴业银行微信公众号

行的客户资源和信誉,再配合以保险公司的优质服务,可以树立良好的品牌形象,开拓更多的客户源。第三,对客户来说,在银行买保险,价格更便宜,回报更高;无论线上还是线下,银行网点密集,减少了交通费用和时间、精力等成本;同时在银行办理银行业务和买保险,满足了"一次购足"的心理。目前,国内多家保险公司通过银行销售保险产品,并取得了良好成效。

金融企业根据各自的优势,建立互惠合作渠道联盟,相互提供服务,以增强自己的业务拓展能力。此种策略的优点是金融企业通过租借方式拓展渠道,不必投入大量人力、物力、财力;具有灵活性,选择余地大,避免并购不当产生的风险;有时可以用来突破政策限制,开展跨地区和跨国业务。

2. 借势专业的金融渠道商

专业的金融渠道商首推第三方金融超市。金融超市有机整合不同金融企业的各种服务和产品,并通过与保险、证券、评估、抵押登记、公证等多种机构和部门协作,向个人客户、企业客户或机构客户提供一站式金融产品与增值服务。目前国内比较成熟的金融超市有 91 金融、百度理财、融 360、金斧子、融吧等(见图 9-7)。从本质上说,第三方金融超市是"线上金融中介",运作原理是把消费者和金融产品进行配对,即"搜索+匹配+推荐",进而满足对方需求。第三方金融超市能够提供金融服务产品的搜索比价和申请服务,并能够根据用户的财务状况、贷款或理财申请,查询和推荐符合条件的金融服务产品。这些平台基于大数据,以零售客户和小微企业客户为目标,具有规模拓展优势,有助于实现金融零售业务的快速增长。因此,建立间接分销渠道的重要手段之一便是同这些专业的金融渠道商合作。

图 9-7　融 360 与金斧子金融超市

3. 与线上非金融平台合作

对于金融企业而言,非自有的线上非金融平台也是重要的渠道成员,如京东商城和天猫商城等电商平台、神州租车等租约车平台、美团和大众点评等团购平台、微信和陌陌等社交平台。这些线上非金融平台具有较多的客户和流量,且能发生支付、借贷等金融业务,金融企业自然乐于与其合作,选择其作为渠道成员或者合作伙伴。2015年,京东和腾讯联合发布"京腾计划",强化了"社交＋电商"的发展模式,结合腾讯社交行为数据和京东购物行为数据,能够为品牌商家提供"精准画像"和"场景描述",而这些则为金融业务的定制化提供了支持。在技术支持方面,腾讯向京东提供微信和手机QQ客户端的一级入口位置及其他主要平台的支持;京东则采用腾讯的在线支付服务。人们从微信购物可以直接进入京东,而且可以领取专门针对微信用户发放的购物优惠券,从而让微信支付更好地进入电商领域,进一步增加了使用场景。此外,支付宝和国美在线合作、中国平安与1号店合作等,都属于借势线上非金融平台拓展渠道的实例。

4. 依托线下厂商拓展渠道

随着在线网络的完善,线上线下融合成为趋势,也就是所谓的O2O模式,这种模式能够联合信息和实物,将互联网技术引入传统购物和消费场景。因此,对金融企业来说,与线下商家合作来拓展渠道,是必然的选择。开拓线下渠道,发展O2O,对金融企业的益处主要体现在丰富了支付的使用场景。一方面,线下消费占消费总额的比例较高,通过线下合作能够进一步抢占市场份额,借力支付获取潜在客户,再引导客户使用其他金融服务;另一方面,不同于网购消费,线下消费能够提供更多类型的数据,如餐饮、交通、娱乐、理发等生活服务信息。这些数据对金融企业而言都是重要的信息资源,可以帮助企业完善客户画像,了解市场需求,加深对场景价值的挖掘,为将来进一步推进其他金融业务提供数据支持。

未来发展不设限 支付宝线下支付席卷而来

9.4 金融服务分销渠道的发展趋势

在全民进入互联网的时代,类似区块链、大数据、云计算、人工智能等各种金融科技不断冲击着传统的金融服务分销渠道。在不久的将来,金融服务分销渠道将呈现如下发展趋势(见图9-8)。

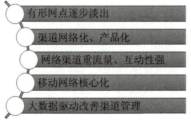

图9-8 金融服务分销渠道的发展趋势

1. 有形网点逐步淡出

传统模式下,金融企业提供金融服务产品,通常借助自有渠道(分行、支行、分理处等)和中间商(商场、饭店、酒店等),发挥网点优势,具有现实的可视性。互联网模式下,借助大数据及大数据分析技术,资金供求双方可以通过网络平台自行完成信息甄别、匹配、定价和交易,金融服务产品从生产者向消费者的传递不再经历复杂路径,无须经手多个中间商。因此,大数据时代金融服务分销渠道的结构精简为"短、平、快",渠道层次数量和层次密度都相应减少,同时依靠计算机、网络、软硬件技术,表现出很强的虚拟性。且传统功能线上化、网络化、平台化,原来的有形网点已经变为网站或App。前文论及的金融服务分销渠道策略,官网自营、PC客户端、App、微信/微博官方账号等都是互联网时代金融服务分销渠道虚拟化、网络化的直接表现。需要说明的是,互联网的无形化并非消灭了渠道,只是看不见了传统意义的有形网点,而以数据和流量为载体重新搭建,形成新的渠道形态。

2. 渠道网络化、产品化

传统金融服务分销渠道的结构是线性的,体现为一种有流动方向的线性通道;在互联网时代,这种线性特征变得模糊,关键原因是互联网实现了信息的四通八达,分销渠道是网状的。网络传递模式呈现出以互联网站点为中心、向周围扩散式的结构,并常常是裂变式扩散。这种网状结构可以使得渠道不仅有很广的覆盖面,而且每个网络节点都成为信息的接收者和发布者。例如,在"推荐好友"这种带有社交属性的渠道形态下,每一个信息接收者都可在个人意愿支配下成为"自媒体平台",许许多多"自媒体平台"彼此相连,形成了网状的信息传播结构。因此,互联网时代金融服务分销渠道的新特征之一是让线性、扁平化的结构形态变为网络化的结构形态。

在基于大数据的互联网世界里,金融企业将顾客及其行为纳入产品设计及营销过程。发现顾客需求的过程要依赖大数据,激活、满足顾客需求同样需要借助大数据的精准营销来实现。不仅如此,在互动思维驱使下,在联合共建金融生态圈实践中,金融企业常常将合作方(即营销意义下的渠道成员)纳入整体产品组合,进而构成金融生态圈的重要组成部分。原本属于渠道成员的类中间商,变成了生态圈意义下产品组合的一部分。这是金融营销有别于传统营销的重要特殊之处,即产品前置,渠道产品化。

3. 网络渠道重流量、互动性强

有形网点逐步淡出,越来越多的网络渠道成为金融企业拓展服务分销渠道的首选。有形网点选址时常常要选在人流密集的地方,而流量成为金融企业拓展网络分销渠道的重要依据。网上搜索、网上购物、网上社交等都会产生流量,流量有企业网站(或平台)自我产生的,也有与他人合作获得的,如京东与腾讯合作主要就是流量驱动的。可以说,流量是金融企业拓展网络渠道的关键要素,是金融企业扩展网络生态圈、寻找合作伙伴的重要依据。

传统分销渠道链条通常比较长,顾客信息无法快速、有效地传递到金融企业,金融企业也难以对顾客意见或建议及时做出反馈;对于间接分销渠道,还要涉及中间商是否能够准确传递金融服务理念,以及能否有效收集顾客意见等问题,而互联网技术在一定程度上解决了这个问题。早在电商兴起时,在线评价和口碑就成了解顾客满意度的重要依据,如京东、淘宝、天猫、亚马逊的评分和评价等,这类交互性平台的创立有利于顾客之间讨论,也有利于企业及时了解顾客,适时调整营销策略。现如今,金融企业借鉴电商做法,在网络平台建立论坛,呈现产品热

度和购买情况等,如融360的论坛中包括理财、网贷等多个版块,产品销售之后也有用户的评分与评价。

4. 移动网络核心化

互联网时代下,金融服务分销渠道依托网络,人们对移动网络使用率的提高意味着金融服务分销渠道必向移动端转移。一方面,适应手机移动网络使用频次的快速增长,金融企业加大对移动网络渠道的投入和建设,如上线官方应用手机App、选择与拥有较大影响力的移动平台(支付、购物、社交等)合作。移动网络的定位属性、社交属性、大数据收集,有助于金融企业精确了解顾客偏好,定制产品设计,同时也极大地便利了金融交易,人们不用限制于时间、地点即可进行操作。另一方面,为适应金融企业在移动网络上的渠道战略布局,促使更多交易在移动端完成,金融企业在产品价格制定过程中,鼓励顾客免费使用移动互联网络完成交易(如在PC端收费)。

5. 大数据驱动改善渠道管理

金融服务分销渠道覆盖面扩大带来了可观的经济效益,同时也带来了很多管理方面的挑战。过去,信息传递层级多、信息链过长,无法保证信息传递的准确性和及时性,更无法为渠道管理决策提供依据。大数据时代,金融服务分销渠道拥抱大数据,以大数据为驱动力,大大提升渠道管理效率。首先,信息化平台建设。遵循"统一规划,分步建设;三分开发,七分实施"的原则,在开始阶段可不要求数据采集的全面与实时,但必须要求每一个数据采集的信息都能够准确和及时,并随着实施的深入和用户信息化习惯的形成,逐步提高要求。其次,多元化数据采集。随着分销渠道的多元化发展,数据采集的内容和方式也要多元化。既要对自身分支机构、特约商户、业内代理渠道等进行数据采集,也要对面对面推销、网络、金融渠道商、线上非金融平台、线下非金融厂商的数据进行采集;在技术手段上,可通过POS机、PC机、平板电脑和手机等进行实时的数据采集。再次,数据挖掘与分析。数据挖掘与分析是建立在拥有实时、准确的海量数据基础之上,按照这些数据的不同属性进行分级、分类,运用数学建模来建立可参考的数据分析报告,为金融企业渠道管理决策提供依据。借力大数据,金融企业可以监控不同分销渠道尤其是网络渠道的质量,从而调整和优化分销渠道;同时,也可以分析哪些渠道更适合推广哪类服务或产品,从而进行渠道推广的优化。

本章小结

金融服务分销渠道是金融服务从生产领域流向消费领域所经过的整个通道,以及在整个传递过程中为满足消费者需求,利用各种信息技术和网络终端向消费者提供的各种服务。金融服务分销渠道多种多样,根据不同标准可以划分为不同类型。按照是否使用中间商,分销渠道分为直接渠道和间接渠道;根据中间商层级的多少,分销渠道分为短渠道和长渠道;依据中间商数量的多少,分销渠道又分为宽渠道和窄渠道。

金融企业构建分销渠道应遵循畅通高效、经济性原则,适度覆盖原则,持续稳定原则,适度控制原则,协调平衡原则,灵活性原则以及发挥优势原则。在构建分销渠道过程中需要考量的因素有金融服务产品特性、竞争对手和顾客特性、中间商特性、企业自身状况以及法律法规因素。

所谓分销渠道策略,是指金融企业为了维护老客户和吸引新客户,通过建立最佳的分销渠道,使客户感到其所提供的金融服务产品具有可接受性、增值性和便利性。常见的金融服务分销渠道策略可分为直接分销渠道策略和间接分销渠道策略两大类。前者包括自设分支机构、面对面推销、官网自营、PC客户端、App、微信/微博官方账号等;后者包括开拓金融业内代理渠道、借势专业的金融渠道商、与线上非金融平台合作、依托线下厂商拓展渠道等。

在全民进入互联网的时代,类似区块链、大数据、云计算、人工智能等各种金融科技不断冲击着传统的金融服务分销渠道。在不久的将来,金融服务分销渠道将呈现有形网点逐步淡出、渠道网络化、产品化、网络渠道重流量、互动性强、移动网络核心化、大数据驱动改善渠道管理等发展趋势。

思考题

1. 请解释金融服务分销渠道的含义。
2. 依据不同标准,金融服务分销渠道可以划分为哪些类型?
3. 金融企业构建分销渠道遵循哪些基本原则?
4. 金融企业构建分销渠道主要考量哪些因素?
5. 金融服务直接分销渠道策略和间接分销渠道策略分别包含哪些内容?
6. 简要分析互联网+大数据时代金融服务分销渠道的发展趋势。

案例讨论

微信让金融服务有了新渠道

想买理财产品,不用去柜台排队,利用手机就能认购;想知道黄金、白银的价格不用上网,发一个代码就能得到最新信息;想要取钱,没拿银行卡也可以成功取现。如今,银行已经成为你微信中的一个好友。只要发个微信,就能获得贴心的金融服务。

继招商银行推出首家"微信银行"后,平安银行、工商银行、广发银行、交通银行也纷纷推出了各自的"微信银行"或"微信营业厅"。微信银行队伍在不断壮大,银行间的"微"战也逐步升级。随着微信5.0支付功能的推出,各大银行的微信银行功能,已从最早的金融信息推送、账户查询和智能服务,逐渐向转账汇款、理财、无卡取款等金融实际操作业务拓展。

近日,浦发银行推出了利用微信就可取款的业务。将银行卡绑定手机并且开通手机支付功能后,加入"浦发银行"微信公众号后,在手机页面上选择"微取款",根据提示,依次回复取款借记卡的卡号末四位与取款金额后,即可收到一条手机短信,其内容包括一个8位数字的预约码和有效时间为1个小时的提醒。然后,就可以在浦发银行ATM机上输入手机号、预约码、取款金额,不需要银行卡就能轻松提取现金。利用微信实现无卡取现,浦发银行虽然是首家,但事实上,无卡取现早已被多家银行实践。据悉,目前工行、建行、交行、民生、广发、光大等银行都可以利用手机银行及其对外支付功能,实现无卡取现。

值得一提的是,作为首家推出"微"服务的招商银行的"微信银行"覆盖的服务范围,已经包含了业务办理、账户咨询、还款、投资、贷款、支付等多个领域,不仅可以实现借记卡账户查询、转账汇款、信用卡账单查询、信用卡还款、积分查询等卡类业务,还可提供贷款申请、办卡申请、手机充值、生活缴费、预约办理专业版和跨行资金归集等多种便捷操作,甚至可以便捷地提供网点地图和排队人数查询的功能。

银行人士认为,随着移动互联网的蓬勃发展和银行业创新服务意识的不断增强,今后微信银行将不仅仅局限于查询、转账、办卡等,市民还可以通过微信银行实现饭店埋单、公交刷卡、停车缴费等。可以预见,微信银行将成为人们日常生活中的一部分,其市场前景值得期待,但同时也面临着安全等方面的挑战,还需要市场的考验。

资料来源:微信让金融服务有了新渠道[N].西安晚报,2013-11-25.

案例思考题:

运用所学知识,分析微信等公众社交平台对于金融企业拓展分销渠道带来的影响。

第10章　金融服务促销策略

> 学习目标
>
> ◆ 理解金融服务促销的作用及促销组合；
> ◆ 掌握金融服务人员推销的含义、特征及主要形式；
> ◆ 掌握金融服务广告促销的含义、设计原则及投放媒体类型；
> ◆ 掌握金融服务营业推广的含义、特征及主要方法；
> ◆ 掌握金融服务公关传播的含义、特征、主要作用及常见类型；
> ◆ 了解整合营销传播的核心理念，及其在金融服务促销过程中的应用。

> 导入案例

广发智慧银行"金融智时代"整合营销

1. 营销背景

智慧金融，即是让金融服务越来越便捷、更加人性化，让金融真正渗透到人们的生活当中。如何让广发智慧银行空洞的"智慧金融"概念形象化，真正与消费者进行沟通，是我们需要解决的难题。

2. 目标受众

享受智慧金融服务者——在工作还是生活中，他们渴望更智慧的金融服务，更便捷、更人性化的金融服务让他们的生活更加精彩。

3. 营销目标

让广发"智慧金融"概念深入人心，引出广发智慧银行"智慧金融"领衔地位，提升消费者认知。

4. 营销洞察

网易团队通过洞察，"智慧金融"虽难从字面上引起共鸣，但"智慧金融"的种种举动其实已不知不觉融入人们心中，如打车平台的叫车服务、智能无人银行让你免去银行排队之忧、金融App让你随时随地享受金融服务……人们早已"智慧金融"，却没有系统意识。

5. 核心策略出炉

深度又不缺亲民的内容新营销角度，开展"金融智时代"策划专题：以KOL（key opinion leader）达人情感营销唤醒共鸣，再次激发全民释放，层层渗透彰显广发智慧金融时代领衔地位。

6. 策略具体执行

(1) 情感渗透：拍摄智慧金融人物纪录片。

跳脱一味地专业权威，以最亲民、最感染人的角度，选取三位不同领域身份的人物，围绕他们在日常工作、生活中的智慧金融举动，拍摄人物纪录片，借他们的智慧金融人物故事引发情感共鸣。

网易邀请到了三位智慧金融时代典范,他们不是耀眼的明星,而是更贴近你我生活的普通人。在网易策划拍摄的系列视频中,他们以自己的切实体验,娓娓讲述普通人在金融智时代与广发智慧银行的故事。他们是企业领袖、都市白领、家庭主妇,分别诠释广发"企业、个人、家庭"三大智慧金融服务。在视频中,这些 KOL 达人通过使用广发金融产品、展现广发金融服务等形式让广发智慧金融印象通过实景具象化,巧妙融入。普通人自己的故事更能引发广泛共鸣,润物细无声的情感营销更能打动人心。视频中,植入 KOL 达人运用广发智慧银行 App 的情景,软性传递。

(2)全民释放:"小智慧大未来"智慧金融趣味互动。

以趣味测试题的低门槛形式,测试网友身上具备的智慧金融时代基因,以趣味激发全民智慧诠释,活化智慧金融概念。同时将概念直接引流至产品,提升从品牌到产品的认知。

7. 营销效果

此活动一改金融行业严肃的印象,更加平民化地将广发智慧金融印象深入人心,使智慧金融理念不再空洞,让网友走进广发引领的金融"智"时代。

资料来源:广发智慧银行"金融智时代"整合营销[EB/OL].[2021-02-15].http://a.iresearch.cn/case/5551.shtml.

促销是促进销售的简称,是指金融企业利用各种有效的方法和手段,吸引消费者了解和注意产品,激发消费者的购买欲望,并促使其最终购买。促销的本质是信息沟通,把信息传播的一般原理运用于促销活动中,在企业与消费者之间建立稳定有效的信息联系,实现有效的信息沟通。本章将首先介绍金融服务促销的作用与促销组合,其次重点讲解金融服务促销之人员推销、广告促销、营业推广以及公关传播等促销策略,最后探讨整合营销传播在金融服务促销过程中的应用。

10.1 金融服务促销概述

10.1.1 金融服务促销的含义与作用

金融服务促销是指金融企业将金融服务通过适当的方式向消费者进行展示、宣传和说明,以引起消费者的注意和兴趣,激发其购买欲望,促进其购买行为的营销活动。这一定义包含了两层含义:一是金融服务促销是一个信息传递过程;二是为了促使消费者购买,金融企业应当进行一些促销活动,并根据目标客户选择合适的促销方法与手段。促销之所以是金融营销不可或缺的重要组成部分,是因为其具有以下作用。

1. 传递信息,引导消费

在产品进入市场之初,金融企业必须及时向消费者传递有关产品的销售情报。通过信息传递,使社会各方了解产品销售进展,引起他们的注意和好感,树立企业良好声誉,从而为产品销售的成功创造前提条件。金融企业通过促销活动,可使客户知晓本企业提供何种服务,这种服务能够满足何种需要,其服务与其他金融服务相比有哪些特点,客户可以通过哪些渠道获得这种服务,客户在消费此服务过程中有哪些收益。这些明确的信息传递能够迎合消费者的要求,便于消费者分析、选择及购买。特别是当新的金融服务产品推出时,更需要通过促销活动来引导潜在消费。

2. 刺激需求,扩大销售

金融企业只有针对消费者的心理动机,实施灵活有效的促销活动,诱导或激发消费者某一方面的需求,才能扩大产品销售。金融企业可以借助促销活动来创造需求,发现新的销售市场,并使市场需求朝着有利于企业销售的方向发展。通过金融服务促销,促进现有的或潜在的客户关注金融企业提供的服务,使客户对金融企业的服务和形象产生好感,刺激客户的消费兴趣,在潜移默化的影响下激发购买欲望,进而发生购买行为,将"潜在需求"转化为"现实需求"。对于已购买金融服务的客户,通过促销可以扩大服务的影响,凸显服务的价值,坚定其消费该服务的信念。

3. 塑造品牌,增强竞争力

金融企业借助促销活动可以让客户了解本企业服务产品的特点和优点,提高知名度,培育良好信誉,从而使客户对本企业及服务产生深刻印象,有助于塑造品牌效应。在行业竞争日趋激烈的今天,促销已成为金融企业竞争的重要手段。促销活动可以使客户了解不同金融服务的特点,从而方便进行比较及选择。各金融企业之间也可以通过促销来增强相互了解,并根据对方的促销状况采取相应对策。同时,通过宣传自身服务,金融企业能够帮助客户认识到它能带来的特殊利益,强化客户对本企业服务的偏好,不断提高本企业的竞争力。

10.1.2 金融服务促销组合与策略

金融企业的促销方式可分为两大类:一类是人员推销;另一类是非人员推销,包括广告促销、营业推广、公关传播等。由于单一的促销方式兼有优点和缺点,在实际操作中金融企业常常同时运用多种促销方式,即促销组合。所谓金融服务促销组合,是指金融企业根据产品特点和营销目标,综合考虑多种影响因素,选择、编配和运用多种促销方式。促销组合是促销策略的前提,在促销组合的基础上才能制定相应的促销策略,而促销策略又是促销组合的结果。因此,促销策略又称为促销组合策略。

根据不同促销方式的出发点与作用,金融服务促销策略可分为以下两种类型。

1. 推式促销策略

推式促销策略,又称人员推销策略,是指以直接方式,运用人员推销手段,把产品推向销售渠道。推式促销的作用路线为:推销人员直接把服务或产品推荐给最终消费者,或者推销人员把服务或产品推荐给中间商,再由中间商推荐给最终消费者。这种策略适用于:①企业经营规模小,或无足够资金用以执行完善的促销计划;②市场较集中,分销渠道短,销售队伍大;③产品具有很高的单位价值,如特殊品、选购品等;④产品的使用、维修、保养方法需要进行示范。

2. 拉式促销策略

拉式促销策略,又称非人员推销策略,是指采取间接方式,通过广告宣传、营业推广、公关传播等措施吸引消费者,使消费者对本企业的服务或产品产生兴趣,从而引致消费需求及购买行为。拉式促销的作用路线为:金融企业将消费者引向自己,或者金融企业将消费者引向中间商,将中间商引向自己。这种策略适用于:①市场广阔,产品多属大众品;②产品信息必须以最快速度告知广大消费者;③对产品的初始需求已呈现出有利的趋势,市场需求日渐上升;④产品具有独特性能,与其他产品的区别显而易见;⑤能引起消费者的某种特殊情感;⑥有充足资金用于促销活动。

10.2 金融服务促销之人员推销

10.2.1 人员推销的含义及特征

人员推销是指营销人员以促成销售为目的,通过与客户进行言语交谈,说服和引导客户购买服务或产品的过程。鉴于金融服务具有无形性、生产和消费同步、较强专业性等特点,金融企业需要安排营销人员与现有或潜在客户直接打交道,从而便于客户了解金融服务,并引导其购买行为。人员推销具有以下特征。

1. 双重推销目的

人员推销的目的不仅是为了销售金融服务产品,也是为了帮助客户解决问题,满足其金融需求。人员推销目的的双重性能够增进营销人员与客户之间的情感,使新客户成为老客户,从而更好地实现金融服务的促销目的。由此可见,在人员推销过程中应建立起供求双方的沟通与联系,加深营销人员与客户的了解和信任,超越交易关系,这有助于金融企业巩固老客户,发展新客户。

2. 双向信息传递

人员推销是一种双向的信息传递。一方面,营销人员为客户提供有关信息,促使客户购买服务产品;另一方面,营销人员直接、及时地了解客户的需求、愿望和购买偏好,掌握市场动态,有利于金融企业适时地优化或升级服务产品,并为经营决策提供依据。另外,营销人员可以与客户直接沟通,反复介绍服务的特点和功能,激发客户的购买欲望。

3. 满足多样需求

人员推销既能够有效满足客户对金融服务本身的需求,又通过对金融服务的介绍宣传,满足客户的信息需求;通过售前、售中与售后服务,有效满足客户对技术和服务的需求;文明交流、礼貌待客,有效满足客户的心理需求,从而使双方关系密切,增进客户对金融企业的信任感。

4. 推销过程灵活

推销人员与客户面对面洽谈,易于形成双向互动的交流关系,交易过程中灵活性比较大。通过交谈和观察,推销人员可及时掌握客户的购买心理,有针对性地介绍金融服务的特点和功能,并抓住有利时机促成客户的购买行为,迅速达成交易,提高交易成功概率;与此同时,及时发现问题,进行解释并提供服务,从而消除客户的疑虑与不满。

10.2.2 人员推销的主要形式

人员推销是一项专业性很强且互惠互利的促销活动,必须同时满足交易双方的不同需求,解决各自的不同问题,而不能只关注片面地推销产品。概括来讲,人员推销可细分为上门推销、座席销售、电话推销、会议销售等。

1. 上门推销

上门推销是指针对重点潜在客户,金融企业的客户经理或投资顾问采用邀约并入户拜访的方式推销金融服务产品。金融企业基于大数据的用户画像筛选出重点客户,进行广泛拜访;通过初次拜访,筛选出潜在客户;重点跟踪潜在客户,将其转化为现实客户。这种推销方式通过真实接触客户,能够全面了解客户的状况和需求,进而精准营销,提供个性化服务。上门推销的缺点是成本较高,推销成功率较低。例如,私人银行或财富中心的投资经理、保险经纪人等经常通过上门推销的方式向客户提供服务或销售产品。

2. 座席销售

座席销售是指金融企业在适当地点设置物理网点,由店面人员接待进入店面的顾客并开展咨询、推荐、销售活动等。与主动上门推销正好相反,座席销售是被动等客上门的推销方式。得益于店面产品种类与服务设施齐全,座席销售方式直接且应用灵活,传递的信息具体、准确,可以全方位了解并满足客户需求,故顾客比较乐于接受这种方式,销售成功率较高。座席销售的不足之处在于受店面所限,接触面较小且费用较高,因此具有一定的难度。

3. 电话推销

电话推销是指以电话为主要沟通手段,电话拜访潜在客户,达到销售目的的推销形式。金融企业根据客户名单,借助网络、传真、短信、邮寄递送等辅助方式,通过专用电话营销号码,以公司名义与客户直接联系,并运用公司自动化信息管理技术和专业化运行平台,完成金融服务产品的推介、咨询、报价以及产品成交条件确认等主要营销过程。电话推销要求销售人员必须具有良好的讲话技巧、清晰的表达能力和丰富的产品知识,这种推销方式具有覆盖面广、不受地域限制、信息沟通方便及时等特点。

4. 会议销售

会议销售是指金融企业通过各种途径收集消费者的资料,经过分析、整理后建立数据库,然后从中筛选出目标消费者,运用组织会议的形式,并结合各种不同的促销手段,开展有针对性的销售活动。会议销售直接针对目标人群,减少了广告宣传的盲目性和不确定性,节约了广告宣传资源,提高了资源利用效率。会议销售的核心是在消费者心目中建立对品牌的信任,并长期维护这种信任,实质是锁定并开发目标客户,全方位输出企业形象和产品知识,以专家顾问的身份对意向客户进行关怀和隐藏式销售。

10.2.3 人员推销的程序与技巧

对顾客而言,推销人员代表了金融企业,顾客对推销人员的满意程度事关金融企业的未来发展。从现实出发,一位优秀的推销人员不但要恰当处理企业与顾客间的关系,还要兼顾产品销量与顾客满意度之间的平衡,把推销技巧运用于各个环节。

1. 推销活动前

(1)细分市场,发现潜在客户。借助企业财会、采购、运营以及信息系统等提供的信息,营销者可以在细分市场的基础上进一步对消费者进行细分,研究不同消费者的购买特征及影响因素,结合自身调查及人际关系有针对性地发现有价值的潜在客户。在大数据的支撑下,可以尽可能多地获取消费者的信息,从中分析挖掘他们的潜在需求,并利用大数据技术进行用户画像,使营销更具针对性。

(2)制定推销策略,确定推销形式。确定潜在客户之后,需要制定详细的推销策略。推销人员针对不同类型客户应制定不同的推销策略。例如,针对漠不关心型客户,推销人员应重在抓住客户兴趣点并进行全面解说;针对寻求答案型客户,推销人员应注意分析产品利弊提供合理答复。继而确定合适的推销形式,包括直接推销、网络、电话抑或会议推销等,同时,不同推销形式的注重点也不同。

(3)行前着装准备,美化第一印象。人员推销时,一般是推销人员和客户的首次见面,所以第一印象尤为重要。人与人第一次交往留下的印象,在对方的头脑中形成并占据主导地位,被称为首因效应。人们第一次与某物或某人相接触时会留下深刻印象。个体在社会认知过程中,通过第一印象最先输入的信息会对以后的认知产生影响。人的第一印象常取决于首次见面的前 7 秒钟,要在短时间内提升客户对自己的好感,那么推销人员应在衣着、仪容、举止等方面给予特别关注,力求美化第一印象。

2. 推销活动中

(1)注重言辞细节,树立企业形象。在推销过程中,推销人员应注意自己的言辞,不仅体现在见面称呼上,也体现在陈述产品时。不同类型的顾客,其文化素质及理解能力存在差异,推销人员应做到语言通俗易懂并简明扼要。此外,推销人员不仅要着眼于推销产品,还要致力于推销价值观念,树立企业形象。同时,通过心理暗示逐步使客户思考并转变自己的思维方式,接受新的价值观念。

(2)听取客户疑问,耐心进行解答。面对人员推销,客户往往会因为经济利益而小心谨慎,并提出一些问题反复确认。在这种情况下,推销人员应耐心倾听,提供合理解答,特别是自示型和寻求答案型客户,因为他们在购买过程中比较理性。同时,推销人员在分析产品优势时不要刻意回避产品不足,真诚推销更容易打动客户。

(3)推销心态平和,避免强行推销。推销人员应该保持平和的心态,既不能消极低沉也不能过分激进,特别是面对防卫型客户。激动的言辞容易给客户带来一种强制性购买的压迫力,严重的话会演变成强行推销。强行推销就是征服买主,暗算买主,不择手段推销产品的一种最极端的做法。避免强行推销要注意:第一,既不要只推销最贵的商品,也不能冷淡小笔买卖;第二,要把客户利益放在首位;第三,推销时,要晓之以理,动之以情,富有诱导力;第四,勇于承认自己服务和产品的缺点,倾听客户意见;第五,推销观点必须明了,不能自相矛盾,同时遵守诺言,建立信用。

(4)平衡双方利益,提供适当建议。推销人员作为金融企业与客户之间的桥梁,具有双向促进的作用。在现实社会中,买卖双方存在固有矛盾,如何平衡双方利益是一个成功推销人员所需深思的。很多推销人员常注重推销任务的完成而不顾及客户的实际需求,所以经常向客户推销一些不实用的产品,这对于企业长期发展是不利的。在推销过程中,推销人员不妨结合客户的实际需求有针对性地分析利弊,提供适当建议。此种策略无论是对于漠不关心型、软心肠型、自示型客户,还是防卫型以及寻求答案型客户都适用,都能取得很好的效果。

3. 推销活动后

金融服务产品的交易过程具有持续性,客户购买金融服务产品并不是交易的结束,而是意味着交易刚刚开始。客户购买产品后,推销人员要时刻关注客户、产品、市场的变化,跟踪服务无疑会使交易双方联系进一步加强。同时,通过问题反馈,推销人员不仅能够分析产品的不足,为后续改良提供依据,还能增加客户好感,吸引更多的潜在客户。

成功营销客户 3000 万存款的案例启示

10.3 金融服务促销之广告促销

10.3.1 广告的含义及作用

广告(advertising)一词源于拉丁语"advertere",有"注意""诱导""大喊大叫""广而告之"之意。作为一种传递信息的活动,广告是营销实践中备受重视和应用最广的促销方式。简单来讲,广告是广告主以促进销售为目的,付出一定的费用,通过特定的媒体传播产品或服务等有关经济信息的大众传播活动。从概念可以看出,广告是面向广大消费者的大众传播活动;广告以传播产品或服务等有关经济信息为内容;广告是通过特定的媒体来实现的;广告主需要对使用的媒体支付一定的费用;广告的目的是提升品牌形象,促进产品销售。

在实现促销目标的过程中,广告目标可以归纳为 3 种:①告知目标。激发顾客对金融服务产品的初始需求,主要介绍刚刚进入导入期产品的用途、性能、质量、价格等信息,以促使新产品顺利进入目标市场。②劝说目标。激发顾客对金融服务产品产生兴趣,增进选择性需求,适合于进入成长期和成熟前期的产品。③提醒或提示目标。针对已进入成熟后期或衰退期的金融服务产品进行广告宣传,目的是提醒或提示顾客,促使其产生惯性需求。

10.3.2 广告设计的基本原则

设计高质量的广告必须遵循以下六大基本原则。

1. 真实性

真实是广告的生命线。广告的真实性体现在:一是内容要真实,包括语言文字要真实,不宜含糊或模棱两可,画面要真实,并且两者要统一起来;艺术手法修饰要得当,以免广告内容与实际情况不相符合。二是广告主与广告商品必须是真实的。如果广告主根本不生产或经营广告中宣传的商品,甚至连广告主也是虚构单位,那么,广告肯定是虚构的、不真实的。金融企业必须依据真实性原则设计广告,这是一种商业道德和社会责任。

2. 社会性

广告是一种信息传播,在传播产品、品牌信息的同时,也传播了一定的思想意识,必然会潜移默化地影响社会文化和社会风气。从一定意义上说,广告不仅是一种促销形式,而且是一种具有鲜明思想性的社会意识形态。社会性意味着广告必须符合社会文化、思想道德的客观要求。具体说来,广告要遵循党和国家的有关方针、政策,不得违背国家法律、法规和制度,要有利于社会主义精神文明建设,有利于培养人民的高尚道德情操,严禁出现带有国旗、国徽标志以及国歌音响的广告内容和形式,杜绝损害民族尊严,甚至有反动、淫秽、迷信、荒诞内容的广告。

3. 针对性

以自己的感官臆断或好恶简单地、表面化地进行广告运作,广告效果往往同原初意愿相差甚远。广告绝不是为了推销而进行的广而告之,是为了说服特定的目标对象而进行的信息传播活动,因此广告的内容和形式要富有针对性,即对不同的产品、不同的目标市场要有不同的广告内容,采取不同的表现手法。由于各个消费者群体都有自己的偏好、厌恶和风俗习惯,为适应不同消费者群体的不同特点和要求,广告要根据不同的广告对象来决定内容,并采用与之相适应的形式。"广"是有条件的,巧妙地、准确地"告"才是根本。

4. 感召性

广告是否具有感召力关键在于诉求主题。广告的诉求点必须与产品的优势点、目标客户购买产品的关注点相一致。产品有很多属性,有的是实体方面的(如性能、形状、成分、构造等),也有的是精神感受方面的(如豪华、朴素、时髦、典雅等),但目标客户对产品各种属性的重视程度不尽相同。这就要求金融企业在广告宣传时,应多宣传目标客户最重视的产品属性或购买该种产品的主要关注点,否则难以激发客户的购买欲望。

5. 简明性

作为广告受众,广大消费者及社会公众接受、处理信息的能力是有限的。广告不应给消费者带来太大的视觉与听觉上的辨识压力。简短、清晰、明了地点明品牌或产品个性是广告设计的客观要求。注重简明性,广告接受者能够在较短时间内理解广告主的传播意图,有利于提高广告的传播效果。

6. 艺术性

广告是一门科学,也是一门艺术,要把真实性、针对性、思想性寓于艺术性之中。广告要利用科学技术吸收文学、戏剧、音乐、美术等学科的艺术特点,把富有真实性、针对性、思想性的广告内容通过完善的艺术形式表现出来。只有这样,才能使广告像优美的诗歌,像美丽的图画,成为精美的艺术作品,给人以很高的艺术享受,使人受到感染,进而增强广告效果。艺术性要求广告设计要构思新颖,语言生动、有趣、诙谐,图案美观大方,色彩鲜艳和谐,广告形式也要不断创新。

互联网金融投放广告设九条红线

10.3.3 广告投放的媒体类型

广告媒体,又称广告媒介,是广告主与广告受众之间的连接物质,是广告宣传必不可少的物质条件。广告媒体并非一成不变,而是随着科学技术的发展而不断发展,科技进步必然丰富广告投放的媒体选择。

1. 传统媒体类型

(1)报纸。作为广告投放的传统媒体,报纸的优越性体现在:第一,影响广泛。报纸是传播新闻的重要工具之一,发行量大,与社会公众联系密切。第二,传播迅速。报纸可及时地传递有关经济信息。第三,方便廉价。报纸易于携带,价格低廉。第四,易于处置。报纸便于剪贴、保存和查找信息。第五,信赖度高。借助报纸的威信,能提高广告的可信度。报纸媒体的不足在于:其一,报纸登载内容庞杂,易分散对广告的注意力;其二,印刷不精美导致吸引力低;其三,广告时效短,重复性差,只能维持当期效果。例如,有利网在《北京商报》报纸投放的广告如图10-1所示。

图10-1 有利网在《北京商报》报纸投放广告(整版)

(2)杂志。杂志以登载各种专门知识为主,是各类专门产品广告的最佳投放媒体。杂志媒体的优点在于:第一,针对性。广告宣传对象明确,有的放矢,针对性强。第二,重复性。杂志有较长的保存期,读者可以反复查阅广告。第三,广泛性。杂志发行面广,可扩大广告的宣传范围。第四,开拓性。读者一般有较高的文化水平和生活水平,比较容易接受新事物,有利于刊登开拓性广告。第五,吸引性。杂志印刷精美,能较好地反映产品的外观形象,易引起读者注意。其缺点体现在:其一,发行周期长,传播不及时;其二,读者较少,传播不广泛。例如,招商银行在《齐鲁周刊》杂志投放的广告如图10-2所示。

图 10-2　招商银行在《齐鲁周刊》杂志投放广告（双整版）

（3）电台广播。据统计，时长 11~20 秒是主要的电台广播广告时长类型，大型银行、保险公司和证券公司是主要的电台广播广告主。电台广播作为广告媒体的优越性表现在：第一，传播迅速、及时；第二，制作简便、费用较低；第三，具有较高的灵活性；第四，听众广泛，不论男女老幼、是否识字，均能受其影响。使用电台广播做广告的局限性在于：其一，时间短暂，转瞬即逝，不便记忆；其二，有声无形，印象不深；其三，不便存查。例如，招商证券、中国人保和中国银行在电台广播投放的广告如表 10-1 所示。

表 10-1　金融企业在电台广播投放广告

金融企业	主题词	首播日期	频道	时长	描述
招商证券	有点存款存银行还是炒股票，理财可不只这两种	2017-09-10	上海人民广播电台交通广播（FM105.7）	18 秒	介绍篇（有点存款存银行还是炒股票，理财可不只这两种）
中国人保	中国人保旅游季，这一次陪你向神奇世界出发	2017-09-25	广东电台羊城交通广播（FM105.2）	30 秒	介绍篇（混声｜音乐｜中国人保旅游季，这一次陪你向神奇世界出发）
中国银行	大年底的，你在忙什么呢	2017-12-20	北京人民广播电台音乐广播（FM97.4）	158 秒	对话篇（混声｜音乐｜大年底的，你在忙什么呢）

（4）电视。据统计，时长 1~15 秒是主要的电视广告时长类型，中央一套、中央五套、湖南卫视是金融行业广告最多的三家电视台。之所以银行等广告主愿意投电视广告，是因为现在金融品牌需要高频次地与客户交流。具体说来，电视作为广告媒体的优点有：第一，电视有声、有形，听视结合，使广告形象、生动、逼真，感染力强；第二，电视收视率较高，电视广告的宣传范围广，影响范围大；第三，宣传手法灵活多样，艺术性强。电视作为广告媒体的缺点有：其一，时间性强，不易存查；其二，制作复杂，费用较高；其三，播放节目繁多，易分散受众对广告的注意力。例如，江苏银行、中国人保财险在电视上投放的广告如图 10-3、图 10-4 所示。

图 10-3 江苏银行在江苏卫视投放电视广告

图 10-4 中国人保财险在 CCTV1 投放电视广告

(5) 邮购目录。作为市场经济的先导,一种通过邮政通讯媒介把销售者与消费者联结起来的桥梁——邮购广告悄然进入千家万户。邮购广告是刊登在邮购目录上的广告。邮购商店向客户分寄或分发邮购目录,客户按目录上的商品编号及定价,把货款汇到邮购商店,商店收到后即向客户寄发商品。这类邮购目录有成册的,也有配合时令分季零页寄发的,在前者刊登广告一般要收费,后者大都是免费的。邮寄广告的优点有:第一,邮寄广告的对象明确,有较大的选择性和较强的针对性;第二,提供信息全面,有较强的说服力;第三,具有私人通信性质,容易联络感情。其缺点表现在:其一,传播范围较小,并有可能忽视了某些潜在的消费者;其二,不易引起注意;其三,广告形象较差,有可能成为"三等邮件"。

(6) 户外媒体。户外媒体是指主要建筑物的楼顶和商业区的门前、路边等户外场地设置的发布广告信息的媒介,形式包括气球、飞艇、车厢、大型充气模型、走廊楼道等。户外媒体的优势体现在:第一,面积大,色彩鲜艳,主体鲜明,设计新颖,具有形象生动、简单明快等特点;第二,广告形象突出,容易吸引行人的注意力,并且容易记忆;第三,户外广告多是不经意间给受众以视觉刺激,不具有强迫性,容易被认知和接受;第四,户外广告一般发布期限较长,对于区域性受众能造成印象的累积效果。当然,户外媒体也存在劣势,具体表现在:一是受场地限制,受众数量受限;二是广告内容比较简单,传达信息量有限,多是企业或产品的形象广告,促销作用差。例如,北京银行、华夏银行在商业广场投放的广告如图10-5、图10-6所示。

图10-5　北京银行在商业广场投放射灯广告

图10-6　华夏银行在商业广场投放LED屏广告

2. 新兴媒体类型

新媒体迎合了人们休闲娱乐时间碎片化的趋势,能满足人们随时随地互动性表达、娱乐与信息收集的需要,正逐渐成为金融企业营销争夺的前沿阵地。新媒体广告有别于传统媒体广告的最重要特点是互动性及其衍生的趣味性。例如,春晚微信红包活动,通过赞助商提供资金,用微信"摇一摇"功能抢红包,和观众之间产生良好互动。建立企业品牌和潜在顾客之间强关系的传播方式是传统媒体广告不可比拟的。概括来讲,金融行业广告投放的新兴媒体主要包括微博、微信、搜索引擎、视频平台、自有网络平台、信息流广告平台等。

(1)微博。作为一种新兴媒体,微博进入门槛较低,融合了传统媒体、网络媒体、手机媒体功能于一身,具有强劲的传播优势。微博传播具有裂变性,有价值的信息会在短时间内得到关注,并迅速传播开来。2020年微博第二季度财务报表显示,2020年6月月活跃用户数为5.23亿,较上年同期净增3700万,其中约94%为移动端用户;平均日活跃用户数为2.29亿,较上年同期净增1800万。一种传播媒体普及5000万人,收音机用了38年,电视机用了13年,互联网用了 4 年,而微博只用了 14 个月。由于成本投入少、互动性强、传播速度快等特点,微博已成为金融企业产品发布、促销信息传递、活动公告宣传、危机公关处理的首选平台,最终发展成为企业的自媒体。

(2) 微信。毫不夸张地说,微信的诞生相当程度地改变了人们的生活方式。在移动互联网时代,微信用户的使用频率和用户黏性远高于其他社交平台,因此金融企业有必要选择并利用好这样的工具,实现有效传播。相比微博,微信是一个相对封闭的环境。正因为微信将用户置于熟人关系中,微信中信息的关注度比微博要高得多,尤其是在朋友圈被大量转发的文章往往能实现非常高的阅读量。必须提及的是,微信的公众平台功能较好地弥补了微信的封闭性,也让微信不只停留在社交层面,可以作为一个有效的传播工具。对于微信公众平台来说,信息主要以推送的形式传达,是一种一点对多点的传播方式。除微信公众账号外,微信的另一传播依托对象是微信群(类似 QQ 群)。热度非常高的微信讲座是非常好的一种宣传方式,借由一些公益性质的讲座活动,将高质量的用户吸引到同一个微信群中,增加企业直接接触目标客户的机会,可以说是一种性价比非常高的传播方式。

中国农业银行微信广告投放方案

(3) 搜索引擎。实践中,搜索引擎几乎是用户搜集信息的不二入口,因此搜索引擎优化和搜索引擎营销已经成为网络推广的窗口。搜索引擎优化是一种利用搜索规则来提高目前网站在有关搜索引擎内自然排名的方式;搜索引擎营销的基本原理是让用户发现信息,提供进入网站/网页进一步了解所需信息的渠道,可以为企业引入流量。对于搜索引擎营销,首先要理解的是这种方法只能起到导向作用,营销效果表现为网站访问量的增加而不是直接的营业收入。在搜索引擎营销实践中,一方面可以使用竞价排名,购买关键词;另一方面也要不断优化网站内容,做到真实可信、突出特色。在百度以"股票投资"为关键词搜索,第一、第二个匹配的链接均是国泰君安证券,说明国泰君安证券在搜索引擎营销方面付出了更多的努力(见图 10-7)。

图 10-7 国泰君安搜索引擎广告

(4)视频平台。在视频平台大行其道的时代,很多金融企业选择借助视频平台宣传企业品牌、服务及产品。在视频平台投放广告主要有 4 种模式。一是广告推送模式,如视频网站中片头贴片、片尾贴片和暂停贴片;二是植入模式,利用自制微电影等形式将品牌或产品价值信息点植入视频短片中,通常要求视频情节、背景与道具等与品牌主张和产品信息高度吻合;三是用户创造内容模式,如在优酷、土豆等平台征集、票选由网友创造的视频作品,通过网友与品牌企业的互动,加深品牌印象;四是病毒式传播视频,即通过发布极具吸引力和传播力的视频,融合产品和品牌广告信息,期望用户自发传播,最终形成病毒式快速传播。

实践中,在优酷、土豆、爱奇艺、搜狐视频、腾讯视频、乐视视频等网站平台上有很多企业制作的微电影及广告片,起到了不可低估的传播作用。华谊公司受支付宝委托,为电影《天下无贼》续拍了一部广告片,并且由原班人马出演。在广告片《天下无贼》中,傻根的 6 万元最终完好无缺,也没有人为之牺牲,因为在这部广告片中傻根根本不傻,相反早就掌握了网络支付的最新事物——支付宝。他提前通过支付宝将 6 万元打回了家,而且免掉了邮局"可以买一头驴"的手续费,正如片中台词所说:"有支付宝,没贼。"

(5)自有网络平台。互联网时代背景下,自有网络平台是不可忽视的低成本传播平台。具体有两种情形:一是自有金融业务平台;二是自有非金融业务平台。在自有金融业务平台(即官网)上传播品牌及业务,是非常普遍的常态化传播形式,类似现实场景中在企业办公大楼竖起广告牌。只是线上的广告制作成本更低,甚至有时是零成本。例如,汇添富基金在自有网络平台首页的宣传广告如图 10-8 所示。

图 10-8 金融企业自有网络平台首页的宣传广告

自有非金融业务平台是指企业(一般是母公司)运营的公共媒体平台,如腾讯的腾讯网、百度的百度搜索平台、凤凰卫视的凤凰网等。金融企业在母公司运营的自有非金融业务平台投放广告,可以借势平台的点击量和人气,更重要的是利用自有非金融业务平台的影响力和权威性为金融广告背书。因此,自有非金融业务平台是互联网巨头进军金融市场、投放金融广告的首选渠道。

(6)信息流广告平台。所谓信息流广告,是在社交媒体用户的好友动态,或者资讯媒体和视听媒体内容流中的广告。信息流广告的形式有图片、图文、视频等,特点是算法推荐、原生体验,可以通过标签进行定向投放,根据自己的需求选择推曝光、落地页或者应用下载等,最后的效果取决于"创意+定向+竞价"三个关键因素。这种穿插在内容流中的广告,对用户来说体验相对较好,对广告主来说可以利用用户标签进行精准投放,因此在移动互联网时代迎来了爆炸式增长,几乎所有的互联网媒体都推出了信息流广告平台。例如,人人贷、贝涛金融投放的信息流广告如图 10-9、图 10-10 所示。

图 10－9　人人贷在今日头条投放信息流广告

图 10－10　贝涛金融在澎湃新闻投放信息流广告

10.4　金融服务促销之营业推广

10.4.1　营业推广的含义及特征

营业推广，又称销售促进，是指为迅速刺激需求和鼓励购买，金融企业在特定的目标市场中采取的各种促销活动。依据市场营销理论，营业推广并不完全等同于促销概念。从狭义角度看，促销即营业推广；从广义角度看，促销除营业推广外，还包括人员推销、广告促销和公关传播。就本质而言，营业推广是一种信息沟通活动，即营销者（信息提供者或发送者）发出作为刺激物的各种信息，并将之传递到一个或更多的目标对象（信息接收者，如听众、观众、读者、消费者或用户等），以影响其消费态度和购买行为。一般来说，营业推广具有以下特点。

1. 表现形式直观、易感知

营业推广的常用工具或手段具有直观的表现形式，如礼品、竞赛、代金券、有奖销售、附带廉价品等，易被消费者感知，可以打破顾客购买某一特殊产品的惰性。它们告诉顾客机会难得，尤其是对于那些精打细算的人会产生很强的吸引力，但这类人并不会永远购买某一特定产品，因为他们不是品牌忠实者。需要注意的是，营业推广如果使用过于频繁或者使用不当，会使消费者认为商家有抛售的意图，从而对产品的质量、价格产生怀疑。

2. 灵活多样，适应性强

金融企业的目标市场往往不止一个，目标市场之间存在一定差异；即使是同一个目标市场，市场内的不同顾客之间亦非完全相同。营业推广可以根据顾客心理和市场营销环境等因素，采取有针对性的、各不相同的营业推广方案，向消费者提供特殊的购买机会，发挥强烈的吸引力和诱惑力作用，从而迅速唤起消费者的广泛关注，促成其购买行为，在较大范围内收到立竿见影的功效。比如同是赠送礼品，可以针对女性客户和男性客户，分别设置不同的备选方案。

3. 促销效果显著

营业推广可选用的方式、工具多种多样，表现形式易感知，具有很强的吸引力。一般来说，只要采取合理的营业推广方式，可以短时期内收到明显的增销效果，不像广告和公共关系那样需要一个较长时期才能见效，因此常常被金融企业采用。营业推广适合于在一定时期、一定任务的短期性促销活动中使用。

4. 非经常性的辅助促销

通常而言，人员推销、广告促销和公关传播都是常规性的促销方式，而营业推广多半是短期的、非正规性、非经常性的辅助促销方式。究其原因，营业推广有贬低品牌或产品之意，似乎迫使顾客产生"机会难得、时不再来"之感。使用营业推广方式开展促销活动，虽能在短期内取得明显效果，但一般不能单独使用，常常配合其他促销方式，促使其他促销方式更好地发挥作用。

10.4.2 营业推广的主要方法

归纳起来，金融企业常用的营业推广方法有免费使用、赠品促销、返现优惠、积分促销、有奖销售、节日促销以及联合促销等。

1. 免费使用

免费使用是指将产品无条件、免费送达消费者手中的营业推广方式。实践证明，免费使用是吸引消费者试用产品的好方法，特别是当新产品导入市场时。经验证明，在新产品上市进行广告宣传前4~6周，举办免费使用活动，不仅可以有效刺激消费者的兴趣，同时又可提高其尝试购买的意愿。有一点必须注意，那就是保证货源充足，渠道顺畅，避免出现消费者正式使用产品时却寻找不到的情况，因为这样会挫伤消费者的购买积极性。

金融领域借助免费使用营业推广方法的经典案例当属第三方支付和信贷消费类产品，比如免转账手续费、免息贷款、免息分期购买商品、免信用卡还款手续费等。另外，由于金融产品大多具有无形性，所以金融企业在向客户提供免费使用的产品时更多的是选择主体产品的附属物品，从而吸引客户对主体产品产生兴趣，如商业银行办理信用卡时免费赠送网上银行U盾。

2. 赠品促销

赠品促销是指在一定时期内企业为扩大销量，向购买产品的消费者实施馈赠的促销行为。赠品促销需要注意处理好赠品与产品、品牌的关系。首先，赠品要有品牌提示作用。在不让顾客反感的基础上，企业应该把品牌名称、LOGO、广告语等印制在赠品上面，使赠品可以发挥媒体的传播作用。其次，赠品要突出产品的卖点和定位。赠品要与产品的特性和定位相吻合，突出产品的功能和卖点，达到促销和宣传的双重目的。再次，赠品与产品要有相关性。赠品若与产品的特性或使用有相关性,则促销的诱因更大,并方便顾客使用产品。最后,赠品不能喧宾夺主。产品是"红花",赠品是"绿叶"。赠品永远是为衬托、宣传产品而设计的,如果过分地哗众取宠,赠品就有喧宾夺主之嫌,促销产品反而变为促销赠品。

在消费者购买或使用金融产品时,金融企业常常赠送一些小礼物以吸引其注意力,如银行在办理信用卡时,基本都打着赠品的噱头,办卡送拉杆箱、1万积分、保鲜盒、保温杯、优惠券……这些都是赠品促销。赠品促销的"品",可以是具化的有形物品,也可以是无形的产权或债权,如购物券、优惠券、代金券等。例如,国美在线基金理财现金券如图10-11所示。

图10-11 国美在线基金理财现金券

3. 返现优惠

所谓返现优惠,是指客户在消费某种金融产品后,可获得一部分返现,常常是通过设定不同的数量、折扣比例来实现。返现优惠主要是利用两大心理效应:一个是价格幻觉效应,消费者感知到的产品价格低于实际支付价格。对消费者来说,返现越多,幻觉折扣率越低,心理幸福感就越强。另一个是沉没成本效应,即已经发生的、不可收回的支出。消费者把返现归于"意外收获",收到返现会感到惊喜,而当忘记或者丢失返现时并不会引起太多不快。

例如,"平安银行好车主信用卡"持卡人每个自然月刷卡消费达标即享加油88折返现,最高60元/月;在达标加油88折活动条件后,当月刷卡消费每满6000元即可升级返现20元,每月最多返40元(见图10-12)。前期借助返现福利吸引用户开通信用卡,后期通过返现升级鼓励用户多消费,培养用户的用卡习惯。

4. 积分促销

积分促销常见于银行信用卡。消费者在实体商店或网上刷卡消费时,根据消费金额的多少会得到相应积分,使用积分兑换相应的礼品,积分越多,兑换礼品的价值越高。可以说,积分促销是赠品促销的一种具体表现形式,积分是最终赠品的中间载体。随着互联网的日益普及和广泛应用,积分的作用越来越凸显。

例如,2015年春节,中信银行"积分红包"促销引起广泛关注(见图10-13)。自2015年2月14日至3月15日,中信信用卡持卡人通过微信,可以将信用卡积分打包成不同面额的"积分红包",发送给家人和亲朋好友;收到红包的亲友使用"积分红包"选择兑换心仪礼品,在家坐等收货。更为贴心的是,中信银行"积分红包"还设置了不同的赠送场景,无论是送父母、爱人、朋友、孩子,都有最合适的礼品组合,满足不同人群的礼品喜好;同时,积分红包发出后,还会自动生成相应的祝福语,智能又贴心。

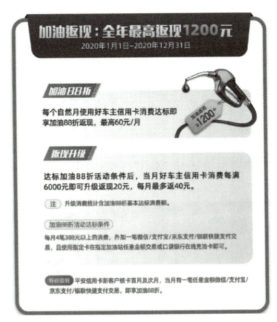

图 10-12 "平安银行好车主信用卡"返现优惠

图 10-13 中信银行"积分红包"促销活动

5. 有奖销售

所谓有奖销售是指金融企业提供服务或销售产品时,附带性地向消费者提供金钱、物品或者其他经济利益的行为,细分为附赠式有奖销售和抽奖式有奖销售。有奖销售以购买为前提,能够直接促进销售额的提升,对产品的宣传力度较大;适当的奖品有助于提升品牌形象,可以使顾客产生兴趣;促销奖品的费用比较稳定和容易控制。当然,有奖销售面临较大的法律限制,容易引起未获奖消费者的不满,同时对促销方案设计和活动组织实施的要求较高。

实际操作中,金融企业经常在顾客购买某种服务或产品后,提供赢得现金、旅游或物品的各种获奖机会。近年来,支付宝为刺激更多用户购买更多理财产品,在主打理财产品详情页中附有如"3.18%福利券""5.18元红包单笔满1万元可领",活用有奖促销,促进销售。

6. 节日促销

受中国传统因素及西方文化影响,一系列节假日对销售有最直接的刺激作用。节日促销是非常时期的营销活动,是有别于常规性营销的特殊手段,往往呈现出集中性、突发性、反常性和规模性等特点。在节日促销实践中,用"有节日要上,没有节日制造节日也要上"来形容再合适不过了。通过创造新的节日产生全民、全行业的消费机会,已经成为电子商务、互联网金融企业,甚至传统卖场用来扩大销售、冲刺业绩的有效方法。

例如,"财神节"是中国平安推出的业内首个"金融交易狂欢节"(见图10-14),也被称作"金融界的双11"。平安集团借势互联网、新科技大背景,将线上平台与线下渠道优势相结合,通过推出多种高收益明星产品、促销优惠和发放红包等方式,打造不同于传统行业促销方式的网上购物节,为网民呈现一个金融商铺"F-Mall",以期给消费者带来收益与实惠,并实现品牌传播和销售业绩增长双丰收。

图 10-14　2015 年平安"财神节"

7. 联合促销

在市场竞争日益激烈的今天,传统的、基本的营业推广手段带来促销成本几何级增长的同时,却没有带来销售量的相应增长。在市场地位和企业利润的双重压力下,寻求一种在合作基础上双赢或多赢为目的新的促销模式——联合促销,逐步成为金融企业关注的焦点。所谓联合促销,是指两个或者两个以上的企业或平台在市场资源共享、互惠互利的基础上,共同运用某一种或几种手段开展促销活动,力求在竞争激烈的市场环境中优势互补、调节冲突、降低消耗,最大限度地利用销售资源并最终赢得更高利益。联合促销的最大好处是可以使联合体内的各成员以较少费用获得较大的促销效果,有时能实现单独促销无法企及的效果。

前文述及的节日促销便是联合促销的具体表现形态。中国平安"财神节"促销既有互联网金融企业之间的联合促销,也有互联网金融企业与线下金融企业的联合促销;"微信支付日"促销与"支付宝日"促销则是互联网金融企业与线下非金融企业的联合促销。

10.4.3　营业推广的实施与控制

营业推广是一种短时间内促销效果比较显著的促销方式,但倘若使用不当,不仅达不到促销目的,反而会影响产品销售,甚至损害企业形象。因此,金融企业在运用营业推广时,必须予以控制,具体的控制方法有以下几种。

1. 选择适当方式

营业推广的方式有很多,且各种方式都有其各自的适应性。选择适当的方式是营业推广促销获得成功的关键。一个特定的销售目标可以采用多种促销方式来实现，所以应当对多种营业推广方式进行比较选择和优化组合，以实现最优的促销效果。

2. 确定合理期限

控制好营业推广的时间长短是取得预期促销效果的重要一环。营销推广的期限既不能过长，也不宜过短。时间过长会使消费者感到习以为常，失去了刺激需求的作用，甚至会产生疑问或不信任感；时间过短会使部分消费者来不及享受营业推广的好处，收不到最佳的促销效果，甚至导致未能享受营业推广好处的消费者心生怨怼。

3. 禁忌弄虚作假

营业推广的主要对象是潜在消费者。在营业推广全过程中，一定要坚决杜绝徇私舞弊的短视行为发生。在市场竞争日益激烈的环境中，企业信誉是重要的竞争优势，对于建立在信用基础之上的金融企业更是没有理由自毁商誉，自掘坟墓。本来营业推广这种促销方式就有贬低产品或品牌之意，如果再出现弄虚作假，将会产生失去长期利益的巨大风险。因此，弄虚作假是营业推广的最大禁忌。

4. 注重推广中后期宣传

通常情况下，金融企业比较重视营业推广的前期宣传，这当然非常有必要，但是推广中后期的宣传同样不容忽视。在营业推广活动的中后期，营业推广中的企业兑现行为是消费者验证企业营业推广行为是否具有可信性的重要信息源。令消费者感到可信的企业兑现行为，一方面有利于唤起消费者的购买欲望，另一个更重要的方面是可以换来社会公众对企业的良好口碑，塑造企业的良好形象。因此，在营业推广的中后期，企业兑换行为是重要且有必要的宣传内容。

10.5 金融服务促销之公关传播

10.5.1 公关传播的含义及特征

公关传播是公共关系传播的简称。公共关系又称公众关系，是指现代企业在市场营销活动中正确处理其与社会公众的关系，以便树立企业及品牌的良好形象，从而促进产品销售的一系列活动。公关传播则是指企业为了提高自身知名度、美誉度、和谐度，借助传播的方式所开展的传播活动及其传播管理。从本质上来讲，公关传播是组织主体与公众客体之间信息传播和信息交流的过程。在广告费越来越难以承受、媒体种类与数量越来越多、消费者产生资讯焦虑的今天，公关传播成了企业塑造品牌的重要武器，如同"公关第一，广告第二"所言，公关传播在很多企业的传播手段中发挥着越来越重要的作用。

公共关系是一种社会关系，但又不同于一般社会关系。公关传播的基本特征主要表现在以下几方面。

（1）公关传播是金融企业与社会公众之间的相互作用关系过程。这里包括三层含义：其一,公关传播的主体是金融企业。其二,公关传播的客体,即公关传播的对象,既包括外部顾客、竞争对手、新闻界、金融界、政府有关部门及其他社会公众,又包括内部职工、股东。因此,公关有内部公关与外部公关之分。企业与公关对象关系的好坏直接或间接地影响企业的发展。其三,公关传播的媒介是各种信息沟通工具和大众传播渠道,作为公关传播主体的金融企业借此与公关传播客体进行联系、沟通和交往。

(2)公关传播的目标是为企业广结"良缘",在社会公众心目中塑造良好的企业形象和社会声誉。良好的企业形象和社会声誉是金融企业富有生命力的表现,也是公关传播的真正目的。金融企业以公关传播为促销手段,利用一切可能利用的方式和途径让社会公众熟悉企业的经营宗旨,了解企业的产品种类、规格以及服务方式和内容等有关情况,有利于企业在社会上塑造较高的声誉和较好的形象,最终促进产品销售的顺利进行。

(3)公关传播以真诚合作、平等互利、共同发展为基本原则。公共关系以一定的利益关系为基础,这就决定了主客双方必须均有诚意,平等互利,并且要协调、兼顾企业利益和公众利益,这样才能满足双方需求,维护和发展良好的长期关系。只顾企业利益而忽视公众利益,在交往中损人利己,不顾及企业信誉和形象,不可能形成良好关系,公共关系也就无从谈起。

(4)公关传播是一种信息沟通,是创造"人和"的艺术。公关传播是企业与社会公众之间的一种信息交流活动。金融企业从事公关活动,沟通企业上下、内外的信息,建立相互间的理解、信任与支持,协调和改善企业的社会关系环境,旨在追求企业内部和企业外部人际关系的和谐统一。

(5)公关传播是一种长期活动。公关传播既要仰望星空,又要脚踏实地,既着眼于长远打算,又着手于平时努力。公关传播的效果不是急功近利的短期行为所能达到的,需要连续地、有计划地努力。金融企业要塑造良好的企业形象和社会声誉,不能拘泥于一时一地的得失,而要将追求长期稳定的战略性伙伴关系定为公关传播的终极目标。

10.5.2 公关传播的主要作用

金融行业对外开放步伐加快,市场竞争愈发激烈,决定了金融企业进行公关关系管理的必要性。润物细无声,于细微处见真章,公关传播的作用主要体现在以下3个方面。

1. 规范金融市场秩序,加快社会信用体系建设

首先,金融企业开展公关传播遵循可信性原则,既要实事求是地宣传自己,又不能损害和贬低他人,通过公平、公开、公正的竞争,让顾客自主选择金融企业。其次,金融企业遵循针对性原则,有的放矢地传播信息。根据公众的个性特点和认知水平,金融企业要恰当地选择传播内容、传播形式和方法技巧。再次,金融企业依据信息的特点和结构,有次序、有步骤地进行传播,既是传播活动的客观要求,也是传播对象的共同呼声。最后,金融企业进行公关传播,开展真实、公开、公平、合法的竞争合作,可以促进兑现服务承诺,增强组织和员工的信用观念,建立"我为人人、人人为我"的双赢局面,提高企业和公众的信用程度。如此种种,金融企业公关传播有助于规范金融市场秩序,加快社会信用体系建设。

2. 密切公众关系,满足顾客日益增长的各种需求

若想在公众心目中保持长盛不衰,金融企业必须以市场和公众利益为导向,积极开展市场和公众需求调查,使企业决策和行动同公众的心理需求相吻合,从而影响和改变公众态度,让其产生有利于金融企业的行为。金融企业可以运用公共关系原理妥善处理好顾客投诉和其他反馈意见,通过沟通及时修正决策,使之更加完美,真正与社会公众建立起一种以双方利益为纽带的长期关系,满足顾客日益增长的各种需求。金融企业针对公众开展公关活动要注意几点:首先,符合时代精神。公关传播的主题应与金融大环境相适应,紧跟时代步伐,符合时代精神,符合当前国内外形势。其次,具有新闻价值。公关传播的主要目的是扩大企业知名度和产品知名度,媒体参与不可或缺。这就要求公关传播在策划时必须有所创新,主题和内容要有新意。最后,具有可操作性。公关传播不能脱离社会现实,一定要考虑国情、民情和民风,充分考虑操作中可能会遇到的种种困难,并制定相应的应对措施。

3. 提升金融企业的知名度、美誉度、和谐度

现代公共关系的主要手段是传播,传播的最终目的是促使公众采取与金融企业公共关系目标相一致的行动。面对复杂、瞬息万变的公众,金融企业除自己开通信息交流渠道,尽快掌握和有效驾驭这种新型的双向信息传播沟通方式,对金融市场、金融需求等进行细分选择、实施评价和效果反馈外,大量的工作还需要依靠大众传播媒介。电视、报刊、广播和网络等大众传播媒介既能在最短时间、最大范围达到与公众沟通的目的,使公众得到更多关于金融服务产品等方面的信息;又可以利用大众传播媒介的权威性和可信度,提高金融企业的知名度、美誉度及和谐度。

10.5.3 常见的公关传播类型

公关传播是一门"内求团结,外求发展"的营销管理艺术,是一项与企业生存发展休戚相关的事业。按照功能作用不同,公关传播主要有以下几种类型。

1. 宣传型公关传播

宣传型公关传播是指金融企业借助报纸、杂志、广播、电视、网络等传播媒介,撰写新闻稿、演讲稿、报告等向社会各界传播与企业有关的重要信息,以形成有利于企业形象的社会舆论,创造良好气氛。这种公关传播主导性强,时效性强,传递面广,推广企业形象效果快,特别有利于提高企业的知名度。

例如,翼龙贷频频亮相中央电视台,接受《人民日报》的采访与报道,便属于典型的宣传型公关传播。2015年5月17日,《人民日报》以《P2P能解农户贷款难吗?》为题,讲述了翼龙贷为农户贷款的故事,指出"新渠道既能贷到款,也能获得增值服务","线上线下结合,互联网金融离农民并不遥远"。2015年8月28日,《证券日报》以《翼龙贷交易额破百亿元 奠定最大三农P2P地位》为题,报道了翼龙贷乘联想控股之东风快速发展,奠定、巩固了行业地位。此立足"三农"、破百亿的内容还被《民生周刊》以《翼龙贷 三农P2P拓荒者》为题进行了深度报道。值得提及的是,在成为联想控股下属企业后,翼龙贷开展比附传播,以联想控股背书,公司上下一起发力,宣传"翼龙腾飞,翼启联想""普惠金融,助力中国梦",不仅提升了品牌知名度,更大大提升了品牌可信度(见图10-15)。

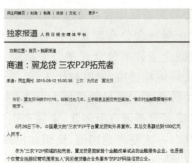 

图10-15 翼龙贷的宣传型公关传播

2. 赞助型公关传播

赞助型公关传播是指金融企业通过无偿地提供资金或物质对各种社会公益事业(如文化、教育、体育、卫生)做出贡献,以提高社会声誉,树立良好社会形象的公关专题活动。金融企业之所以对社会公益事业慷慨相助是因为赞助对塑造企业公关形象具有特别重要的作用。这种公关传播公益性强、影响力大,但成本较高。金融企业的赞助活动可以是独家赞助(或称单一品牌赞助),也可以是联合赞助。

例如,体育比赛能吸引大众眼球,是金融企业赞助公关的主要对象。小牛资本抓住有利契机,在体育与金融的跨界创新中积极开拓。2013年,小牛资本冠名深圳红钻队,球队以"深圳小牛资本红钻队"为名征战2014年中甲足球联赛;2014年,小牛资本与美国职业篮球协会(NBA)西部劲旅达拉斯小牛队(Dallas Mavericks)签署战略合作协议,小牛在线品牌成为进入NBA赛场的首家中国互联网金融企业。2015年3月10日,小牛资本携手雷曼光电赞助中甲足球联赛俱乐部,正式成为2015年中甲足球联赛俱乐部官方赞助商(见图10-16)。又如,2014年10月13日,百度钱包与山东航空共同发起"父母微笑 我们骄傲"活动。通过公益捐款、微博、微信、山东航空公司网站及掌尚飞客户端等渠道在全国范围内征集99张父母笑脸,印制在"百度钱包慈翔号"飞机机身上。99位老人不仅收获了子女的孝心与祝福,同时还免费体验了山东航空公司专为"天下父母们"量身定制的"慈翔"高品质航空旅游服务(见图10-17)。

图10-16 小牛资本赞助型公关传播　　　　图10-17 百度钱包赞助型公关传播

3. 交际型公关传播

所谓交际型公关传播是指不借助其他媒介,在人际交往过程中开展公关活动,直接接触,建立感情,达到建立良好关系的目的。交际型公共关系是一种有效的公关方式,借助沟通进入情感阶段,具有直接性、灵活性和较多的感情色彩。交际型公关的常见形式主要有对外开放、联谊会、座谈会、茶话会、慰问活动、沙龙活动、工作午餐会、拜访、节日祝贺、信件往来等。交际型公关需要注意几点：第一，情真意挚。对公众要报以真挚的感情，真心实意地交往。第二，讲究礼仪礼节。按基本礼仪规则行事，注重个人仪表、言语、行动和精神风貌，要以良好的形象出现在公众面前，并善于巩固和推进友谊。第三，杜绝使用不正当手段，不能把公共关系混同于庸俗关系，也不能用私人之间的交往活动代替具有交际性质的公关活动。

金融企业经常举办投资人见面会，便是一种典型的交际型公关活动。小型投资人见面会的方式、时间等都比较灵活和自由，可采用野外烧烤、咖啡厅聊天、会议室交流等形式。这种小型投资人见面会既能满足与投资人互动、交流、建立关系的需求，还可以节约成本。举办大型投资人见面会，须对场地、时间、见面会内容做周详计划和安排，通常须对服务体验、技术实力、运营情况等问题做翔实的说明。

4. 服务型公关传播

服务型公关传播是通过各种实惠性服务，以行动去获取公众的了解、信任和好评，实现既有利于促销又有利于树立和维护企业形象与声誉的活动目的。金融企业可以各种方式为公众提供服务，如金融消费指导、投资者教育等。事实上，只有把服务提到公关这一层面上来，才能真正做好服务工作，也才能真正把公关转化为全员行为。还需要说明的是，一线员工的优质服务也是服务型公关。当员工与顾客直接接触时，员工代表的是企业整体、品牌整体。也许顾客在时间间隔久了的时候记不住提供服务的员工相貌，但员工的言行给顾客留下了代表公司及品牌的印记。所以，员工的言行直接关系到企业及品牌形象，即全员营销概念的具化。

例如，花旗银行的职员在面对繁重的工作任务之余，不厌其烦地帮助客户找寻一张崭新的100美元钞票，并放进一个小盒子方便客户赠送礼物使用；同时，花旗银行的职员会附上一张名片，写着："谢谢你想到了我们的银行"。这看似没有任何收益的服务工作换来了这位偶然光顾的陌生客户的再次光临，并开通了存款账户。

5. 危机型公关传播

当前竞争激烈的市场中，由于各种各样的原因，企业常常会遇到一些意料之外的不好的事情。这些事情可能本来只是一件小事，但由于新闻媒体的加入而被迅速传播，影响不断扩大，最终严重影响企业形象和品牌声誉。危机型公关传播是指在遇到问题与危机，公共关系严重失调，企业形象受到损害时，金融企业为了扭转公众对品牌的不良印象或已经出现的不利局面而开展的公关活动，其目的是对严重受损的企业及品牌形象及时纠偏、矫正，挽回不良影响，转危为安，重新树立企业及品牌的良好形象。按照危机公关处理的"24小时法则"，企业应在24小时内公布处理结果，如不然则会造成信息真空，让各种误会和猜测满天飞。危机公关的传播原则是迅速而准确，这就有了两种时间选择：危机发生的第一时间和危机真相大白的时候。危机发生后，企业要很快地做出自己的判断，给危机事件定性，确定企业公关的原则立场、方案与程序；及时对危机事件的受害者予以安抚，避免事态恶化；在最短时间内把企业已经掌握的危机概况和企业危机管理举措向新闻媒体做简短说明，阐明企业立场与态度，争取媒体信任与支持。同时，注意避免一个误区：在真相出来之前，尽量避免接触媒体。其实，即使你不接触媒体，媒体也会编出种种理由做推测，国内不少危机风波的升级正是没有及时控制不利信息传播的结果。

10.6 金融服务互动式整合营销传播

10.6.1 整合营销传播的核心理念

1992年,由唐·舒尔茨、斯坦利·田纳本以及罗伯特·劳特朋合著的《整合营销传播》,首开先河地提出整合营销传播(integrated marketing communication,IMC)理念。整合营销传播一方面把广告、促销、公关、直销、CI、包装、新闻媒体等一切传播活动都涵盖到营销活动的范围之内;另一方面则要求企业能够将统一的传播资讯传达给消费者。所以,整合营销传播又被称为speak with one voice(用一个声音说话),即营销传播的一元化策略。美国广告代理公司协会定义"整合营销是整合营销传播计划的概念,是指在评估如大众广告、直接反应广告、营业推广以及公共关系等多种传播工具的重要作用时,更充分认识到将这些工具综合运用所带来的附加价值,即整合运用后所带来的信息清晰度、持续性和传播影响力的最大化"。可见,整合营销传播理论的内涵是以消费者为核心,综合、协调使用各种传播方式以统一的目标和统一的形象,传递一致的信息,实现与消费者沟通,迅速树立品牌在消费者心中的地位,建立长期的关系,更有效地达到品牌传播和产品销售的营销目标。简言之,整合营销传播是整合各种促销工具,如人员推销、广告促销、营业推广、公关传播、直复营销等,使其发挥更大功效的活动过程。

经梳理归纳,整合营销传播的核心理念主要有以下四点。

(1)以4C理论取代4P理论,以4R改进4C。即:忘掉产品,研究消费者究竟想要什么;忘掉价格,理解顾客的成本并满足他们的需求;忘掉地点,怎么方便怎么来买;忘掉促销,记住与消费者沟通。

(2)营销即传播,传播即营销,二者密不可分。该思想提倡营销应该以人为本,在营销传播过程中时刻注意与用户进行沟通,这种沟通不是单向的、从上至下的,而是双向的、平等互动的以及长期动态的。

(3)整合营销传播不仅是战略,也是战术。一项整合营销传播的成功依赖于创造性过程的两个性质迥异的部分,即战略"消费者想听什么"和战术"怎么告诉消费者想听的东西"——表现战略的创造性思想。

(4)营销传播是一个"整合"的过程。整合营销传播既要建立面向消费者的传播理念,还要侧重营销传播中各个关系的整合,组合成一个声音、一个形象。

依据整合的方向不同,整合营销传播有横向整合和纵向整合之分。依据媒体或传播形式形成的整合营销传播属于横向整合传播。实践中,多数整合营销传播属于这种形态。比如,传统媒体之间的整合传播,新媒体之间的整合传播,传统媒体与新媒体之间的整合传播。纵向整合传播以时间为轴,包括前期预热、中期发力增热和后期余热的有机整合。

10.6.2 大数据时代互动式整合营销传播

在大数据时代背景下,营销传播环境变成了新媒体,营销传播方式及传播规律也发生了巨大改变,最终衍生出互动式整合营销传播。大数据时代下,金融服务互动式整合营销传播可分为两部分:一是大数据营销信息和信息技术体系,是互动式整合营销传播的基础,核心目标是以存储信息为基础,建立大数据营销信息平台;二是互动式整合营销传播体系,借助不同的传播媒体、信息传递终端以及传播渠道建立营销渠道以及媒体矩阵。大数据时代下开展互动式整合营销传播需进行以下几步。

1. 建设大数据营销信息平台

建设大数据营销信息平台不可缺少的便是获取数据。当前金融企业获得数据的渠道越来越广,但是为了保障数据的精准性和高效性,应该主打自行采集和向第三方海量数据服务商采购等两种数据获取渠道。一般情况下,数据的挖掘、存储、分析与管理工作需要相关工作人员具有较高的专业化数据处理能力,因而在大数据营销改革初期的金融企业可以优先考虑向第三方数据服务商采购技术服务,为后期的市场营销工作奠定坚实的基础。

2. 洞察与细分消费者

大数据营销信息平台的建立为金融企业进行互动式整合营销传播奠定了坚实基础。金融企业以营销信息平台为基础,对营销数据进行统计学、数据挖掘等运算,从而对基础的营销数据进行更深层次地挖掘及分析,最终根据这些数据确定出消费者这段时间以及未来一段时间的心理需求。相比以往未存在大数据信息平台时的营销数据存储、整理、分析以及挖掘方式,大数据营销信息平台能够更及时、更有效、更全方位、更科学及更深层次地帮助金融企业探寻出消费者的不同心理需求,从而准确预测消费者下一段时间内的具体消费倾向,最终实现消费者细分模块的建立。

3. 实施互动式整合营销传播

在已经建立大数据营销信息平台以及细分消费者模块后,金融企业可以消费者模块为基础,制定并实施互动式整合营销传播策略,最终实现针对不同消费者的精准营销。根据消费者细分模块不同,互动式整合营销传播可区分为针对性传播和传统媒体传播。金融企业通常采用的传播媒体包括微信、微博等新兴自媒体,论坛、互联网等网络媒体,以及不同形式的通信媒体和传统媒体。为实现精准营销,金融企业应该针对不同的消费者群体以及他们不同的消费行为、消费习惯进行最为准确的互动式传播。因此,互动式整合营销传播模式应对不同的传播媒体进行合理分析,整合不同传播媒体之间的特点,将每个传播媒体的优势发挥到最大。

另外,在一段时间内,金融企业应当收集、整理以及分析消费者传播媒体使用频率等数据,并以此为基础及时调整和改善互动式整合营销传播策略。在这一过程中,金融企业应该尽可能做到对各类新媒体资源的理性选择,针对不同消费群体的消费习惯开展区别性的互动式整合营销。

4. 建立传播效果监测、评估和反馈机制

完美的互动式整合营销传播非一朝一夕之事,在最初建立的基础上,金融企业还需要对其不断完善,因此有必要建立监测机制对互动式整合营销传播效果进行监测、评估和反馈。互动式整合营销传播监测机制的建立可以帮助企业对最近一段时间内的传播效果进行整理分析,并且在同一时间段内进行营销效果的评估。大量调查分析显示,企业多采用品牌评估法和口碑传播评估法来评估营销效果。在评估完成后,企业应及时反馈营销效果评估结果,同时在大数据营销信息平台进行数据更新,及时有效地分析不同消费者的需求满足情况,并以此为基础优化互动式整合营销传播策略,最终提高企业的营销优势。

本章小结

金融服务促销是指金融企业将金融服务通过适当的方式向消费者进行展示、宣传和说明，以引起消费者的注意和兴趣，激发其购买欲望，促进其购买行为的营销活动。促销之所以是金融营销不可或缺的重要组成部分，是因为其具有传递信息，引导消费；刺激需求，扩大销售；塑造品牌，增强竞争力的重要作用。所谓金融服务促销组合，是指金融企业根据产品特点和营销目标，综合考虑多种影响因素，选择、编配和运用多种促销方式。根据不同促销方式的出发点与作用，金融服务促销策略可分为两种类型——推式促销策略和拉式促销策略。

人员推销是指营销人员以促成销售为目的，通过与客户进行言语交谈，说服和引导客户购买服务或产品的过程，具有双重推销目的、双向信息传递、满足多样需求、推销过程灵活等特点。概括来讲，人员推销可细分为上门推销、座席销售、电话推销、会议销售等。对顾客而言，推销人员代表了金融企业，顾客对推销人员的满意程度事关金融企业的未来发展。从现实出发，一位优秀的推销人员不但要恰当处理企业与顾客间的关系，还要兼顾产品销量与顾客满意度之间的平衡，把推销技巧运用于各个环节。

广告是广告主以促进销售为目的，付出一定的费用，通过特定的媒体传播产品或服务等有关经济信息的大众传播活动。在实现促销目标的过程中，广告目标可以归纳为3种：告知目标、劝说目标、提醒或提示目标。设计高质量的广告必须遵循6大基本原则，包括真实性、社会性、针对性、感召性、简明性、艺术性。广告媒体随着科学技术的发展而不断发展，科技进步必然丰富广告投放的媒体选择。传统媒体主要包括报纸、杂志、电台广播、电视、邮购目录、户外媒体；新兴媒体主要包括微博、微信、搜索引擎、视频平台、自有网络平台、信息流广告平台等。

营业推广，又称销售促进，是指为迅速刺激需求和鼓励购买，金融企业在特定的目标市场中采取的各种促销活动，具有表现形式直观、易感知；灵活多样，适应性强；促销效果显著；非经常性的辅助促销等特点。归纳起来，金融企业常用的营业推广方法有免费使用、赠品促销、返现优惠、积分促销、有奖销售、节日促销以及联合促销等。企业在运用营业推广时，必须予以控制，控制方法有选择适当方式、确定合理期限、禁忌弄虚作假以及注重推广中后期宣传等。

公关传播是指企业为了提高自身知名度、美誉度、和谐度，借助传播的方式所开展的传播活动及其传播管理。从本质上来讲，公关传播是组织主体与公众客体之间信息传播和信息交流的过程。公关传播的作用主要体现在3个方面：规范金融市场秩序，加快社会信用体系建设；密切公众关系，满足顾客日益增长的各种需求；提升金融企业的知名度、美誉度、和谐度。按照功能作用不同，公关传播主要有5种类型：宣传型公关传播、赞助型公关传播、交际型公关传播、服务型公关传播、危机型公关传播。

整合营销传播理论的内涵是以消费者为核心，综合、协调使用各种传播方式以统一的目标和统一的形象，传递一致的信息，实现与消费者沟通，迅速树立品牌在消费者心中的地位，建立长期的关系，更有效地达到品牌传播和产品销售的营销目标。经梳理归纳，整合营销传播的核心理念主要有四点：以4C理论取代4P理论，以4R改进4C；营销即传播，传播即营销，二者密不可分；整合营销传播不仅是战略，也是战术；营销传播是一个"整合"的过程。大数据时代下开展互动式整合营销传播需进行4步：建设大数据营销信息平台、洞察与细分消费者、实施互动式整合营销传播以及建立传播效果监测、评估和反馈机制。

思考题

1. 金融服务促销有哪些作用?
2. 什么是推式促销策略?什么是拉式促销策略?
3. 金融服务人员推销具有哪些特征?
4. 金融服务人员推销的主要形式有哪些?
5. 设计高质量的广告需要遵循哪些原则?
6. 广告投放的传统媒体和新兴媒体分别有哪些?
7. 营业推广具有哪些特征?
8. 营业推广的主要方法有哪些?
9. 金融企业公关传播有什么作用?
10. 按照功能作用的不同区分并解释公关传播的类型。
11. 请举例说明大数据时代互动式整合营销传播。

案例讨论

券商"双十一"也疯狂 看看有哪些优惠服务项目

每逢佳节,都是券商推广活动的好时机,"双十一"购物节自然不会被落下。

1. 11天11位投资大咖做直播

看惯了抽礼品、赢理财券等常规营销活动,券商2019年"双十一"也玩起了网红直播,只是这些网红与电商平台"带货"的网红不同,券商邀请的网红是投资界的大咖。他们不是来让大家"掏钱""剁手",而是来教大家如何赚钱、理财!

据了解,自11月4日起,国泰君安君弘App将开播11场投资大咖秀,持续三周,围绕股票、基金、黄金、债券等财富主题展开,邀请11位业内知名分析师与评论员,做客君弘视频直播间,为海量用户亲授独家秘籍,揭秘投资机会。每一位参与直播的用户都有机会与大咖互动,解答投资困惑之余,还能抽取投资礼包。

国泰君安表示,2019年主推"财富11.11直播活动"是希望在这个全民狂欢的"双十一"中,以自身的专业服务助力客户资产保值增值。

2. 多家券商主推Level-2功能

手机客户端Level-2功能早已推广多时,2019年"双十一"有两家券商聚焦PC端Level-2功能的推广。

兴业证券推出了Level-2极速行情专场活动,投资者成为兴业证券的黄金会员后可参与手机版Level-2抽奖活动,抽中即可免费享有一年Level-2使用权;参与PC版Level-2活动的客户,成为黄金会员可免费领取一个月的Level-2使用权。与手机端Level-2功能相比,PC版Level-2多了龙虎看盘、资金流向功能,将支持投资者更专业的看盘需求。

据悉,国泰君安PC端交易软件富易也将于近期全新上线Level-2行情,内含追踪主力动向、极速十档行情等21项特权功能。为回馈广大用户,将在首月开放免费体验三十天的活动。

申万宏源证券也在"双十一"活动中重点推荐了手机端Level-2功能。11月11日至11月15日,通过大赢家App原价购买Level-2的客户,均享受全场买一赠一的产品优惠(含沪深Level-2和港股Level-2)。线上办理指定业务(个人信息完善、客户回访)的客户,可以免费抽取 Level-2 使用权。

3. 券商推广活动是赔本赚吆喝吗?

除了上述营销活动,2019 年"双十一"券商也推出了抽奖品、赢理财券、打折入会员、优惠买基金等活动。投资者小李直言:"高收益理财券一般只给新客户,老客户享受的理财券都有购买额度限制。对于抽奖品的活动,更是不抱什么希望了。"针对投资者反映的问题,一位不愿透露姓名的券商网高级经理表示,高收益理财券属于回馈客户的活动,证券公司让渡了一部分收益才能实现比较高的收益率,因此对每个客户限制额度也是为了使回馈活动可以覆盖更多人群。针对券商的营销活动略显同质化的现状,兴业证券经纪业务相关负责人说:"形式不重要,目的才重要。"他解释称,活动的形式只是手段,而活动的目标是提升 App 的覆盖量,增强客户对于券商服务的感知。这是一项长期的工作,在某个时间节点搞活动只是抓住一些关键时间节点,使客户有更强烈的意愿参与互动,线下理财顾问也有抓手为客户服务,从而提升线上线下的联动效果。

资料来源:卢丹. 券商"双十一"也疯狂!看看有哪些优惠服务项目[EB/OL]. (2019 - 11 - 02) [2021 - 02 - 15]. http://www.cfbond.com/zclb/detail/20191102/10002000331409015726555508829389912_1.html.

案例思考题:

运用所学知识,谈谈你对金融服务促销策略的认识。

第11章 金融服务人员策略

学习目标

- ◆ 理解服务利润链理论与服务营销三角形理论;
- ◆ 理解金融服务人员策略的背后逻辑;
- ◆ 掌握内部营销的主要内容、基本原则和主要举措;
- ◆ 理解顾客参与的内涵与影响;
- ◆ 掌握顾客参与管理的指导原则与主要方法。

导入案例

方正证券名列《福布斯》"全球最佳雇主榜单"Top 50

《福布斯》杂志发布"2019年全球最佳雇主榜单"(The World's Best Employers 2019),北大方正集团旗下方正证券排名第48位,较去年提升47位,首次进入全球前50,在中国金融企业中排名第1。在2018年同一评选中,方正证券排名第95位,是唯一进入百强的中国金融企业。

《福布斯》与市场研究公司Statista合作,在每年"全球上市公司2000强"的基础上,评选出全球最佳雇主榜单。在2019年评选过程中,Statista分析了超过140万份来自全球和各地区的就业推荐。在推荐信息中,各企业员工对自己的雇主进行评价,回答是否会向亲友推荐自己所在的公司,并推荐行业内的其他雇主。《福布斯》"全球最佳雇主榜单"上榜企业,在企业形象、工作平台和多元化等方面均获得了高度认可。

多年来,方正证券通过践行市场化的人才管理体系,营造简单、信任、尊重的组织氛围,持续赋能员工快速成长和个人价值的迅速提升,同时推动组织不断进取,追求卓越。未来,方正证券仍将坚守"以金融服务成就美好生活"的使命,为所有员工、客户、股东和整个社会贡献力量。

资料来源:北大方正集团旗下方正证券名列《福布斯》"全球最佳雇主榜单"Top 50[EB/OL].(2019-10-25)[2021-02-15].https://baijiahao.baidu.com/s? id=1648352583726884866&wfr=spider&for=pc.

人员是服务营销特有的策略要素之一,包括参与服务提供并影响顾客消费体验的全体员工、顾客本身以及处于服务环境中的其他顾客。换言之,人员涉及与服务发生场合有关的所有人员。现代营销理论认为企业要获利和发展必须以顾客满意为前提,而顾客满意的前提是员工满意。以追求员工满意为宗旨,企业有必要开展内部营销;以追求顾客满意为最终目的,除内部营销外,还需要管理顾客在服务过程中的参与行为。首先,本章将基于服务利润链理论和服务营销三角形理论剖析金融服务营销人员策略的理论基础;其次,围绕以员工为中心的内部营销,系统介绍内部营销的主要内容、基本原则以及主要举措;最后,围绕顾客导向的顾客参与管理,全面介绍顾客参与的内涵与影响、顾客参与管理的指导原则以及主要方法。

11.1 金融服务人员策略的理论基础

11.1.1 服务利润链理论

1994年,詹姆斯·赫斯克特等5位哈佛商学院教授提出"服务利润链模型"。所谓服务利润链是表明利润、顾客、员工、企业四者之间关系并由若干链环组成的链,试图从理论上揭示服务企业的利润是由什么决定的。他们认为服务利润链可以形象地理解为一条将盈利能力、客户忠诚度、员工满意度和忠诚度与生产力之间联系起来的纽带,是一条循环作用的闭合链,其中每一个环节的实施质量都将直接影响其后的环节,最终目标是使企业盈利。简单地讲,服务利润链告诉我们,利润是由客户忠诚度决定的,忠诚的客户给企业带来超常的利润空间;客户忠诚度是由客户满意度决定的;客户满意度是由企业提供的服务价值(服务内容+服务过程)决定的;企业提供的服务价值是由内部员工的满意度和忠诚度决定的。简言之,客户的满意度和忠诚度最终是由内部员工的满意度和忠诚度决定的。服务利润链模型的核心逻辑如图11-1所示。

图 11-1 服务利润链模型的核心逻辑[①]

服务利润链理论的提出对于提高服务企业的营销效率、增强服务企业的竞争优势起到较大的推动作用。第一,服务利润链明确指出了顾客忠诚与企业盈利之间的关系,有助于营销管理者将营销重点从追求市场份额的规模转移到追求市场份额的质量上来,真正树立优质服务理念。第二,顾客价值等式"顾客价值=(为顾客创造的服务效用+服务过程质量)/(服务的价格+获得服务的成本)"为营销管理者指出了实现顾客满意、培育顾客忠诚的思路和途径。服务企业提高顾客满意度可以从两方面入手:一方面可以通过改进服务,提升企业形象来提高服务的总价值;另一方面可以通过降低生产与销售成本,减少顾客购买服务的时间、精力与体力

---

① 资料来源:赫斯克特,萨塞,施莱辛格.服务利润链[M].牛海鹏,等译.北京:华夏出版社,2001.

消耗,降低顾客的货币与非货币成本。第三,服务利润链理论提出"内部服务质量"的概念,表明若要更好地为外部顾客服务,服务企业必须首先明确为"内部顾客"——所有内部员工服务的重要性。为此,服务企业必须设计有效的报酬和激励制度,创造良好的工作环境,尽可能地满足内部顾客的内、外在需求。

服务利润链理论在金融营销中的应用表现在以下6个环节。

1. 金融企业内部服务质量影响员工满意度

金融企业应将员工视为内部顾客,明确内部服务的重要性,尽可能满足内部顾客的需求,并为之提供优质的内部服务。内部服务质量由员工来评价,取决于员工对工作本身的满意程度以及员工关系两个方面。当员工在工作中获得满足和快乐,有一定的自主决定权时,自然会对工作满意、对企业满意。同时,员工之间维持一种和谐、平等、尊重的关系并且相互合作、相互服务,员工满意度也会有所提高。

2. 员工满意度影响员工忠诚度和工作效率

员工满意度主要是指员工对金融企业提供的薪酬制度、学习机会、工作环境、晋升机遇等方面是否满意,可以通过网上调查、服务热线等方式了解员工满意度。员工对金融企业满意度越高,越认同企业文化,对企业未来发展越有信心,越会因成为企业中的一员而感到骄傲。当工作热情被激发出来时,员工会自觉承担一定的工作责任,进而提高工作效率和服务质量。因此,培养和提高员工满意度进而提高员工忠诚度和工作效率,对于金融企业的发展具有深远意义。正如完美世界推出符合"快乐完美"组织文化氛围、颇具个性特质、以"有你才完美"为宣传口号、以"有梦·有趣·有你"(Dream·Interesting·You,简称DIY)为核心理念的完美世界员工幸福管理系统(见图11-2),完美世界定位于从事让人感到幸福的产业,首先要使从事这个产业的人感受到幸福。

图11-2 完美世界员工幸福管理系统

3. 员工忠诚度和工作效率影响外部服务质量

员工对金融企业的忠诚表现为尽心工作,把企业的事当作自己的事,不因外部诱惑轻易离职。员工把企业当作自己的家,在为外部顾客提供服务时,会有热情的服务态度和精湛的服务质量,顾客感受到的服务价值自然会提升。因此,只有高忠诚度的员工才能产生高的服务价值。金融企业可以通过为员工提供公平的发展环境、建立员工自我管理团队、核心员工享有一定的股权、提供挑战性的工作、对员工无微不至的关怀等措施来提升员工忠诚度。要让一名员工真正热爱自己的工作,应令个人脾气秉性、职位认知与其所从事的职业职位相吻合,让每位员工得以发挥自身优势。此外,金融企业有必要加强与员工的交流和沟通,促进员工和组织之间真诚面对、相互认同。金融企业要让员工有信心在为企业做出贡献的同时达到自己的预期目标,最终让职业获得感同企业忠诚度达到和谐统一。IBM 曾做过一项跟踪调查,员工敬业度每提升 5%,可以为企业带来 20% 的业务增长。正因如此,IBM 希望每一位员工为自己的工作内容而自豪,为自己的不断成长而快乐,对自己以及公司的未来充满希望。

员工忠诚度提升服务品质如图 11-3 所示。

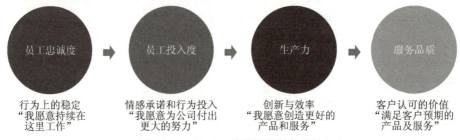

图 11-3　员工忠诚度提升服务品质

4. 外部服务质量影响客户满意度

对金融企业而言,客户满意度取决于客户获得的实际服务效果和其对服务预期的差距。客户获得的实际服务效果比预期高,客户满意度就高;客户获得的实际服务效果比预期低,客户满意度就低。由于实际服务效果和服务预期的差距与金融企业提供的服务、客户期望有关,因此,一方面金融企业可以提高自己的服务质量,另一方面金融企业可以尽可能贴近客户,尽量制定出符合客户期望的服务内容。

5. 客户满意度影响客户忠诚度

客户满意是一种心理活动,是需求被满足后客户感受到的愉悦感。客户忠诚代表客户对金融企业及其服务的偏好。如果客户对金融企业所提供的服务满意,会持续地发生购买行为,客户忠诚度则会随之提高。为培养对企业信任、忠诚的客户,帮助企业实现长远发展,金融企业的一切活动必须以满足客户需求为根本出发点。

6. 客户忠诚度影响金融企业盈利能力及其成长性

服务性企业的利润来源于客户忠诚,客户忠诚度的提高能大大增强企业的获利能力。忠诚的客户所提供的销售收入和利润占据了企业销售收入和利润总额很高的比例。企业 80% 的利润是由占比 20% 的忠诚客户或者老客户贡献的。因此,忠诚客户在很大程度上决定了真正的市场份额,它比以实际客户多少来衡量的市场份额更有意义。

11.1.2 服务营销三角形理论

根据服务营销三角形理论,企业、员工和顾客是三个关键的参与者。企业想要获得成功,必须开展内部营销、外部营销和互动营销,这三种类型的营销活动相互影响、相互联系,共同构成了一个有机整体。为了在激烈的市场竞争中取胜,如何让服务人员有更高的服务热情,金融企业需要进行内部营销;针对目标市场的潜在顾客,如何激发顾客的购买欲望并最终发生购买行为,金融企业需要进行外部营销;金融企业向顾客兑现承诺、信守承诺,需要员工与顾客之间进行互动营销(见图11-4)。服务营销三角形理论表明,内部营销是金融企业开展外部营销的前提,而互动营销是金融企业兑现承诺和信守承诺的抓手。

图11-4 服务营销的三种类型

综上所述,金融服务人员策略涉及两个层面:以追求员工满意为宗旨,金融企业有必要开展内部营销;以追求顾客满意为最终目的,金融企业还需要对互动营销过程中的顾客参与进行管理。具体而言,内部营销是指金融企业从内部营销管理的角度,把员工当作顾客,对其进行培训和沟通,打造优秀员工为顾客服务,提升企业的整体形象。由定义可知,内部营销的本质是将外部营销的思想和方法用于企业内部,通过企业内部互为客户、彼此营销,提高企业内部协调度,不断提高内部员工满意度,从而形成强大的竞争优势。顾客参与是指在服务生产过程中顾客承担一定的生产者角色,为获得情感、个性化、自我创造及自我实现等方面需求而发生的涉入性资源(智力、精力、金钱、情绪等)投入行为。为了防止顾客参与行为对企业营销活动产生消极影响,发挥其对企业营销的积极促进作用,金融企业必须对顾客参与实施有效管理。

11.2 以员工为中心的内部营销

11.2.1 内部营销的对象与内容

1. 内部营销的对象

内部营销的对象不只是营销部门的营销人员和直接为顾客提供服务的一线工作人员,应包括企业所有员工。因为在为顾客创造价值的过程中,任何一个环节的低质量和低效率都会影响到顾客感受的价值。根据员工在服务过程中的职责和地位,可以将金融企业员工细分为前台员工和后台员工。

前台员工在服务过程中的作用体现在:第一,前台员工是金融服务的重要组成部分。服务产品的生产依赖于前台服务人员的参与,前台服务人员和服务产品是不可分割的整体。在服务过程中,前台服务人员是服务的直接提供者,是顾客所购买的整体服务中的重要组成部分,他们会影响顾客对服务的整体评价。第二,前台员工是金融企业的形象代表。前台服务人员是连接金融企业与外界的桥梁,是企业形象及信息传播的重要载体,在沟通企业和公众双方信息方面起着至关重要的作用,直接影响公众对金融企业的整体判断。前台服务人员的一言一行及态度都会影响客户对企业的认知和对企业的整体评价。第三,前台员工是金融企业的营销者。前台服务人员扮演了企业营销者的角色,他们是企业的活广告。有些前台服务人员在为顾客提供服务时,和顾客进行交流沟通,能够捕捉到一些重要信息,根据顾客的需求介绍和销售顾客可能会感兴趣的服务产品,让顾客感受到金融服务人员的专业性和敬业精神。

第四届广州金融服务之星正式出炉

后台员工在服务过程中的作用体现在:第一,后台员工提供管理支持。管理者为企业运行制订计划并控制企业朝着既定目标发展,为团体提供了一个好的典范。人力部门对各项工作和各个职位明确具体责任,并对员工进行培训,引导员工以顾客为导向和具备服务意识,调动整个企业对顾客提供优质服务的积极性,最终提高服务品质。第二,后台员工提供技术支持。在为顾客服务过程中,员工需要借助服务设备,如电脑、打印机等。技术部门在服务设备出现故障时,可以及时进行维修,不影响对客户的服务。每家金融企业都依赖系统支持,好的系统可以缩短办理业务的时间和减少出错的概率,技术部门对系统的开发和维护起着重要作用。

盘锦工行全力做好二线为一线服务工作

2. 内部营销的内容

金融企业内部营销的内容涉及企业对员工的营销、企业各部门之间的营销两个层面。

首先,企业对员工的营销包含两个方面:第一,企业向员工营销自身的价值观,使员工对本企业的价值观形成共识,认同本企业的组织目标,认同本企业的组织文化,并使个人目标和组织目标达到更好的结合;第二,企业向员工营销自身的服务和产品,应借助营销理论在企业内部的应用来探索使员工满意的方法和手段。可以想象,连自己的员工都不愿意使用的服务和产品,是不大可能在外部市场取得成功的。

其次,企业各部门之间的营销。外部顾客的满意不仅是和顾客接触的前台员工以及为他们提供支持、支撑的后台员工共同努力的结果,也是企业内部各部门密切合作、共同努力的结果。因此,部门之间的相互了解和高效、优质配合,是实现最终顾客满意的重要前提。从这个意义上说,企业内部的各个部门,无论是职能部门、业务部门还是支撑部门,都必须积极地向其他部门营销自己,增进其他部门对自己的了解,增强部门之间合作与配合的效率、效果,降低部门间发生冲突的可能性。只有企业各个层级的每个部门都这样做,才能真正成为一个高效运作的整体。

11.2.2 内部营销的基本原则

内部营销是品牌内化的执行层面,一套成功的内部营销体系最终会达成品牌内化的终极目标。从内部沟通到品牌内化是一个完整的过程,同时也是一项长远的持续性工程,无法一蹴而就。尽管如此,金融企业开展内部营销可以把握以下四个原则。

1. 清晰化公司愿景及品牌核心精神

盖洛普在美国随机抽样超过 3000 名在职员工展开调查分析,发现仅 41% 的受访者认为他们非常清楚"公司的价值主张"以及"自家品牌与竞争对手的差异"。值得关注的是,若依据受访者职级进一步分析,这个比例在高阶及中阶主管中分别为 60% 与 46%,但对一般基层员工则大幅降至 37%。这项调查显示,多数员工对于公司想要打造什么样的品牌仅有非常模糊的概念认知,而这些基层员工却可能是每天面对和服务顾客的人选。所以,内部营销的首要原则是让所有员工对公司愿景及品牌核心精神皆有清楚的认知、认同,并且了解公司期望创造何种顾客体验。例如,星巴克会精心打造品牌示范空间,邀请主管及员工以顾客的角度亲身感受,实际体会星巴克提供的服务。

2. 建立"每个人的工作皆对品牌有所贡献"的观念

多数人常误以为做品牌是市场部的责任,其实企业应该让每位员工了解自己的工作如何影响消费者的观感,并且尽可能列举可遵行的具体做法、面对状况的取舍原则以及应避免的不当行为,协助并鼓励每个人成为品牌的最佳代言人。管理层感动 10 名顾客,不如去感动 5 名员工,因为受感动的 5 名员工能够感动的顾客绝对不止 10 名!调查显示,员工满意度每提高 3%,顾客满意度就提高 5%,而利润可增加 25%~85%。例如,广发银行选用自己的员工作海报模特,这种做法不但激励员工更加重视自身工作对品牌的影响,也是表彰员工和促进认同的一种方式。

不是谁都能够成为广告明星,除非你是……银行柜员

3. 活化内部沟通机制

除让员工了解公司愿景与品牌核心精神之外,金融企业还应该建立倾听员工需求及形成员工乐于分享公司品牌价值的内部沟通机制,这样才能进一步凝聚共识,使大家在日常工作中体现出品牌精神,进而创造出企业期望提供给消费者的品牌体验。金融企业将员工视为内部顾客,透过各种媒介与管道不断沟通,让组织持续聚焦于公司愿景及品牌核心精神。借由诚恳开放的倾听与对话,提升组织透明度,使员工对组织既有理性的契约和责任感,也能培养出感性的归属与认同感,进而在这种心理基础上发自内心地表现出尽心尽力的行为。

4. 将内部营销工作融入人才选训的过程

成功的品牌内化始于雇用志同道合的人才。在传统的人力资源招聘过程中,"能否适应岗位的工作"是招聘的唯一标准;但在内部营销思想下,金融企业应在招聘流程中明确传达公司

愿景及价值观,协助求职者明了哪些是符合企业品牌精神的行为特质,并尽可能争取具备品牌DNA的人才加入团队。同时,可以透过工作坊、训练营、讲座等不同形式的在职训练,持续深化员工的品牌认知。换言之,除招聘环节外,内部营销理念及方法要运用于人力资源管理的各个环节,包括培训、绩效考核、薪酬管理、职业生涯管理等。

商业银行优秀客户经理的基本功——铜头、铁嘴、茶壶肚

11.2.3 内部营销的主要举措

金融企业内部营销的核心与关键在于提高员工的满意度。研究发现,影响员工满意度的内部条件按影响程度高低依次为:工作本身、培训、报酬、晋升公平性、在尊重和个人尊严方面所受到的待遇、团队工作、公司对员工生活福利的关心程度。鉴于此,内部营销要围绕了解员工的情感和需求,向着吸引、培训、激励、沟通及保留员工而努力。

1. 内部市场调研

员工满意是客户满意的必要条件。提高员工满意度的前提,是了解员工的情感和需求;只有真正了解员工的情感和需求,才能对员工实施有效管理。金融企业可以将外部营销调研的成熟方法和技巧应用于内部营销,如实地观察、一对一访谈、专题讨论、问卷调查等,建立员工档案,了解员工的基本情况、技能特长及情绪、信仰、价值观等,以及对企业的态度、对管理者的评价和期望、对内部服务质量的要求、对企业产品和服务的看法及建议等。内部市场调研的目标对象不仅包括现有在职员工,甚至可以包括潜在员工和离职员工,这样才能真正了解职业市场的劳动力供求趋势、人才分布结构、薪资福利水平、期望工作类型、职业发展方向及人才流动态势等情况。

2. 内部市场细分

因为受教育程度、人生阅历不同,每位员工的心理、性格、工作能力存在着差异。金融企业需要把现代营销市场细分理论应用于内部营销,将内部市场像外部市场一样进行细分。根据员工的不同需求及情感特征,将其分为不同的群体,安排适合员工个性和专长的工作岗位,实施不同的管理方法、有针对性的激励方式和沟通策略,这样才能留住员工、保持员工满意、提升员工忠诚度并充分调动员工的主动性,使之为实现企业目标而积极努力。

内部市场细分的变量较多,除员工个性、知识特点等心理、行为变量外,主要还有"员工在组织中所处的层次"及"员工与客户接触的程度"等。有两点需要特别指出,高层管理者既是内部营销的目标客户之一,也是内部营销的发起者和领导者,如果没有他们的认同,内部营销的理念很难得到全体员工的认同、接受,并融入企业文化且成为其中的一部分;同时,后台接触型员工和支持型员工对创建、维护整个企业的"客户意识"和"服务文化"也发挥着重要作用。

3. 招聘、教育和培训

企业与员工之间的相互匹配是开展内部营销的先决条件,包括企业职位与员工兴趣能力的匹配、企业文化与员工价值观和人格特性的匹配、企业发展方向与员工职业生涯发展方向的匹

配等,其中最重要的是企业文化与员工价值观的匹配。对服务性企业而言,最重要的是具有服务意识、顾客导向、头脑敏锐的人才。在聘用人才的时候,除考察教育背景、技术技能等常规项目之外,应重点考察应聘人员的内在素质和顾客导向程度,以保证新员工易于同企业核心价值观相融合,从而降低新员工与组织的磨合成本。

员工进入企业是为了谋求个人发展和自我价值的实现。教育和培训作为员工增值、企业文化塑造的一种重要手段,越来越受到重视。许多知名企业除了依靠良好的薪酬福利吸引人才外,完善的员工培训体系也是招揽人才的重要砝码。教育和培训向员工传授相关技能,更重要的是职业道德、工作规范和标准化培训及向员工灌输企业倡导的核心价值观。在掌握岗位技能的前提下,鼓励并引导员工了解其他部门所提供的服务及他们之间如何相互协调,逐步让员工树立起顾客导向的思想。通过教育和培训,员工更加具有价值,也更加具有竞争力。教育和培训应该在组织内部形成制度化和常规化,内容上应以内部调研结果为依据,明确知道员工"对什么感兴趣"和"需要学什么",再来制订培训计划;形式上可以采取课堂教学、在岗培训、外出观摩、自练自学、案例分析、角色扮演等灵活的方式;培训结束后,应该及时进行效果评估和项目调整,逐步打造学习型组织。

4. 激励与认同

激励是指企业采用适当的刺激方式,鼓励员工以更高的水平、更大的主动性和自觉性从事工作,取得成就。激励的方式有很多种。薪酬是使员工满意的基本平台,企业可运用定价策略中的方法和技巧,设计合适的薪酬福利计划,建立公平、公正和公开的晋升机制,发挥考核与奖励的杠杆作用,使薪酬制度对员工更有吸引力和对外竞争性。企业应更多地使员工了解自己工作的意义、价值及自己努力的方向,根据员工的贡献及时做好绩效考核,明确、合理地奖励、表彰优秀员工;同时针对员工的不同特点,考虑不同员工群体的不同需求,区分工资和奖金,采取不同的激励方式,使企业中每个人都有获得激励的机会,让他们感受到自己的努力得到了企业的认同和重视,从而促使员工产生奋发向上的进取精神、努力工作的积极性和满足感。在方法上,应重视日常工作中一些非正式激励手段,强调奖励团队而不仅奖励个人,把激励与企业愿景和战略相联系,致力于塑造员工对企业长期的满意度和忠诚度。

5. 尊重

根据马斯洛需求层次理论,人的需求有一个从低到高的排列,逐层递进式发展。低层次的需求是生理需求,向上依次是安全需求、社交需求、尊重需求和自我实现需求。随着社会进步,人的需求不断升级,更多地表现为社会认同和尊重需求。员工是企业最重要的资产,企业对待员工,物质奖励只是最基本的奖励。社会认同和尊重需求会对员工的内心情感、工作态度产生很大影响。不尊重或以高压态势对待员工,必将影响企业和员工内部沟通以及信息交流的通畅,对企业发展是十分不利的。企业从经营理念到管理机制都要体现组织对员工的尊重和关怀,使员工能在企业中找到自己的心理慰藉。在这样的环境下,每个人都能得到充分的尊重,很容易把一个企业凝聚起来,使员工心甘情愿地为企业奉献。

6. 授权

授权是指通过赋予员工相应的权利和自主性,使其能控制与工作相关的情况和做决定的过程,这意味着可以让基层员工做出正确的决定。内部营销强调真正授权给予顾客接触的员工做决策并采取行动的权利,"让能听到炮火的人来做决定"。主管通过授权来提高员工的满意度。授权的内容包括管理支持(主管对员工提供信息并移交决策权)、知识支持(使员工有分析情况并做出适当决策的知识),以及人员、系统、技术和数据库支持。授权需要首先向员工明确企业的核心价值观是什么,让其知道企业最希望员工表现的行为特征是什么、在什么权限范围内可以自主做出决定。优质的服务,首先是能够快速、容易得到的服务。只有赋予员工现场做决定的权利,才能确保服务过程的流畅和结果的质量。正确地运用授权,有助于减少员工的角色模糊和角色矛盾,增强员工的适应性和满意度。

7. 沟通

沟通是意义的传递与理解。很多企业在与外部客户的沟通中,不惜巨额费用发布广告、印刷画册、举办展览等,却忽视了内部沟通的重要性。内部沟通是在企业的经营管理过程中,信息在组织内部的流动和共享情况。一个组织的沟通效果决定了组织管理效率,高级的组织沟通能对促进企业经营目标的实现起到事半功倍的效果。有效的沟通可以实现员工对企业目标的高度理解、支持和拥护,有效沟通的关键取决于渠道的有效性和信息发送者与接收者之间的理解。内部沟通的方式有正式和非正式之分。正式的内部沟通方式有会议、报告、调查、培训、面谈、书面交流等;非正式的内部沟通方式有旅游、节日或司庆活动等。金融企业必须选择员工能够接受的方式和渠道,使组织目标潜移默化地被员工理解和接受。

8. 培养团队工作模式

内部营销是一个整体的管理过程,它确保企业所有层级都能理解和亲身体验自己的工作,其目标不仅在于员工之间,也在于组织各层级之间。内部营销能创造、维护和强化良好的内部关系,形成各部门、层级间密切和高效的协作。团队工作的实质是从原来面向功能的工作设计转向面向过程、面向产品、面向结果、面向客户的工作设计,员工和部门不再只从事单一的专业化工作,而是从事与最终产出、与整个过程有关的多项工作。团队工作对内部营销的作用主要体现在使员工和部门抛弃以工作和任务为中心的思维方式,在组织中的各层级之间建立良好的内部关系,加强各部门间的沟通合作,提高信息在整个企业内部的沟通速度,使整个企业都面向客户市场,提高团队成员的士气、满足感和成就感,有利于充分发挥各个层级的积极性和创造性。

中国工商银行的人力资源政策

11.3 以顾客为导向的顾客参与管理

11.3.1 顾客参与及其影响

1. 顾客参与的内涵

目前,国内外学术界对于顾客参与有多种定义,主要是从行为、心理、成本等几个角度进行阐述。从行为角度来看,顾客参与是顾客通过参与服务确定他们自己在服务过程中所扮演的角色和他们对服务所怀有的期望的行为。具体说来,顾客参与就是顾客参与设计服务类型、内容、方式的行为,是一种"行为性的涉入"。从心理层面来说,顾客参与是顾客在交易过程中追求更高心理需求(如情感、尊重、认可、自我实现)的结果。从交易过程中顾客所投入成本的角度来说,顾客参与被视为顾客在消费过程中"体力上""精神上""智力上"及"情绪上"的努力与投入,以及顾客积极参加和在生产及传递服务过程中提供产出的程度。体力上的努力是一种劳力付出,如顾客在自助餐厅自己盛放食物、遵照医嘱按时服药等;精神上、智力上的投入指顾客在信息和情绪上所做的努力,信息涉及的范围很广,包括为让服务能够顺利进行,顾客向服务人员讲述购买服务的出发点、需求和目标;情绪上的投入是指在与一些不友善、不积极的服务人员互动时,顾客仍必须表现出耐心和气的态度。概括来讲,顾客参与是一种在服务或产品生产过程中顾客承担一定的生产者角色,为获得情感、个性化、自我创造及自我实现等方面需求涉入性的资源(智力、精力、金钱、情绪等)投入行为。

针对不同的服务内容,顾客参与可以分为高度参与、中度参与和低度参与三个层次。在高度参与类型中,顾客是整个服务提供不可或缺的组成体,服务的方式、质量、时间等都由顾客决定。在这样的背景下,顾客别无选择且必须积极地与服务提供方共同生产服务,否则将无法获得自己所追求的结果。在此类服务中,顾客是"主要生产者",手机银行、网上银行、自助ATM机等都属于顾客高度参与的金融服务。在中度参与情境下,定制化服务并不似高度参与类型中那么普遍,但顾客也会因自身个性化需求而将自己拥有的信息、精力、思维等投入服务传递过程中,使标准化服务在某种程度上转为定制化服务。在此过程中,顾客是服务提供方的"辅助者",比如制订投资理财计划、柜台互动等。在低度参与情境下,所有的服务都是标准化的,服务内容、方式、类型等全部由服务提供方决定,顾客只需要在消费场所付费即可完成服务传递,如银行上门服务,顾客在这种情境下是属于"被动接受者"。顾客参与的不同程度划分如表11-1所示。

表11-1 顾客参与的不同程度划分

特征	高度参与	中度参与	低度参与
顾客责任	服务由顾客主导而完成	顾客需要投入一定资源获得期望的服务	顾客只需要出现在消费场所
服务标准化程度	顾客的积极参与能够决定服务的个性化程度	标准化服务由于顾客的投入实现了部分定制化	服务完全标准化
服务生产方式	若没有顾客的参与,将无法完成服务生产	服务生产需要考虑顾客的需求	服务生产面向大众,而不考虑个体
顾客投入形式	顾客投入具有一定的强制性,顾客与企业共同生产服务	服务提供方需要提供服务,但服务的具体生产需要顾客提供信息和努力而实现	顾客对服务生产的唯一投入仅是付费
举例	手机银行、网上银行、自助ATM机	制订投资理财计划、柜台互动	银行上门服务

2. 顾客参与的影响

在营销框架下,顾客参与会对金融企业开展营销活动带来哪些影响?概括而言,影响有三。

第一,顾客参与能够促进产品创新。顾客参与是顾客提高服务效率的实现手段,对服务过程的参与会使顾客不断完善服务方式并提升技能水平,也会根据自身需求结合服务提供方的服务现状提出改进意见,促进新产品的开发。顾客参与是金融服务创新的重要驱动因素之一,促使金融企业开发新的服务和技术。顾客参与提高了服务新产品的新颖性,提高了服务创新的市场接受度,减少了不确定性和模糊性,提高了创新主体的交互作用,使创新更加有效率。

第二,顾客参与能够提升顾客满意度。在参与过程中,顾客与服务人员建立良好关系,能够使个性化需求得到较好的满足,同时也能使顾客明白服务提供方所提供的服务内容以及服务限制,对于服务有更切实际的期望。由于顾客期望与实际感知的差距缩小,所以顾客参与能够提升顾客满意度。此外,顾客参与能够通过与服务提供方互动降低顾客的风险感知,在了解服务提供方能力的基础上提高对自身需求能否得到满足的确定性,进而增强积极的情感体验并提升满意度。

第三,顾客参与能够改善企业经济效益。为了获得愉悦体验,降低服务质量不确定性的顾客参与行为能够强化其对服务质量感知的认同,培养顾客的满意度及忠诚度,稳定甚至扩大目标市场份额;与此同时,顾客在接受服务的过程中承担了部分"员工"职责,相当于免费人力资源,变相地降低了企业的服务成本,有助于改善企业经济效益。

当然,除上述正面影响外,顾客参与也有可能带来负面影响。例如,自助银行 ATM 机对顾客的操作技能有一定要求,而且是企业为了提高自身效率使顾客被动参与服务生产的一种手段,会将部分服务成本转移到顾客身上。同时,在参与服务生产和传递的过程中,很多顾客并不能很好地承担自身责任,理解自己的角色,导致企业培训成本增加,甚至延缓服务完成时间。此外,顾客参与行为很可能将顾客转变为企业未来的竞争对手,因为通过参与服务过程顾客熟悉整个服务流程,有可能会对服务质量提出更高要求,形成新的心理预期,甚至出现满意度降低。

11.3.2 顾客参与管理的指导原则

顾客参与对金融企业开展营销活动的影响有利有弊,金融企业有必要对顾客参与行为进行管理。通常而言,顾客参与管理需要遵循以下六大原则。

1. 不要抗拒顾客参与

许多管理者担心顾客参与行为很难管理,而且若花费太多精力处理顾客反馈,企业会忽略更加重要的工作。对于顾客参与的另外一个担忧和知识产权有关,即"点子归谁所有"。例如,一家欧洲航空公司 CEO 不愿意和顾客沟通,因为他担心"某些人会试图牟利"。在某些情况下,这些担心并不是没有道理。企业若认为顾客无法成为有价值的资源,或是认为他们总是被贪欲所驱动、不可信任,这是令人担忧的。毕竟一段双赢的商业关系必须建立在互信的基础之上。研究发现,愿意接受顾客反馈和鼓励顾客参与的企业通常和顾客会维持较长的关系,回报也更加丰厚。因为顾客在意识到企业重视其反馈时,会更加愿意和这家企业保持联系。注意,并不是说无论顾客说什么,企业都要照做。单纯是鼓励用户反馈和聆听用户反馈就能让用户感觉受到了尊重,并且参与了价值创造的过程。

2. 简单开始并逐渐扩张

许多企业之所以在顾客参与计划上进展缓慢,是因为他们不知道从何开始,或是觉得这个计划过于庞大。鼓励顾客参与并不一定要很复杂。越简单,花的时间越少,各种类型的顾客就越有可能参与。有了第一步之后,企业可以继续设计更加严格和规范的顾客参与计划,收集、分析与吸纳顾客反馈。虽然苹果公司以不做传统的产品测试与市场调研闻名于世,但它对于顾客参与管理投入甚多,采用了多种方法来鼓励顾客反馈。除提供极易发现与使用的线上反馈页面外,苹果公司的顾客支持社区网站也提供了一个论坛,让顾客同其他顾客、苹果公司讨论有关苹果产品的种种问题。对苹果公司而言,该论坛是一个无价的信息源。他们的另外一个工具是名为"快车道"的高级支持网站,用户可以明确描述他们遇到的问题,并同苹果工程师对话。

3. 从战术到战略

某些企业愿意花精力去提升顾客参与度,但却无法获得相应的收益。通常是因为管理者将顾客参与视为一种临时性的战术方案,而非从战略角度将其视为品牌的核心组成部分。促进顾客参与最初可以作为一种新的战术元素在市场部存在,但企业应渐渐将其转化为战略结构的一部分。举例来说,一家欧洲消费者银行在招聘私人银行关系经理和其他面对顾客的员工时,邀请顾客参与其中。顾客的反馈可以帮助企业辨识哪些规定是不受欢迎的,并试图改进它们,顾客参与可以帮助企业去重新设计商业模式中的某个核心元素。

4. 让社交媒体和顾客参与相互支持

对于希望促进顾客参与的企业而言,社交网络的普及意味着非比寻常的机会。企业若懂得有效且高效地利用社交网络收集信息,有望获得丰厚收益。例如,自2008年开始,星巴克鼓励顾客通过名叫"我的星巴克点子"的网站提供建议。顾客可以在网站上谈论如何改善星巴克的体验,讨论其他顾客的意见,并给它们打分。某些点子会被星巴克采纳。不过,点子是否被采纳并不重要,重要的是顾客在参与,感到自己是星巴克的一分子,和品牌产生了联系。同时,数据管理和软件都可以帮助企业鼓励、管理并奖赏那些为企业提出意见的顾客。

5. 让顾客产生可控感

顾客希望他们的参与是自愿的,而非被迫的。有时,企业要动点脑筋才能将顾客纳入这个过程当中。研究显示,虽然任何形态的顾客参与都可以让企业获益,但如果顾客是"被迫"发表意见(例如他们有不愉快的体验),那么对于接下来的购买行为不会有正面效应。例如,一家国际航空公司的首席营销官说:"要失去顾客的信任,最简单的办法就是拼命问他要反馈,然后不跟进,也不告诉他我们打算怎么改进,怎么使用收集到的这些顾客信息。最糟糕的情况就是用户被迫给出了反馈。此乃大忌。"部分企业管理者会不惜一切代价促成顾客主动参与,并让顾客产生可控感。

6. 给予明确回应

顾客希望看到自己的参与能带来正面效果——不只是为他们自己和其他顾客,也是为企业。如果他们要投入时间,他们就希望能看到效果,也希望企业能够真正地听取他们的建议。若感到他们的建议被忽略或是他们的反馈并不重要,顾客就不会积极参与了。企业应该让顾客了解管理者如何使用他们提供的信息,以及他们的意见在如何影响着企业决策。用具体的实例向顾客说明,之前的意见如何改进了其他顾客的体验,或是如何提高了效率,这可以增加顾客忠诚度。调查显示,许多公司都成功地通过线上社区鼓励顾客参与,这些社区在未来很可能会成为愈发有价值的平台。

11.3.3 顾客参与管理的主要方法

遵循上述指导原则,在实际操作中,金融企业管理顾客参与行为的方法主要有以下 4 种。

1. 定义顾客的工作内容

金融企业首先要确定需要哪种类型的顾客参与,有三种不同的参与水平——高度参与、中度参与、低度参与。当服务的生产和传递密不可分时,当通过与顾客的现场接触可以增加市场收益时(如销售延伸、建立忠诚),当顾客可以补充服务劳力和信息时,提高顾客参与水平是有益的,金融企业可以选择提高顾客的参与水平。当然,金融企业也可能降低顾客的参与水平,尽可能隔绝顾客与员工、服务设施的接触。

一旦确定顾客参与水平,金融企业就可以更具体地定义顾客的工作内容,即顾客应承担的工作是什么。金融企业可以利用服务剧本引导顾客正确扮演自己的角色。所谓服务剧本,是从顾客角度出发,以时间为顺序详细描述服务过程的构成步骤。服务剧本可繁可简,有多种表现形式,如现场示范、图片展示、操作指南、说明书、标识等。服务剧本的好处体现在:第一,帮助顾客形成共同、合理的期待,减少服务参与人员之间的冲突。第二,有助于顾客完成自助服务。例如,在使用银行自助取款机时,电脑屏幕会分步给出操作提示,引导顾客完成自助服务。第三,帮助顾客形成共同的行为规范。

2. 吸引、教育和奖励顾客

第一,吸引合适的顾客。金融企业在教育和帮助顾客适应其角色之前,首先必须吸引合适的顾客担任那些角色。金融企业应在广告、人员推销、信息资料中清楚地描述顾客的角色。例如,南航明珠俱乐部的宣传就十分清晰——商务差旅群体,结果提高了顾客对服务质量的感知,航空公司也减少了顾客本身的不确定性。

第二,教育和训练顾客有效地完成角色。典型的例子是证券市场开展的投资者教育。证券机构举办各类培训同投资者相互交流,培养投资者对证券市场的认识、对投资技巧的了解、增强风险意识和掌握规避风险的方法。投资者认识到投资不是政府的事,股市下跌政府救市是不合理的,同时应减少跟风和跟小道消息,使投资行为趋于理性,市场趋于有效和健康。

第三,对顾客的贡献给予奖励。如果顾客因为有效完成自己的角色而得到回报,他们将更愿意有效地完成自己的角色或积极参与。回报的方式可以是提高对服务传递过程的控制、节约时间、节约货币等。例如,顾客使用 ATM 机可以得到地点便利和时间效率;信用卡刷卡消费达到一定数额可以获赠礼品;股票交易达到一定数额可以进入大户室,享受更多超值服务;等等。

3. 加强与顾客合作的能力

金融企业必须认识到顾客正在成为价值创造的伙伴,应与顾客共同创造价值。在与顾客的合作中,金融企业需要抓住以下 5 个问题:

第一,鼓励顾客与金融企业之间的积极对话。金融企业建立通畅的顾客投诉渠道有利于发现服务失误,及时进行服务补救。

第二,鼓励建立顾客联盟,如顾客俱乐部、顾客社区等。顾客联盟便于顾客对金融企业产生积极的评价,有助于顾客获取必要的知识,从而能够同员工和其他顾客进行互动接触。

第三,管理顾客差异。一些顾客喜欢自我服务,另一些顾客喜欢让别人为他们提供服务。

因此，金融企业往往以定制化服务适应不同顾客群，比如银行既提供自动化的自助服务，又提供高接触的员工服务。

第四，为顾客重建个性化体验。个性化是使顾客成为他们体验内容的共同创造者。例如，证券公司可以让顾客自行指定接受服务的方式、指定服务人员等，也可以为顾客做出某些推荐。

第五，发展顾客自助服务。受益于当代信息技术发展，自我服务技术有了长足进步，许多服务可以在完全没有任何员工直接介入或互动的情况下由顾客直接完成。顾客自助服务是顾客参与的极限形式，如自动取款机、智慧柜员机。自助服务可以增加顾客的参与热情和责任感，突破人员瓶颈，降低服务成本，扩大服务生产能力，推动服务技术的改进和创新等。

4. 注重顾客兼容性管理

金融企业经常需要为截然不同的顾客同时提供服务，由于服务资源在一定时空内的有限性和顾客特质、需求的差异性，顾客间很可能产生利益冲突或矛盾。对多样的、有时是冲突的细分顾客群进行有效管理，促进顾客之间产生积极影响，并避免顾客之间产生消极影响，被称为兼容性管理。顾客兼容性管理包括：首先，吸引同类顾客进入服务环境；其次，制定并公布顾客的行为准则；再次，对有形环境及顾客之间的接触主动管理，增加积极接触，减少消极接触；最后，前台员工观察顾客之间的相互影响，避免潜在冲突，促进积极接触。

本章小结

人员是服务营销特有的策略要素之一，包括参与服务提供并影响顾客消费体验的全体员工、顾客本身以及处于服务环境中的其他顾客。根据服务利润链理论，金融企业内部服务质量影响员工满意度，员工满意度影响员工忠诚度和工作效率，员工忠诚度和工作效率影响外部服务质量，外部服务质量影响客户满意度，客户满意度影响客户忠诚度，客户忠诚度影响金融企业盈利能力及其成长性。根据服务营销三角形理论，内部营销是金融企业开展外部营销的前提，而互动营销是金融企业兑现承诺和信守承诺的抓手。金融服务人员策略涉及两个层面：以追求员工满意为宗旨，金融企业有必要开展内部营销；以追求顾客满意为最终目的，金融企业还需要对互动营销过程中的顾客参与进行管理。

金融企业内部营销的对象不只是营销部门的营销人员和直接为顾客提供服务的一线工作人员，应包括所有的企业员工。内部营销的内容可以从企业对员工的营销、企业各部门之间的营销两个层面来解读。金融企业开展内部营销可遵循清晰化公司愿景及品牌核心精神、建立"每个人的工作皆对品牌有所贡献"的观念、活化内部沟通机制、将内部营销工作融入人才选训的过程等原则。金融企业内部营销的核心与关键在于提高员工的满意度，主要举措涉及内部市场调研、内部市场细分、招聘、教育和培训、激励与认同、尊重、授权、沟通、培养团队工作模式等。

概括来讲，顾客参与是一种在服务或产品生产过程中顾客承担一定的生产者角色，为获得情感、个性化、自我创造及自我实现等方面需求涉入性的资源（智力、精力、金钱、情绪等）投入行为。针对不同的服务内容，顾客参与可以分为高度参与、中度参与和低度参与三个层次。顾客参与能够促进产品创新，能够提升顾客满意度，能够改善企业经济效益。当然，除正面影响外，顾客参与也有可能带来负面影响。顾客参与管理遵循的指导原则有：不要抗拒顾客参与、简单地开始并逐渐扩张、从战术到战略、让社交媒体和顾客参与相互支持、让顾客产生可控感、给予明确回应。顾客参与管理的主要方法有：首先，定义顾客的工作内容；其次，吸引、教育和奖励顾客；再次，加强与顾客合作的能力；最后，注重顾客兼容性管理。

思考题

1. 请解释服务利润链在金融营销中的运用。
2. 请解释服务营销三角形理论的核心思想。
3. 前台员工和后台员工在金融服务过程中分别发挥什么作用？
4. 金融企业内部营销遵循哪些原则？
5. 请举例说明金融企业内部营销的主要举措。
6. 什么是顾客参与？顾客参与对金融营销活动有什么影响？
7. 请解释金融企业开展顾客参与管理的指导原则。
8. 金融企业开展顾客参与管理有哪些方法？

案例讨论

全行一盘棋、条线抓到底、一级抓一级、层层抓落实

服务工作是一项关乎银行整体运营、贯穿经营发展始终的全局工程，涉及面广，牵一发而动全身，关键在于整体协同、形成合力。因此，必须通过构建大服务格局，从战略谋划到细节改进，对前中后台、上下级行进行综合施治，贯彻"全行一盘棋"的思想，才能持之以恒地提升服务水平。

一是银行最高决策者将客户服务作为中心工作来抓。银行一把手对服务工作的高度重视和真抓实干，是抓好服务工作的前提和关键。一把手的职责在于承担起整体协同的职责，带头研究解决客户服务问题，对资源配置、顶层设计等一些涉及全局性的工作要亲自协调，自上而下推动服务改进。

二是进一步围绕客户设置前台部门。银行的组织结构在近几十年来经历了从产品型向客户型的演变。目前，多数的中资银行已经从完全以产品为中心设置前台部门，转换为按照客户群来设置前台部门，如公司部、机构部、中小企业部、个人金融部、私人银行部等。与此同时，中资银行仍保留了一些按产品和业务条线划分的部门，如结算部、国际业务部、电子银行部等。以客户为中心进行业务和部门的设置，能够全面了解客户需求，并将具有相关性、协同性的业务和产品集合在一起，让同一类客户的一揽子需求得到更好满足。

三是建设服务管理部门牵头协调、业务条线分工负责的矩阵型服务管理体系。银行应构建服务管理部门与业务部门高度协同的执行机制，加强业务部门的深度参与，注重标本兼治，共同改进，促进服务品质的有效提升。

四是推动二线为一线服务格局的建设。银行全体员工均以服务一线为第一要务，中后台部门本着"一线前台也是客户""一切为了客户"的宗旨，通过制定内部服务规范、明确内部服务标准、推行内部服务承诺制，使提升服务质量的压力由基层行有效传导至管理行，由前台有效传导至中后台，使全行共同构成一个真正以客户为中心的服务价值链。

总之,通过构建大服务格局,不断强化服务工作的执行力,使"全行一盘棋、条线抓到底、一级抓一级、层层抓落实"的服务推动机制愈加成熟,在金融机构内部形成共同改进服务的合力。

资料来源:"以客户为中心"触发金融服务七大变革[EB/OL].(2014-07-19)[2021-02-15]. https://finance.sina.com.cn/stock/t/20140719/035619755658.shtml.

案例思考题:

1. 在大服务格局中,如何更好地调动一线员工的工作积极性?
2. 在大服务格局中,如何理解二线为一线服务格局的建设?

第12章　金融服务过程策略

学习目标

- ◆ 熟悉金融服务过程的定义与分类；
- ◆ 理解金融服务过程的构成与特征；
- ◆ 掌握金融服务过程的主要改进途径；
- ◆ 理解金融服务过程的主要设计方法；
- ◆ 掌握金融服务过程中的服务触点。

导入案例

王小帅的分期之旅

王小帅最近感觉竞争压力大，工作又需要使用外语，因此想报一个培训班好好补习外语。通过向同事了解、网上评价、门店试听、了解产品价格及付款方式后，王小帅决定采用消费分期的方式购买3个月培训课程，学费分3期支付，3个月后学习完毕，分期也刚好结束。看似简单轻松的事情，王小帅却被付款划扣的事困扰，严重影响了其对分期产品的消费体验，并致电服务热线进行投诉。王小帅的分期之旅如图12-1所示。

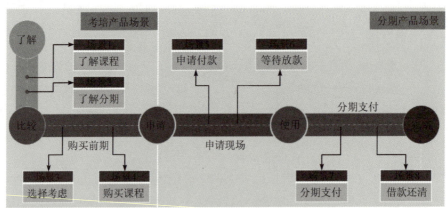

图12-1　王小帅的分期之旅

按照消费达成顺序，教育类消费场景可以分成三个阶段——购买前期、申请现场和分期支付。①购买前期：客户与教育机构（商家）联系，了解培训产品的特点与价格，试听后产生购买需求，并根据自身资金情况选择消费分期产品；②申请现场：按照消费金融产品的要求，客户在购买现场申请一笔与该教育产品相关的消费金融产品，申请成功后，完成与教育机构的培训协议签署，拿到课程表及相关课程资料；③分期支付：在随后3个月内，客户按照分期要求，于每月固定日期前向指定银行卡内存入足额款项，消费金融公司按时划扣。如果出现划扣金额不足时,则会发生逾期现象和催收过程。

实际操作中经常让客户困扰的场景是申请现场与分期支付。这些业务场景中有大量的服务触点(直接触达客户的场景及存在与客户交互的地方),客户在这些触点会产生大量对当前服务的体验感知,此处体验的好坏也决定着客户对产品的体验好坏。

资料来源:消费金融业务流程中的服务设计[EB/OL].[2021-02-15]. http://www.woshipm.com/pd/1116400.html.

服务是一种过程型消费,而不是一种结果型消费。金融企业可以通过重构服务过程,改变服务交付的途径和效率。首先,本章将在明确金融服务过程定义及分类的基础上,分析金融服务过程的构成与特征;其次,系统介绍减少复杂性、增加复杂性、减少歧异性、增加歧异性等金融服务过程的改进途径,以及图形设计法、生产线法、顾客合作法、技术核分离法等服务过程设计方法;最后,以消费金融为例,探讨在人工交互、App交互以及机器人交互三种情境下的服务触点设计。

12.1 金融服务过程的特征与构成

12.1.1 金融服务过程的定义与分类

1. 金融服务过程的定义

金融服务过程是指与金融服务生产、交易和消费有关的程序、操作方针、组织机制、人员处置权的使用规则、对顾客参与的规定、对顾客的指导、活动的流程等。简言之,金融服务过程是金融服务生产、交易和消费有关的程序、任务、日程、结构、活动和日常工作。如果说有形产品是一种结果型消费,那么金融服务则是一种过程型消费。金融服务与有形产品的不同之处在于金融企业生产服务的过程同时也是顾客消费服务的过程。另外,金融服务无法储存,没有现成的服务。要想获得金融服务,顾客通常需要参与到服务的生产过程中,并同时消费服务。有形产品、无形服务的本质如图12-2所示。

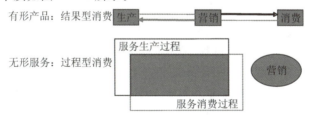

图12-2 有形产品和无形服务的本质[①]

在金融营销过程中,把握服务过程是很有必要的。第一,推动金融企业设计并管理服务过程。研究服务过程可以帮助金融企业切实明白在不同类型的服务过程中,每一项服务有多少环节、服务传递是否顺畅、员工与顾客分别扮演什么角色、顾客在服务过程中的参与程度等。第二,有利于金融企业发现服务管理的不足之处。金融企业通过对服务过程进行剖析研究,可

---

① 格罗鲁斯.服务管理与营销[M].北京:电子工业出版社,2008.

以发现服务过程的症结所在。例如,服务过程的缺失、服务步骤过多或过少、服务监督存在盲点、员工与顾客接触方式不适宜、员工与员工之间缺乏沟通与协作等问题,在此基础上对服务过程进行改善,从而提升客户满意度。第三,服务过程设计是无形服务的有形表达。无形服务不可触摸,不能被测试和试验,通常人们用语言来描述它,但是用语言描述服务不可避免会产生模糊或者混乱。一方面,语言存在主观性和片面性,不能充分描述完整且复杂的服务系统。另一方面,语言存在偏见性,员工在描述服务时往往忽略服务或细节中不熟悉的要素,这些问题最终会影响顾客的满意度。因此,研究金融服务过程的设计和管理有着重要的意义。第四,有利于从顾客角度设计服务过程。由于服务生产和消费的同时性,顾客常常与员工直接进行接触,并已经成为服务生产的重要部分。从顾客角度设计服务过程,充分发挥顾客的积极作用,如减少生产环节、简化操作程序、增加自助服务等,都有利于提高金融企业的服务能力。

2. 金融服务过程的分类

根据三因素分类法,我们可以依据服务过程差异程度、服务活动作用客体及顾客参与方式来区分金融服务过程的不同类型。

(1)按服务过程差异程度分类。依据服务过程差异程度,金融服务过程可细分为两类——标准服务过程和定制服务过程。以银行为例,对于服务过程差异程度较小的业务,如存款、取款、汇款等简单业务,员工每天要重复多次,适宜采用标准化的服务过程,即为所有顾客服务都采用相同的服务步骤并提供高度一致的服务。相对来说,对于服务过程差异程度较大的业务,银行应该授予一线员工更多自由裁量权,这样员工可以更好地面对服务过程中的复杂或突发问题,为顾客提供个性化服务。

(2)按服务活动作用客体分类。一般来说,服务活动的作用客体可分为两类,一类是物品、资金以及权益,一类是信息和人。第一类客体需要考虑归属问题,因为物品、资金或者权益可能是属于顾客的,也可能是属于金融企业的。例如,存款、保证金、资金汇兑等形式的财产均属于顾客,工作人员有保证其完整无损的义务;另一些服务是以金融企业的物品、资金为基础才能提供和完成的,如银行贷款、POS机、融资租赁设备等是金融企业为了完成特定服务必须提供的资源或设备,顾客在接受此类服务时有保证这些资源或设备完好的义务。第二类客体中,人通常不会被作为金融服务活动的作用客体,信息往往是咨询类服务的作用客体,例如金融企业提供理财咨询服务,顾客获得的便是金融信息。

(3)按顾客参与方式分类。按照顾客在服务过程中参与方式的不同,可以把金融服务过程分为三类——顾客直接参与的服务过程、顾客间接参与的服务过程、顾客无参与的服务过程。

顾客直接参与的服务过程又可细分为交互式服务过程和自助式服务过程。交互式服务是最常见的服务类型,金融企业的很多业务都要依赖顾客与金融企业的交互影响,如银行柜台办理开户、现金存取等。自助式服务是近年来金融业务发展的新模式,如使用ATM机办理业务,顾客通过按键和触摸屏选择菜单,自己完成整个服务过程。电话服务、网上服务等更是突破了营业时间和地理位置的限制,使顾客能够以最便利的方式接受服务。

顾客间接参与和无参与的服务过程是指在服务过程中,顾客参与程度很小,甚至顾客没有出现在服务场所。在顾客间接参与或无参与的服务过程中,没有顾客出现在服务现场,可以采取类似制造业的方法设计服务过程,场址选择、人员配置、工作安排、员工培训等决策多从效率角度考虑。例如,银行支票和汇票托收、现金鉴别与保管、票据单证鉴定、同业往来等业务都属于此类。

12.1.2 金融服务过程的构成要素

完整的金融服务过程是一个以前台服务为核心、前后台衔接连贯的系统或结构,如图12-3所示。下面将基于服务过程系统模型逐一分析金融服务过程的构成要素。

图12-3 金融服务过程系统模型

1. 互动过程要素分析

服务过程的互动部分反映了顾客与服务人员的接触,而顾客所能体验到的"服务过程"特性也产生于这个重要的"接触面"。构建良好的"接触面"互动过程,要考虑服务过程中的顾客、与顾客接触的员工、服务系统和运营资源、有形设备和氛围因素等要素。

(1)服务过程中的顾客。服务生产与消费的同步性决定了顾客或多或少都要参与到服务过程中来,所以顾客的服务体验具有即时性、瞬间性和实地性。倘若在服务过程中,哪个环节出了小小的差错,结果都会使顾客对服务感到不满意,并难以挽回。

(2)与顾客接触的员工。与顾客接触的员工,即服务一线人员的地位很重要,他们需要在关键时刻通过观察、回答及对顾客行为做出反应来识别、满足顾客的需求和愿望。他们还能进一步地追踪服务质量,在发现问题时及时采取应对措施。

(3)服务系统和运营资源。服务系统和运营资源包括排队系统、客户呼叫中心、资金汇总系统、自动柜员机系统或在线服务系统等。各种系统和程序都影响服务和执行任务的方式与效率,并且对服务质量有双重影响。首先,顾客必须和这些系统互动,它们直接影响顾客对服务质量的感知。例如,当顾客被要求填写太过烦琐复杂的文件时,会感觉服务差劲。其次,系统和程序对员工作业也有影响。如果某种系统太旧或太复杂,操作的员工可能会感到困惑或烦恼,形成负面激励,最终导致服务质量下降。

(4)有形设备和氛围因素。有形设备和氛围因素构成了服务过程的发生环境,包括行情显示器、方便交易的物品、室内布置与装修、背景音乐、照明灯光等。一切对服务接触有积极感知帮助的有形设备和氛围因素,共同构成了服务过程的可视部分。顾客、员工、服务系统和运营资源在此环境中相互作用。这些有形设备和氛围因素对服务质量有着不容忽视的作用,因为顾客可以在此环境中感觉到自己参与服务的难易程度,以及得出服务环境是否友好的结论。例如,金融企业在营业大厅摆放咖啡机、糖果、大沙发以及报纸杂志等提供给等候服务的顾客,这些有形资源无形中提升了顾客对服务质量的良好感知。

2. 支持过程要素分析

支持过程虽然不被顾客所看见,但会影响互动过程的效果和效率。因此,支持过程部分不容忽视,同样应该纳入服务过程的整体设计中。通常而言,支持过程要素包括系统支持、管理支持、物质支持。

(1)系统支持。系统支持在顾客可视线背后,不同于互动过程中的服务系统和运营资源。

例如，如果银行配置一套速度很慢的计算机系统，便无法满足高效决策及日常现金调拨的要求，数据库也无法为接触顾客的一线员工提供方便快捷的服务信息，这都要归咎于可视线背后的支持系统低效而有损服务过程质量。

（2）管理支持。管理支持决定企业的文化，即决定服务组织的共享价值、思考方式和工作群体、团队和部门的工作情况。如果经理和主管没有为团队树立一个好典范，也没有能力鼓励团队关注顾客和培养服务意识，整个服务组织为顾客提供优质服务的兴趣就会减弱，进而损害服务过程。

（3）物质支持。与顾客接触的一线员工要圆满完成工作，常常要依赖无法被顾客直接看到的各职能部门及其所提供的物质支持。这些提供物质支持部门的员工必须将与顾客接触的一线员工视为自己的内部顾客，力求内部服务质量与提供给顾客的外部服务质量一样出色，否则会使一线员工的工作积极性受挫。内部服务过程出了差错，也将影响顾客感知到的服务过程质量。

12.1.3　金融服务过程的特征

不同于一般意义的服务过程，金融服务过程具有矛盾复杂性、时空关联性、顾客参与性、社交互动性等显著特征。

1. 矛盾复杂性

从哲学的角度来看，金融服务过程是一系列矛盾的复杂运动过程，如一线服务人员和顾客之间的矛盾、一线服务人员与管理人员之间的矛盾、顾客与顾客之间的矛盾、顾客所期待的服务与实际经历的服务之间的矛盾等。不同主体参与服务过程是矛盾运动的主要方面，这就提出了过程中"真实瞬间"的关键事件管理。

2. 时空关联性

从经济学的角度来看，金融服务过程是金融服务产品的构造和价值实现过程，是金融服务产品运动所占据的具有一定维度和范围的经济空间。服务过程所占据的时间长短和空间宽窄一般不是等同或同向的，如邮电服务可能要经过很长的空间路线，但是经历的时间跨度并不大；牙科诊所可能为同一患者多次服务，经历的时间跨度很大，空间范围却有限。所以，服务过程是通过人的行为，在一定维度和范围的经济空间实现服务价值的过程，这就引出了过程中的时空管理。

3. 顾客参与性

从管理学的角度来看，金融服务过程是以人为中心，以协调为本质，以实现金融企业、员工、顾客满意为目标的过程。金融服务一般不涉及所有权的转移，但却有多元主体要实现利益目标。在实现多元主体利益目标的服务过程中，由于内部员工和外部顾客的介入，金融企业、员工、顾客的行为表现充满变数，引发控制服务体系和提高生产率的困难，这就提出了过程中的顾客参与管理。

4. 社交互动性

从关系营销学的角度来看，金融服务过程是金融企业、员工、顾客三方从服务接触到建立、发展并保持长期互惠关系的过程。其中，最重要的是员工与顾客的关系，服务现场员工和顾客的良性社交互动对于提升服务质量、提高顾客满意度具有关键作用。这就体现了以行为接触为起点的服务过程中互动营销管理的重要性。

12.2 金融服务过程的改进与设计

12.2.1 金融服务过程的改进途径

考察金融服务过程可以从复杂性和歧异性两个角度入手。复杂性是指构成金融服务过程的步骤和次序的多少,歧异性是指金融服务执行的范围或步骤、次序的可变性。金融企业可以通过改变服务过程的复杂性和歧异性来加强或改变市场定位。具体而言,金融服务过程的改进途径有四种——减少复杂性、增加复杂性、减少歧异性、增加歧异性。

1. 减少复杂性

金融企业省略服务过程中的某些步骤或环节,从而使服务传递和控制更加容易,即是减少复杂性。金融服务步骤或环节的减少,一方面可以缩短服务时间,提高服务效率;另一方面可以减少资源占用,降低服务成本。另外,服务步骤或环节减少后,与之相关的管理环节也会减少。对于一般业务,服务步骤或环节越少,顾客得到的便利就越多。因此,这类服务的重点是提高效率进而提升顾客满意度。例如,摩根大通银行为了提高效率,对私人银行业务进行了简化。改进前,该银行开设私人银行账户时至少要看6个文件,还要经过多次签名方能完成;改进后,顾客只需要填写1张表格,签1次名即可完成。需要注意的是,减少服务过程的复杂性有时候也会存在弊端。某些服务步骤或环节可能是吸引特定顾客的重要环节,而这些步骤或环节的减少可能会导致部分顾客流失。例如,在一些相对复杂的理财产品营销中,如果减少了介绍环节,那么可能会使顾客质疑服务人员的专业素养和产品本身的可靠性,从而拒绝购买该产品。

2. 增加复杂性

所谓增加复杂性是指金融企业增加服务步骤或环节,达到改善服务过程进而提高服务质量的目的。增加服务过程的复杂性不仅增加金融企业的业务审查时间,而且业务处理过程更加慎重。这样的服务过程改进适用于需要更多地考虑风险的业务,如贷款发放等。20世纪90年代末,我国金融业尤其是银行业暴露出严重的不良贷款问题,究其原因主要是由于贷款业务办理环节过少,经办人员权限过大,贷款发放缺乏制约,某些银行在贷款管理的关键点上甚至处于真空状态,贷款发放之后不再过问,以至于贷款企业重组、改制,放款银行却一无所知。面对这些问题,金融监管部门出台了相关法律法规,要求金融企业在贷款业务管理中必须例行"贷款三查",即贷前检查、贷时检查和贷后检查。在金融服务过程中,例如在销售理财产品时,金融企业配备客户经理,专门为顾客提供理财咨询和理财规划计划,加强对理财产品的介绍和对顾客的投资教育,以进一步增加服务环节,从而更好地保证服务质量。但是,服务步骤或环节增加必然会延长业务办理时间,对于注重服务快捷性的顾客来说,可能会感到一些不适应。

3. 减少歧异性

减少歧异性是指金融企业提供更为一致的服务,从而提高服务标准化程度。减少歧异性可以为金融企业带来许多好处,诸如降低成本、提高效率、使服务传递更为简单。有些顾客的需求比较高,尤其是对于时间宝贵的顾客来说,他们希望享受方便、快捷的服务,并且希望在短时间内满足金融需求。因此,对于那些注重便捷又不太在意服务个性化的顾客来说,改进服务、减少歧异性,可以提高顾客满意度。例如,有些银行开发了功能各异、外形各异的多种银行卡,员工向顾客营销时需要分别一一介绍,最终使顾客做出选择;招商银行却反其道而行之,实行"一卡通",集定期、活期、多储蓄、多币种、多功能于一卡,多次被评为消费者喜爱的银行卡品牌。当然,减少歧异性的服务改进也可能带来不利影响。服务的高度标准化可能会让某些顾客感到没有选择的余地,无法体现个性化需求。对于那些追求服务多样化和个性化的顾客以及有特殊需求的顾客来说,这样的服务改进反而会降低顾客满意度。

4. 增加歧异性

增加歧异性是指金融企业以顾客需求为导向,丰富产品规格,提供更多的个性化服务。增加歧异性可以使金融企业为顾客提供多样化和个性化的服务。对于需求较高的顾客或有特殊需求的顾客而言,这样的服务过程改进能够提高其满意度。然而,增加歧异性也可能会给一些顾客带来不便。对于某些顾客来讲,服务过程中歧异性增加所带来的更多选择,可能会使其面对如何进行消费决策的困惑。由于顾客差异性,金融企业应该选择合适的顾客进行引导。另外,服务过程中歧异性增加意味着金融企业员工提供服务的权限增加,所以也要求金融企业制定相关的管理政策。

服务客户不停顿,普惠无处不在

12.2.2 金融服务过程的设计方法

金融服务过程由无数"瞬间"组成,是一系列的操作流程,而这一系列操作流程的先后顺序、彼此关系都需要事先明确下来,因此有必要对金融服务过程进行设计。通常情况下,金融服务过程常用的设计方法有图形设计法、生产线法、顾客合作法、技术核分离法。

1. 图形设计法

(1) 服务蓝图法。20 世纪 80 年代,人们开始寻求普适性的服务过程设计方法,其中比较著名的是"蓝图法"。设计楼宇时,工程师用蓝线绘制设计图,以展示建筑的模样、结构和建造过程中的一些细节,被称之为蓝图。服务过程设计借鉴工程设计的"蓝图"方法,采用类似的可视图来描述服务过程的细节,以增加过程设计及运作的直观性与可操作性,这种方法被简称为服务蓝图法。

服务蓝图是一项描述服务过程的可视技术,其主要内容是:由可视分界线区分前台和后台,详细标明作业细节、流程、潜在失误点、顾客等待发生点、关键作业环节。服务过程的每一环节及各环节间的相互关系都要在服务蓝图中画出,并标明与其相关的上下环节的顺序和变化点,详细程度应按特定的目的和要求而定。服务蓝图中还应指明可能出现错误并破坏被感知的服务质量的失误点,以便在服务实施过程中采取预防措施。服务蓝图结构如图 12-4 所示。

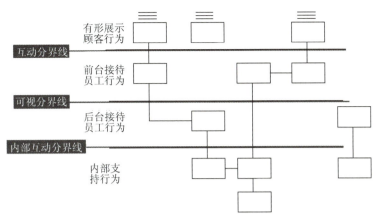

图 12-4 服务蓝图结构示意图

从服务蓝图的构成可以清晰看出,顾客是服务过程的组成部分,从顾客导向的观念出发设计服务过程,应该是从上至下的逆向过程。4个主要行为区域被3条分界线分开,分界线的含义分别是:

①互动分界线,表示顾客与服务组织之间发生直接互动。一旦有一条垂直线穿过此线,即表明发生了直接接触。

②可视分界线,把顾客能看到和不能看到的服务行为分开,它表明是否给顾客提供了较多的可视服务;同时,它还是前台与后台接待员工的工作分界线。

③内部互动分界线,区分顾客接待员工与支持他们的其他员工。垂直线穿过内部互动分界线表明发生了内部服务接触。

服务蓝图最上方排列若干平行线表示服务的有形展示,通常在每一个顾客接触点上方需要列出服务有形展示的内容。例如,将营业场所设计成开放式格局,以面对面交流方式接待来访的顾客等。

(2)服务图法。与服务蓝图法不同,服务图法的首要目标是站在顾客的角度来描述服务活动,确保服务的方方面面都能增加顾客感知的服务价值,同时揭示服务体系可以分解的节点,防止片面追求顾客价值创造但未能达到预期收益目标。服务图设计的一个关键内容是识别最有可能失败的环节。造成失败的主要原因有:①有些环节或步骤不能增加顾客感知的服务价值,甚至是重复的;②在提供金融服务前未能有效地调整顾客期望;③有些服务的成效需要顾客积极参与和合作,但顾客尚未认识到这一点;④有些环节或步骤过分强调员工个人的判断力;⑤服务传递系统的某些环节设计欠佳,或缺乏可靠性。

服务图的表现既可以简单化,也可以复杂化,视具体情况而定。复杂的服务图还需要测量整个过程中每一步骤的时间和成本。无论简单与否,设计出正确的服务图都是服务成功的开始。服务图法示例如图 12-5 所示。

2. 生产线法

制造业工人在标准化的生产流水线上重复完成规定的简单动作,效率很高且不易出差错。受这一生产模式启发,金融企业采用类似的方法来设计服务过程,给顾客提供标准化的、程序化的服务活动。这一方法被称之为生产线法,适用于差异化程度低、操作简单的服务,如股票交易、保费续期、存取款业务、资金划转汇兑等。

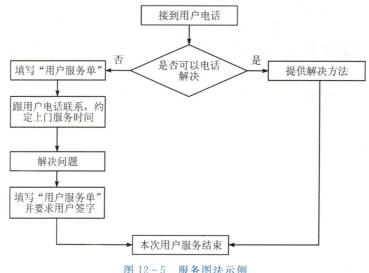

图 12-5 服务图法示例

着眼于系统化、标准化，生产线法设计服务过程将小规模、个性化、无定性的服务系统改造为大规模、标准化、较稳定的服务系统，提高服务质量和服务效率，其主要内容可以概括为内容标准化、系统程式化、过程可控化。

（1）内容标准化。通过对服务标准的制定和实施，以及对标准化原则和方法的运用，以达到服务质量目标化、服务方法规范化、服务过程程序化，从而获得优质服务的过程，称为内容标准化。以内容标准化为导向，金融企业需要重新解析服务本身，尽量减少其中的可变因素，使之标准化，为顾客提供稳定、一致的服务。

（2）系统程式化。由于服务组织、服务人员、顾客多方介入，而各方之间利益诉求并不完全一致，金融服务过程的各个环节容易出现变数，有悖于内容标准化的目标。金融企业可以分析服务过程的各个环节或步骤，在适当的地方采用机械和自动化设备来代替人员密集型劳动，以提高标准化程度和效率，并减少人为差错。

（3）过程可控化。过程可控化是指用系统化的方法设计服务过程，精密地组织和控制服务过程的各个环节或步骤，增强系统稳定性，提高服务效率。例如，通过精确地分析和计算确定设施布点并尽量优化；在明确劳动分工的基础上进行工作设计和流程设计，并制定明确、统一的人员标准规范和服务标准程序。

生产线法将各种新技术和自动化设备引入金融业。如今，网上银行、手机银行等服务模式的出现就是应用现代信息技术改造金融服务业的典型范例。简单来讲，生产线法具有提高运营效率、提高管理水平和服务水平、扩大服务规模、改变就业结构等优点。但是，生产线法在应用中也有一些不可避免的局限性。首先，新技术和自动化设备一旦出现故障，很难在短时间内修复，给顾客带来了相当大的麻烦。其次，自动化的人-机界面往往不够友好（在初期尤其如此），缺少帮助的顾客经常因为不知道如何使用而无法获得服务。此外，由于人与机器之间很难进行充分沟通，顾客在有疑问或遇到麻烦时无法得到帮助。

3. 顾客合作法

服务的特点之一是生产和消费同时发生，只有当顾客出现时服务生产才开始启动。有些场合顾客可以或愿意一起为服务付出劳动,因此出现了一种不同于生产线法的、顾客合作式的新型服务方式。比如,在理财咨询一类的专业服务中,顾客向金融企业提供的想法和资料越翔实、全面,顾客对理财方案的满足程度越高。所以,在此类金融服务中,应当考虑将顾客合作互动作为服务过程设计的关键变量,这被称为顾客合作法。

在顾客合作法框架下,顾客有兴趣了解服务过程,希望主动地接受服务,希望参与到服务的具体运营中,自己能主动影响服务过程,使服务更符合自己的偏好;顾客愿意自己承担一部分工作,以节省时间、减少费用,并获得更大的自由;顾客希望并且主动避开服务的高峰期和拥挤的服务设施;等等。因此,在运用顾客合作法设计服务过程时,必须认真考虑顾客的偏好、需求和特点,将其作为一种生产资源纳入服务系统中。顾客合作法的主要内容包括:

(1)充分理解和把握顾客的个性化需求。根据金融服务的类型,研究目标顾客的偏好、需求和心理特点,分析顾客在金融服务过程中的可能行为,考虑各种可能出现的情况;解剖整个服务过程,确定哪些工作可由顾客承担,或者可以让顾客拥有更大的控制权,确定顾客在不同的服务环节中所能实现的参与程度。

(2)服务过程设计要突出服务的灵活性。服务具有灵活性可以为顾客的参与及控制留下更大的空间,并确保金融服务保质、高效地完成。由于顾客需要在金融服务过程中更多地参与并发挥自主权和控制权,所以需要考虑金融服务过程对顾客学习的支持职能,借助巧妙地安排支持职能帮助顾客快速、简易地掌握所需的知识和技能,以避免由于顾客参与不当而造成的服务效率降低。

(3)给予员工更大的自主权。研究显示,让员工拥有更多的自主权,可提高生产力、工作表现与工作满意度。身为管理者,应该分派重要任务给员工,同他们多多交流,鼓励他们分享看法;同时为员工制定相应的服务措施和授权方式,使其在服务过程中发挥更积极、更有效的作用,而不需要冠上特殊的职衔。每个人都渴望能够在一定程度上掌握现状或者为事件发展做出贡献,因此,给予员工更大的自主权,形成一种权力激励机制,有助于激发员工独立思考、全心推动组织前进。

(4)动态监控和评价服务绩效。不同顾客的需求存在显著差异,如何确保服务质量以及顾客满意是一个重要话题。在顾客合作法框架下,只有随时关注服务过程和服务结果,并及时进行过程性评价,才能够不断地改进服务系统并提高服务水平。

与生产线法相比,顾客合作法能够更好地满足顾客的偏好、需求和心理特点,提供更加个性化的服务,并通过顾客的参与和主动调节供需平衡而使服务效率在某些方面得到提高。然而,服务个性化和服务效率之间存在此消彼长的制约或矛盾,因此必须合理确定顾客的参与环节和参与程度,以实现满足个性化需求和提高服务效率的综合目的。

4. 技术核分离法

生产线法和顾客合作法适合于两种极端的服务过程——简单型服务过程和复杂型服务过程,但现实中大量服务过程的类型介于两者之间。为了既能获得生产线法带来的高效率,又能满足众多顾客对个性化服务的需求,需要考虑一种融合上述两种过程设计方法特点的新方法,这就是技术核分离法。根据技术核分离法的思想进行金融服务过程设计,主要内容有以下

5点：

（1）识别核心流程与辅助流程。核心流程即主要业务流程，是金融服务过程设计的重点。与核心流程相对的是辅助流程，有时候从交织着不同流程的金融服务过程中识别核心流程与辅助流程是不太容易的。实际操作中，识别、界定核心流程可以遵循价值原则、顾客原则以及绩效原则。

（2）划分流程中与顾客的高接触部分和低接触部分。全面考察和分析整个金融服务过程，划分出高接触部分与低接触部分，并定义为两个子系统。在两个子系统内部，分别找出最关键的运营目标，并据此明确各子系统及下属各单元的工作任务。此外，还要明确并建立两个子系统"接口"的衔接，使之能够协同工作。

（3）设计高接触部分。在高接触部分，应仔细评价与顾客接触的各个环节的重要程度以及顾客的真正需求，使上述两种服务过程设计方法——生产线法和顾客合作法合理化，以顾客合作法为主，以生产线法为辅，在满足顾客个性化需求的同时，尽量减少有损服务效率的不必要接触，将部分人工服务改为自动化服务，如使用自动柜员机、电话或网络查询系统等。

（4）设计低接触部分。遵循生产线法，低接触部分应采用新技术和自动化设备，制定耗时和费用标准，进行动作设计，精确控制系统的资源、流程和产出。同时，把后台作业同布局相对较为分散的前台作业分开，集中到一起以降低费用、减少风险、提高效率。

（5）全面考察和评价。鉴于高接触部分和低接触部分的设计是分隔开的，且对不同设计方法有所侧重，所以有必要从整体集成的角度，对分开设计形成的各个部分找出衔接不善或不协调、未能使服务质量与运营效率达到理想目标的环节，进行调整改进以全面优化整个服务系统。

在技术核分离法的具体应用中，需要注意两个问题。第一，明确与顾客的接触程度。确定金融服务过程各环节与顾客的接触程度，是划分高接触部分和低接触部分的主要依据。顾客的接触程度实际上代表了顾客的参与程度，以及顾客对金融服务过程与结果的影响程度。高接触意味着服务过程的时机与性质完全取决于顾客，服务感知和服务质量很大程度上就是顾客的感受。第二，关注前台与后台的衔接。技术核分离法把服务过程区分为前台和后台，分别应用不同的设计方法，因此，这两部分的衔接是影响整体服务效率的关键所在。此外，如何实现物料与信息在前台和后台之间及时、准确传送，如何明确环境、顾客、前台、后台之间的相互作用关系，如何应用整体优化方法使服务效率达到较高的综合水平，也是运用技术核分离法设计金融服务过程时的考虑重点。

12.3　金融服务过程中的服务触点

20世纪80年代初期，人们开始使用"服务接触"一词，意指顾客与服务系统互动过程中的"真实瞬间"，是影响顾客服务感知的直接来源。简言之，服务接触是顾客感知的基础，而顾客感知在很大程度上决定了服务质量。本节以消费金融为例，探讨在人工交互、App交互以及机器人交互三种情境下的服务触点设计。

12.3.1 人工交互情境中的服务触点

为方便开展线下业务,消费金融公司一般会开设实体门店,如体验店、旗舰店,客户经理或营销人员会面对面地向顾客推介消费金融产品。进入线下门店的顾客,通常是期望通过与真实的人接触,了解消费金融产品费息、还款方式、借款期限等问题,最终选择合适的产品。《个人贷款管理办法》要求"贷款人应建立并严格执行贷款面谈制度",因此消费金融公司对于较大金额的贷款均会采用面签形式。为更好地控制前端风险,贷款方需提供一些证明资料(如房产、公积金或收入证明等),因此人工交互情境下的服务触点还包括顾客提交贷款申请及相关资料的过程。表12-1列示了消费金融公司线下现金贷业务场景中的典型服务触点。

表 12-1 现金贷业务场景中人工交互的服务触点

实际场景	人工交互内容	服务触点
进店咨询	介绍产品(商务礼仪)	介绍
排队等待	排队中的引导及咨询处理	现场引导
贷款申请	预填资料,明确对资料的要求,并引导提交	填写辅导
要素凭证	选择、打印凭证	凭证交付
信息查询	查询并告知查询结果	查询结果
支付(放款)	放款到银行卡	放款告知
后续咨询	辅导客户使用贷款(还款计划)	咨询及提醒
离店	送离	礼貌用语

从表12-1可以看出,线下现金贷业务的人工交互触点大部分产生于顾客在实体门店办理业务期间,其过程与银行网点的贷款业务很相似。线下人工交互需要特别注意与顾客保持良好的面对面沟通,正确理解顾客的疑问和担忧并给出合理建议。由于现场提交资料的种类、填写内容较多,现场交互服务还包括耐心解释资料适用与否、填写注意事项等。当出现排队人员较多时,还要注意对现场顾客进行排队分流与解释。

随着信息技术的发展与手机应用的普及,消费金融公司会借助App方式(或微信、支付宝等)实现贷款资料填写、贷款信息查询等环节。由于消费金融业务对应的客户群体不断下沉,所以部分顾客不习惯或无法流畅地使用App(或微信、支付宝),填写错误、提交失误等问题层出不穷,针对这种情况,人工交互现场服务还需要包括教授顾客使用App、正确填写资料、正确提交资料等。

12.3.2 App交互情境中的服务触点

为方便开展线上业务,大多数消费金融公司都会自行开发App对接线上客户。自行开发的App定位为贴身营销服务平台,可充分体现消费金融公司的线上营销意愿和服务策略。需要说明一点,这里"App交互"不涉及App界面设计,而是特指App固化的业务流程。通常来说,此类App底部菜单栏一般为4~5栏,见表12-2。

表 12-2　自行开发 App 底部菜单栏

栏位	主要内容	作用
首页	向客户提供最常用的功能、推荐展示等	快捷进入常用功能或增加吸引目光的功能（如打卡、红包）
商城	主推各类商品，如 3C 数码、高档生活用具、家用电器、特惠抢购等	一般接入第三方网上商城，营造消费场景
借还	贷款类或大额分期类（教育、旅游、医美等）	多为消费金融公司主营的资金业务
我的	与客户相关的各类消费记录、账单	集中各类后台功能（如修改密码、账单等），让人一目了然
其他	单独凸显的功能，如扫码、拍照等	较为特殊的快捷入口

App 交互情境中的服务触点是顾客在 App 中的滑动、点选和输入操作。在自助式 App 中，顾客所做的业务操作需要遵守预先设计的规则，如申请消费贷款前要先注册、登录，注册时必须正确填写手机号码以及提交身份验证，遗忘密码要自行找回等。在无人指导的情况下，顾客通过点击各种按钮、等待进度条、阅读提示后自行在 App 实现"购买"，即申请消费类贷款或使用消费场景贷款。这些动作与人工交互情境中在客户经理的引导下申请贷款大致相同。

不同人群的手机使用习惯、学习能力千差万别，无人指导情况下的自助过程未必能让所有顾客感到顺畅、自如，因此 App 设计应尽可能关注顾客的手机使用习惯（如操作顺序、动作偏好等），力求顾客在这些服务触点能多点顺畅、少点焦虑。

都是"空格"惹的祸

12.3.3　机器人交互情境中的服务触点

近年来，智能机器人相关技术实现了重大突破，利用知识图谱、自然语言处理及机器学习等技术实现在线问答功能，可覆盖绝大多数顾客的日常咨询，并提供 7×24 小时在线服务。应用智能客服可以减少重复性、标准化的人工工作，缩短服务响应时间，降低运营成本，提高服务效率。不过，当前消费金融公司智能机器人客服的应用大都处于较为初级的阶段，仅仅是"及时准确地向客户提供关于如何办理业务的说明书"，简单来说就是顾客输入问题或短句，机器人识别后马上根据预设的知识库内容推送出回答频率最高的几个答案，让顾客阅读并选择与自己的问题最相关的答案，然后点击进入下一层答案。

例如，王小帅询问机器人如何结清贷款，见图 12-6。机器人准确识别问题后推送出答案，王小帅看到答案后需要退出客服页面，并按步骤进入其他相关页面办理贷款结清。在这样的交互过程中，客户结清贷款需要历经 6 次点击，至少跳转 4 个页面。机器人客服给出的仅仅是解决问题的"说明书"，客户还需要对照"说明书"逐步跳转多个页面。那些年岁稍大、眼神不好，甚至手机内存稍小的客户，在这个服务触点难免会犯圈。

第 12 章　金融服务过程策略

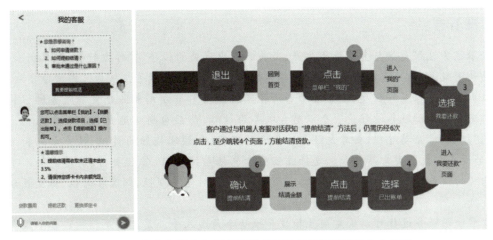

图 12-6　询问机器人如何结清贷款及办理贷款结清的 6 大步骤

在这一点上,支付宝提供给顾客的体验要好很多。对一些简单的服务功能(如查询)采用"一键直达"的服务触点设计,识别顾客办理业务的需求后直接提供业务入口,极大地简化、方便了顾客操作(见图 12-7)。当然,这样的设计需要业务系统和客服系统实现对接,并适当改造相应的业务逻辑,以更适合机器人交互情境中的服务触点。

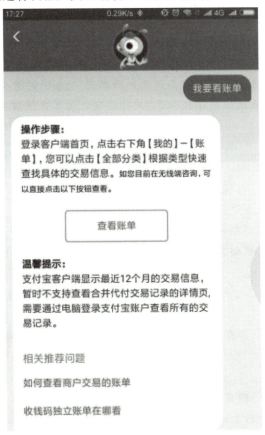

图 12-7　支付宝"一键直达"服务触点设计

本章小结

金融服务过程是指与金融服务生产、交易和消费有关的程序、操作方针、组织机制、人员处置权的使用规则、对顾客参与的规定、对顾客的指导、活动的流程等。根据三因素分类法,我们可以依据服务过程差异程度、服务活动作用客体及顾客参与方式来区分金融服务过程的不同类型。完整的金融服务过程是一个以前台服务为核心、前后台衔接连贯的系统或结构。构建良好的"接触面"互动过程,要考虑服务过程中的顾客、与顾客接触的员工、服务系统和运营资源、有形设备和氛围因素等要素。支持过程要素包括系统支持、管理支持、物质支持。不同于一般意义的服务过程,金融服务过程具有矛盾复杂性、时空关联性、顾客参与性、社交互动性等显著特征。

考察金融服务过程可以从复杂性和歧异性两个角度入手。复杂性是指构成金融服务过程的步骤和次序的多少,歧异性是指金融服务执行的范围或步骤、次序的可变性。金融企业可以通过改变服务过程的复杂性和歧异性来加强或改变市场定位。具体而言,金融服务过程的改进途径有4种——减少复杂性、增加复杂性、减少歧异性、增加歧异性。金融服务过程由无数"瞬间"组成,是一系列的操作流程,而这一系列操作流程的先后顺序、彼此关系都需要事先明确下来,因此有必要对金融服务过程进行设计。通常情况下,金融服务过程常用的设计方法有图形设计法、生产线法、顾客合作法、技术核分离法。

"服务接触"意指顾客与服务系统互动过程中的"真实瞬间",是影响顾客服务感知的直接来源。简言之,服务接触是顾客感知的基础,而顾客感知在很大程度上决定了服务质量。以消费金融为例,人工交互触点大部分产生于顾客在实体门店办理业务期间,其过程与银行网点的贷款业务很相似;App交互情境中的服务触点是顾客在App中的滑动、点选和输入操作;机器人交互情境中,智能机器人的应用还仅仅是"及时准确地向客户提供关于如何办理业务的说明书"。

思考题

1. 根据三因素分类法,请解释金融服务过程的类型。
2. 请举例说明金融服务过程的构成要素。
3. 金融服务过程具有哪些特征?
4. 什么是金融服务过程的复杂性?什么是金融服务过程的歧异性?请简要介绍金融服务过程的改进途径。
5. 请解释图形设计法、生产线法、顾客合作法、技术核分离法在金融服务过程设计中的应用。
6. 请以消费金融为例,解释人工交互、App交互、机器人交互不同情境中的服务触点。

案例讨论

教育类消费分期付款场景中的服务触点

教育类消费分期付款场景可分三个阶段——购买前期、申请现场和分期支付。经常让客户困扰的场景是申请现场与分期支付,这些场景中有大量的服务触点,客户在这些触点会产生服务的体验感知,此处体验的好坏也决定着客户对产品的体验好坏。

1. 消费金融产品的申请环节

客户在确定使用消费分期形式支付培训费用后,按照消费金融公司的要求,现场下载 App 并申请消费分期。经过下载→注册→实名认证后,客户可以进入 App"分期商城"选择相应的教育分期产品。填写相关信息并提交申请后,消费金融公司进行资料核查,短暂等待后客户即可收到申请通过短信。此时商家收到放款,客户的分期贷款合同正式生效。具体流程如图 12-8 所示。

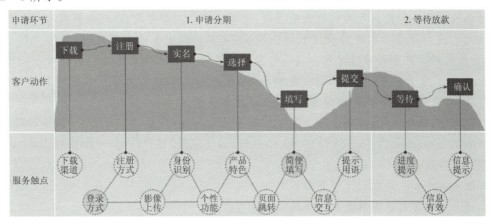

图 12-8 消费金融产品的申请环节

调查中,很多客户历经了下载、注册、认证、填写资料、提交申请、等待审批、获知结果等多个环节,其情绪如过山车一般,历经"欣喜→焦虑→焦急→欢喜/沮丧"。这个过程中有几个服务触点非常重要。

(1)触点 1:登录 App。一般来说,客户完成注册后需要重新登录 App。除界面设计流畅及页面跳转外,客户基本上对此过程没有什么印象。不过总有一些客户注册后很快(甚至是当场)忘记登录密码,无法进入 App 令客户感到焦虑或焦急,因此帮助客户快速安全地重置密码就很有必要。通常会采用短信验证码进行密码重置,涉及身份验证时还可采用人脸识别的方法。

(2)触点 2:填写信息。除非自己觉得有必要,客户都期望尽可能少地"填写信息"。一是填写信息要少,二是填写动作要少。在手机上填写信息是否顺畅受到手机内存大小、网络(5G 或 WiFi)、用户操作熟练程度等因素影响,因此从服务角度来看,这里的功能设计应注意多用选择、少用填写。同时,填写未完成但需切换页面或者网络异常时,应能自动保存已填写而未提交的信息。此外,填写固定信息时(如省市、区域)能尽量自动完善。

(3)触点 3:进度提示。消费金融产品的宣传一般都表示线上审批非常快,如"最快 10 分钟完成审批"。客户提交申请后一般会弹出提示"您提交的申请已经受理,请您耐心等待",进入查询页面也可以看到"审批中,请耐心等待"的提示。不过,遇到非正常情况(如系统或流程异常)有可能导致申请很长时间停留在某个环节。对于客户而言,审批时间显得特别长。在这种情况下,客户会频繁查看申请结果页面,如总是看到"审批中,请耐心等待",客户会逐渐失去耐心,丧失对产品的信心。

2. 消费金融产品的使用环节

使用环节即是贷款发放后的正常还款阶段。客户按照贷款合同约定,在每月最后还款日前将足额款项存入指定银行卡等待划扣。扣款成功后,消费金融公司将短信告知客户当期已成功还款(App 上也有相应提示)。如果客户有提前还款的想法,在保证还款银行卡内金额足够时,可通过 App 提交提前还款申请,消费金融公司则发起即时扣款。扣款成功后消费金融公司即在系统中结清该笔贷款,并短信告知客户该笔贷款已结清,同时通过 App 进行提示。

  上述服务场景中最容易出现的问题是扣款失败。导致扣款失败的原因主要有客户卡内余额不足和支付渠道问题。前者又分为忘记存款和拖欠还款,后者则主要是由于支付通道过窄和支付协议方面的问题。针对扣款失败问题,建议从 3 个方面考虑:一是在流程上增加支付异常情况的监控。批量扣款流程最终返回失败后,向客户发出扣款失败提醒,并同步信息到客服,以提前做好客户咨询时的应对。二是允许客户提前发起当期贷款的主动还款。一般在最后还款日前二、三天会有短信或 App 提示还款,在一定时限内允许客户提前支付当期欠款。三是设置"宽限期",允许短时间超期还款,而不计算逾期。

  资料来源:服务设计:消费金融业务中的服务触点[EB/OL]. (2018-05-23)[2021-02-15]. https://baijiahao.baidu.com/s?id=1601226413359534482&wfr=spider&for=pc.

案例思考题:

  1. 如何站在客户角度设计服务触点?

  2. 请思考客服在服务触点处的作用。

第 13 章　金融服务有形展示策略

 学习目标

- 熟悉金融服务有形展示的定义与功能；
- 掌握金融服务有形展示的主要类型；
- 理解金融服务环境的定义与特点；
- 掌握金融服务环境设计的基本原则与关键因素；
- 掌握金融企业形象识别系统的主要内容。

导入案例

建行无锡分行　员工展示服务风采

为宣传推广服务文化理念，促进服务文化与员工工作相融合，以服务软实力促进银行网点综合竞争能力提升，近日，建设银行无锡分行举办了"服务星标杆"员工风采展示大赛。

此次大赛围绕建行江苏省分行"网点综合竞争能力提升"工作要求，以服务情景为载体，以实战 PK 为形式，员工进一步学习服务文化、理解服务文化、践行服务文化，用各类鲜活的服务案例，感染和带动员工提升服务质量，营造优质服务文化氛围。同时，充分展示基层网点服务文化创建的新风貌、新变化和新气象。大赛选题均来源于基层客户服务的实际案例，既有展示网点员工以标准的服务礼仪、精湛的营销话术赢得客户赞誉的温馨场景，也有应对客户投诉，以将心比心的包容、专业的金融知识化解矛盾的考验，还有顺应时代发展，依托金融科技创新服务方式，开展全方位服务营销的场景。比赛现场高潮迭起，掌声不断，令现场观众深受感染和鼓舞。

据了解，此次大赛是建行无锡分行厚植服务文化的有益探索和实践，也是广大员工践行服务文化成果的集中展示和汇报。服务永远在路上。建行无锡分行将持续深化"以客户为中心"的服务理念，以高效专业、真诚贴心的服务不断提升客户满意度，努力实现"服务赢效益，服务促发展"的目标。

资料来源：建行无锡分行　员工展示服务风采[EB/OL].(2020-12-01)[2021-02-15]. https://www.sohu.com/a/435463211_120891590.

作为实现服务有形化、具体化的一种手段，有形展示在服务营销中占据重要地位，同样是金融营销的策略要素之一。本章在明确金融服务有形展示的定义及功能基础上，探讨金融服务有形展示的主要类型；围绕服务环境设计，介绍金融服务环境的定义与特点、金融服务环境设计的基本原则，以及金融服务环境设计中的实物因素和气氛因素；介绍金融企业形象识别系统(corporate identity system, CIS)，明确企业形象识别系统的主要内容，全面解读金融企业 CIS 战略。

13.1 金融服务有形展示的功能与类型

13.1.1 金融服务有形展示的定义

依据服务营销理论,有形展示包含一切可传达服务特色及优点的有形部分。在市场营销中,产品本身即是有形展示;在服务营销中,顾客利用感官来感知有形物体并由此获得第一印象,将直接影响到顾客对服务质量及企业形象的认知和评价。换言之,顾客在购买和消费服务之前,会根据那些可以感知到的有形物体所传递的信息来判断服务品质。服务营销学者将环境视为支持及反映服务质量的有力实证,同时将有形展示的范畴由环境扩展至包含所有用以帮助生产、包装、传递服务的一切实体产品和设施设备。

从概念上来讲,有形展示是指服务传递过程中顾客与金融企业进行交互所处的环境,以及有利于服务执行或传播交流的任何有形物品。其中,与环境相关的有形设施设备又称服务场景。从本质上来讲,有形展示是金融服务的"生动化陈列",承担信息传递的重要职能,类似"包装"。有形展示可以传达金融服务的特色及优点,暗示金融企业的实力,令顾客产生记忆或期待。以银行服务为例,网点的便捷性、门面的档次感、设施的完备性、前台服务的效率与态度、咨询反馈的及时性与确定性、辅助设备的运行稳定性、银行员工的形象等都属于银行服务的有形展示。在不同服务情况下,各种要素的重要性有所不同。有的服务场景展示比其他有形物展示重要,如银行服务场景强调银行的稳健性及服务特色;有的不必太强调服务场景但其他有形物展示比较重要,如保险服务,重要的是保险单、收费单、保险资料和手册等。认清这一点,可以避免实施有形展示策略的盲目性。

金融服务有形展示的主要要素如表 13-1 所示。

表 13-1 金融服务有形展示的主要要素

外部服务场景	内部服务场景	其他有形展示物
外部设计、布局	内部设计、布局	名片、文具
外部标志	内部标志	服务手册、价目单
停车场地	内部设施	员工着装、报告
周围景色	空气质量	宣传单、装饰品
周围环境	音乐、气味、照明	网页、虚拟场景

13.1.2 金融服务有形展示的功能

根据环境心理学,金融服务有形展示具有 4 大功能——包装、辅助、交流和区别(见图 13-1)。

1. 包装

类似有形产品的包装,服务场景及其他有形展示物是无形服务的包装,以其"外在"形象向顾客传递服务的"内在"信息。有形展示是金融企业的外在形象,对顾客形成第一印象和服务期望具

图 13-1 金融服务有形展示的 4 大功能

有重要影响。例如,许多金融营业部采用落地式大玻璃窗,保持空间的通透性,一改传统营业部冷冰冰、古板的形象,陈列一些历史文化类作品以营造文化氛围;一些金融营业部还仿效零售公司的做法,让工作人员在大门旁排队迎宾,表现出服务的亲切和热情。例如,商业银行柜台和等待区设计如图13-2所示。

图13-2 商业银行柜台和等待区设计

2. 辅助

环境设施能够促成或阻碍服务场景中服务活动的进行,使顾客和员工更容易或更难达到服务目标。友好设计的环境设施可以促使顾客将接受服务视为愉快的经历,员工也将提供服务视为快事一桩。相反,不友好的设计会使顾客和员工都感到失望。例如,许多银行、保险公司在营业大厅设置了自助点钞机、碎纸机、饮水机、叫号机等自助设备,顾客可以坐在沙发上喝水、翻阅报纸杂志,悠闲地等待办理业务(见图13-3)。

图13-3 商业银行大厅与休息区设计

3. 交流

设计良好的有形展示有利于顾客和员工之间的交流,因为借助有形展示,顾客可以了解自己和员工的职责是什么,迎接他们的服务场景应该怎样,自己的行为应该怎样,以及受到怎样的奖励或非议。例如,证券营业部对客户分类,分别开设大户、中户、普通客户室。普通客户仅有一台电脑和一张椅子与邻位紧靠,可以获取一般信息;而大户享有几个人一间的独立房间,有电视、报纸和专属信息渠道。享受高级待遇的顾客意味着其是交易量和总资产在一段时间内达到了一定水平的大客户,硬件设施无声地证明了其经济实力和对金融企业效益的贡献。

4. 区别

有形展示具有辨识功能,经过专业设计的有形展示可以将自己与竞争对手区分开来。例如,美国一家面向消费者和儿童的银行,利用服务场景清楚地传播自己的独特之处,在顾客第一眼看到的地方挂了一幅儿童壁画,专设儿童玩耍区域以及出售包括小猪储蓄罐的小卖部。通过这些做法,该银行将自己与那些经营商业客户或高收入阶层的银行区别开来。此外,有形展示还有服务层次的区隔作用,如大饭店设计不同档次的餐厅包间、飞机上的头等舱、电影院的包厢座位等,便于提供不同的服务体验。如唐山银行的有形物设计如图13-4所示。

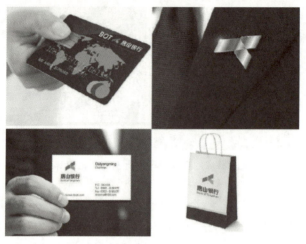

图13-4　唐山银行的有形物设计

13.1.3　金融服务有形展示的主要类型

根据定义可知,金融服务有形展示包含诸多要素,尝试对其进行分类有助于深刻认识和把握金融服务有形展示的内涵。通常而言,我们可以按照构成要素或者按照对顾客的影响区分金融服务有形展示的不同类型。

1. 按构成要素区分

按构成要素区分,金融服务有形展示可以归为4种类型:实体环境、信息沟通、价格展示和人员展示(见图13-5)。

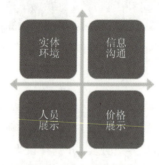

图13-5　按构成要素区分有形展示的主要类型

(1)实体环境。

①背景因素。所谓背景因素是指顾客不太会立即意识到的环境因素,通常被认为是构成服务内涵的必要组成部分,如温度、湿度、气味、声音、通风、整洁等。如果服务环境中缺乏顾客需要的某种背景因素,或某种背景因素使顾客感觉不舒服,他们才会意识到服务环境存在问

题。通常情况下,顾客都会假定服务场所的背景环境应该是完美无瑕的。一般说来,良好的背景环境并不能促使顾客购买;然而,较差的背景环境会使顾客望而却步。换言之,背景因素的影响是中性的或消极的,顾客注意到了背景因素更可能引发躲避行为,而不是接近行为。例如,银行营业部应该拥有设施设备整齐有序、四处窗明几净的环境,如此会使顾客感到舒服和放心;而污浊散乱的大厅环境显然会令顾客大为反感,可能会转而光顾另一家营业部。背景因素的策略是保证基本水准,适当创新。

②设计因素。设计因素是指刺激顾客视觉的环境因素。与背景因素相比,设计因素对顾客感觉的影响比较明显,更易引起顾客的注意,比如服务场所的设计、服务形象标识等便属于此类因素。设计精美的服务环境有助于培养顾客的积极感觉,且鼓励其采取接近行为。更进一步地讲,设计因素又可细分为艺术设计因素和功能设计因素,前者包括式样、风格、颜色、规模、材料等,后者包括布局、流畅度、舒适度等。设计因素的策略是突出服务特色、个性化。如香港中银大厦的远景与夜景如图 13-6 所示。

图 13-6 香港中银大厦的远景与夜景

(2)信息沟通。常常被人们忽略的、金融服务有形展示的另一种类型是信息沟通。从赞扬性评论到广告,从顾客口头传播到企业标识,不同形式的信息沟通都传递了有关金融服务的线索,使服务更加有形化。在信息沟通过程中强调和服务相联系的有形物,把与服务相联系的有形物推到信息沟通的前沿,可以让服务更加实实在在而不那么抽象。例如,日本三和银行的行徽是绿色的,把所有分支机构的玻璃都画上绿色树木,营业员统一着浅绿色服装,既能吸引人们的注意力,又给人一种宁静舒适的感觉。使用有形元素能使服务更容易被感受,因而更真实。鼓励对企业有利的口头传播是信息沟通的一种方法。例知,汇丰银行的广告标语"环球金融,地方智慧"(The World's Local Bank),体现了汇丰银行服务兼顾"全球化"品质和"本土化"特色。如果顾客经常选错服务提供者,那么他特别容易接受其他顾客提供的可靠的口头信息,并据此做出购买决策。信息沟通的另一种方法是在广告中创造性地应用容易被感知的展示。比如，许多金融企业在广告中安排雄伟大厦、巍峨群山、壮阔大海等画面，这便是借助容易被感知的有形展示物传递金融企业形象的相关信息。

（3）价格展示。制定正确的价格能传递有关服务质量的重要信息，同样是对服务的一种有形展示。面对过低的价格，顾客怀疑金融企业的专业知识和服务技能，甚至降低感知到的服务价值；面对过高的价格，顾客也会怀疑服务的价值，认为企业恶意敲诈顾客。不同等级的金融服务标准有所差异，相应的服务价格也会有所不同。相较于普通等级的金融服务，高等级的金融服务无论从环境氛围、场所设施，还是服务模式、服务水平、服务态度等方面均更具吸引力，因此拥有众多的客户群体。消费者愿意为高等级高质量的服务付费，所以要让顾客从有形的价格展示中掌握企业的服务质量信息。

（4）人员展示。人员展示是指服务场景中包括服务人员和在场顾客在内的人员外在形象和精神面貌的整体体现。服务人员和在场顾客的数量、外表和行为都会影响顾客对服务质量的期望与判断，进而影响顾客的购买决策。服务人员衣着整洁、训练有素、令人愉快，顾客才会相信他们能够提供优质服务。在服务场景中出现的顾客，着装得当、举止文明、神情愉悦，向外界传递他们正在享受优质服务的信息，吸引更多的顾客靠近金融企业（见图13-7）。金融企业可以通过独特的人员展示策略实现差异化营销，以赢得竞争优势。

图13-7　金融服务场景中的服务人员与顾客

2. 按对顾客的影响区分

根据有形展示对顾客感知服务质量的影响程度差异，可将金融服务有形展示区分为边缘展示和核心展示两类。

（1）边缘展示。边缘展示是顾客在购买和享受服务过程中能够实际拥有的展示部分。这类展示很少或根本不具有什么价值，比如存款回执单，只是顾客接受存款服务的凭证。在宾馆的客房里通常有很多包括旅游指南、住宿须知、服务指南以及笔、纸之类的边缘展示。这些代表服务的边缘展示物品设计，都是以顾客需要为出发点，无疑是企业核心服务强有力的补充。

（2）核心展示。与边缘展示不同，在购买和享用服务的过程中，核心展示是顾客无法拥有的，但核心展示比边缘展示更重要。大多数情况下，只有核心展示符合顾客需求时，顾客才会做出购买决策。例如，宾馆的级别、银行的形象等，都是顾客在购买这些服务时首先考虑的核心展示。顾客判断自己是否购买的时候往往是依据产品与自身的匹配程度、产品的经济价值、自身的承受能力以及企业对自身的吸引力，而这些统统是由核心展示表现出来的。

13.2 金融服务环境设计

13.2.1 金融服务环境的定义与特点

在传统经营模式下,金融企业向顾客提供服务需要一定的物理场所,不仅包括服务过程的各种辅助设施设备,而且包括许多无形要素,如温度、湿度、声音、气味等,构成了金融服务环境。根据环境心理学,金融服务环境影响顾客的购买行为,可以从3方面解读:①作为传递信息的媒介,金融企业通过象征性的环境展示与目标顾客进行沟通,以区别其他企业所提供的服务体验;②作为吸引注意力的媒介,服务环境因不同于其他竞争对手的环境设计而凸显出来,并成功吸引目标顾客的注意;③作为产生效果的媒介,通过颜色、声音、气味和空间设计加强顾客的服务体验,同时提高顾客对某种服务的体验兴趣。因此,服务环境成为服务体验的一部分,也是金融企业价值定位的一部分。

从设计的角度看,服务环境具有7个特点:①环境是环绕于服务活动周围客观事物的整体,是环绕、包含与容纳,任何组织或个人都不能成为环境的主体,只可以是环境的参与者;②环境的作用模式是多重的,即环境对于各种感知效果的作用方式不止一种,而是通过多种方式综合作用;③核心信息和边缘信息总是同时展现,属于环境的一部分,即使没有被集中注意的部分,人们还是能够感觉出来;④环境的延伸透露出来的信息比实际过程中要多,其中若干信息可能相互冲突;⑤各种环境均包含有目的和行动以及各种不同的角色;⑥各种环境包含许多含义和许多动机性信息;⑦各种环境均蕴含有种种美学、社会性和系统性特征。

13.2.2 金融服务环境设计的基本原则

金融服务环境涉及因素众多,且具有复杂的特征表现,所以金融企业多是花费一番心思对服务环境进行专门设计。概括来讲,金融服务环境设计大致遵循形象定位相一致、优化服务流程、主题化、文化性、安全性、美学、弹性等七大原则(见图13-8)。

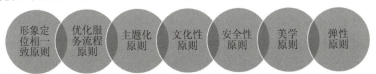

图13-8 金融服务环境设计应遵循的基本原则

1. 形象定位相一致原则

金融企业根据自身条件和市场竞争状况,确定本企业在目标市场中的竞争地位,即企业形象定位。随后,金融企业通过各种营销手段,吸引顾客注意以促使其在思想行为上产生有利于企业发展的倾向性。准确的形象定位决定着企业未来的形象塑造,同时也决定着企业未来的发展方向与发展目标。服务场景设计是金融企业实现服务有形化、差异化的一种强有力手段,各个要素相互协作,共同营造一种统一的形式,以重点凸显企业形象定位,不因丝毫的不和谐因素破坏整体形象。服务场景设计与企业形象定位相一致,可以向目标市场有力地传达可靠信息,促使公众(包括员工)形成对企业形象的准确认知与把握,从而促进企业形象定位的传播。

2. 优化服务流程原则

伴随日益增大的竞争压力、不断升高的机会成本、消费者导向时代的到来，当今顾客对服务的便利需求比以往任何时候都要强烈，服务消费的不便利已成为促使消费者更换服务提供商的重要原因。服务场景的设计应该为顾客提供更多便利，减少顾客感知服务的时间、体力、精力与心理等非货币成本耗费。此外，服务场景设计应该充分考虑服务的类型、特点与服务流程的需要，表现出有序与和谐，优化服务流程，方便服务运作，提高服务效率。例如，在公共服务领域推出一站式服务。在服务场景的设计上，把诸多服务窗口集中在一个大厅，顾客跑一圈就能处理完所有事项，公开、方便又快捷。

3. 主题化原则

主题化是近些年市场营销领域常用的手段。服务场景主题化是指通过建筑物造型、外部环境、外部装修、室内装修等的创造性设计，从外形和内涵上构建一个或多个主题，赋予服务以某种特色主题，并围绕它来营造服务与管理氛围，促使主题成为顾客识别服务特征和产生消费行为的刺激物。主题越独特，越容易吸引喜爱这一主题的顾客，越容易培育忠诚顾客。当然，主题化对企业提供的服务、环境、设施也是一种限制，在某种程度上带来一定的经营风险。因为并没有一个主题可以赢得所有人的喜爱，某一主题能够得到一部分人的喜爱，同样可能招致另一部分人的反感。所以，遵循主题化原则，选择怎样的主题以及如何将主题呈现出来，金融企业必须事先进行充分的调研。

4. 文化性原则

现代人对服务环境的要求越来越高，评价服务环境不单单是考量实用性和功能性，更多的是考量服务环境所带给人们的精神力量。服务环境设计应该多加强文化建设，增加文化内涵，满足人们在精神层面的需求，注重场所精神的营造，体现人文关怀。对于服务经济而言，深入挖掘和广泛培养文化底蕴，对服务进行深度和广度上的文化加工，给顾客提供与众不同的文化体验与熏陶，能够创造广阔博大的发展空间。服务场景设计在内涵和外延上的文化性拓展与丰富是一个系统工程，不仅改变服务的内容和层次，而且改变服务的核心。如果金融企业从建设之初就注重文化营造，从设计、建设、装修到管理、经营、服务都注入独特的文化内涵，突显文化品位、渲染文化氛围、塑造文化形象，那么金融服务便被注入了"文化灵魂"，可以打造独特的魅力与竞争力，有助于增加服务的附加值。

5. 安全性原则

无论做什么事情，安全是第一位的，服务场景设计同样需要考虑安全性。金融服务场景设计遵循安全性原则有两层含义：一是在服务场景内顾客的人身安全。在美国"9·11"事件发生后，安全需求似乎变得更加敏感与迫切。金融企业服务场所外部装修、内部装饰、设施设备摆放等都要提前考虑安全问题，营业过程中有必要在服务场景内外安装监控摄像，甚至技术更先进的安全设备，并配备必需的安保人员。二是顾客存放在金融企业的财物安全。例如，储户在商业银行的存款、高端客户在银行保险柜寄存的重要物品等，顾客购买此类金融服务的第一诉求便是保证财物安全。金融企业非常有必要通过建筑物造型、外部装修、安保配备等向顾客传递固若金汤、牢不可破的信息，给予顾客安全、安心。

6. 美学原则

新时代人们对美的追求更高,合理运用美学思想和艺术手段设计服务环境,展现企业文化,突出服务特色,能够增强顾客的认同感,还可以提升企业服务品质。因此,金融服务场景设计要符合美学原则,要考虑目标顾客的审美心理与审美习惯,给人以美感,确保顾客从服务场景中能够获得美的享受,令人惬意、身心舒适,甚至陶冶情操。物质环境的任何方面,比如器具、灯光、颜色、设备、标志、员工服装等都要尽可能和谐完美,创造出某种美的意境与氛围。服务场景设计应该在形式、内容与功能上紧密结合,实现形式美与功能美的协调统一,让人产生回味无穷的美的感受与体验,从而留下深刻印象。

7. 弹性原则

弹性原则又称"为未来而设计"原则,是指在服务环境设计过程中,特别是在方案、计划制订中要适当留有余地,备有应急方案,以便适应客观事物可能出现的变化。金融服务环境之所以要遵循弹性原则,主要是因为金融消费者及其金融需求的复杂性和动态性。不运用弹性原则,难以应付复杂多变的情况。成功的服务场景设计是可以适应金融需求数量和性质变化的动态组织,而对服务需求的适应能力在很大程度上取决于当初设计时的弹性。怎样设计服务环境才能适应金融服务的未来扩展?怎样设计服务环境才能适用于未来新的不同的金融服务?诸如此类的问题在金融服务场景设计之初都应该有所考量。

13.2.3 金融服务环境设计的关键因素

金融服务环境包含因素众多,设计金融服务环境主要考虑环境条件设计、设施布局与功能设计、标识与人造物设计。环境条件设计是针对金融服务环境的基本背景因素,包括温度、湿度、照明、噪音、音乐、气味、色调等;设施布局与功能设计是指服务环境内的设施按一定功能分布组成服务场所;标识与人造物设计涉及服务环境中传达服务信息的有形要素,包括标志牌、指示牌、装饰画、宣传招贴、服务器具等。

概括来讲,金融服务环境设计的关键因素可分为两大类——实物因素和气氛因素。

1. 实物因素

无论是外部的实物环境,还是内部的实物环境,都在向外界传递象征性信息,因此具备很强的沟通能力。对于金融企业而言,最引人瞩目的外部实物环境首推营业场所的建筑构造设计。一栋建筑物的具体结构,包括规模、造型、用料、地理位置以及与邻近建筑物的比较,都是塑造顾客观感的重要因素。此外,与建筑物相关的因素,诸如停车便利性、可及性、橱窗门面、门窗设计、招牌标示和指示车辆等也很重要。因为外在的观瞻往往能附联牢靠、永固、保守、进步或其他各种印象。与外部实物环境同样重要的是内部实物环境。金融企业服务场所内部的陈设、布局、装饰、照明、家具、标记、色调搭配、材料使用、空气调节、视觉呈现等整合在一起往往会创造出"印象"和"形象"。就营业大堂而言,每家金融企业的大堂都有各自的实物布局、陈设方式,形成顾客的"感觉":有些显得局促,有些感觉宽敞;有的豪华壮丽,有的朴素稳重。从更精细的层面而言,内部实物还包括文具、记事纸、说明手册、展示空间和货架等项目。

将所有这些实物因素整合构成金融企业颇具特色的整体形象,需要相当的技术性和创造性。从环境设计的角度而言,有形展示可以塑造金融企业的"个性"或者"气质",而"个性"或者"气质"在高度竞争和无差异化的金融市场中是被顾客识别且牢记的关键因素。

2. 气氛因素

在传统经营模式下,顾客会光顾金融企业的实体营业场所,因此,营业场所必须精心设计气氛,吸引目标顾客并能诱导其购买行为。通常情况下,对营造气氛有重要影响的因素包括视觉、听觉、嗅觉和触觉因素。

(1)视觉因素。视觉向顾客所传递的信息比其他任何东西都要多得多,是金融企业营造气氛可利用的最重要手段。生理学认为人类接受信息有83%是靠视觉获得,11%是靠听觉获得,3.5%是靠触觉获得,其余部分则靠味觉和嗅觉获得。视觉刺激主要包括尺寸、形状、色彩、色调等。有形展示物尺寸很大,传递金融企业实力强、安全稳定甚至心理满足的信号;有形展示物尺寸很小,则传递一种人性化、亲密、友好的氛围。竖直的有形展示物容易给人一种刚硬、强壮、空间延展的幻觉,而水平摆放的有形展示物则令人放松。偏冷的色彩给人冷漠感,适合需要顾客高度参与的消费决策情境;偏暖的色彩会唤起顾客舒适和非正式的情感,更容易招徕顾客,鼓励快速消费。明亮的色调容易加强环境协调一致,而灰暗的色调较易吸引顾客注意力。心理学研究表明,人的视觉器官在观察物体时,最初的几秒内色彩感觉占80%,而形体感觉只占20%,两分钟后色彩感觉占60%,形体感觉占40%,5分钟后各占一半,并保持这种状态。法国色彩大师朗科罗先生说道,在不增加成本的基础上,通过改变颜色的设计,可以给产品带来15%~30%的附加值。

(2)听觉因素。听觉因素主要是指在金融服务环境中出现的声音,声音是营造气氛最重要的背景因素。依据环境心理学,声音具有调节情绪、吸引注意力和创造非正式气氛的作用。研究表明,在服务环境中,声音作为背景音乐至少通过2种途径影响销售:首先,背景音乐增强了顾客对气氛的感受,反过来影响顾客的情绪;其次,背景音乐影响顾客在营业场所的逗留时间。播放背景音乐的公司通常被认为是在更用心地关心顾客。除背景音乐外,金融企业营业场所常见的另一种声音是柜台服务叫号系统所做的通告。时不时通知"请×××号顾客到×××窗口办理业务",通告声音不断响起给顾客一种营业正常、效率高的感觉。当然,出现在金融服务环境中的声音并不都是受欢迎的,某些声音是要考虑避免的,比如走道铺设地毯以消除鞋后跟的咔嗒声,策略性地把噪音很大的中央空调安装在远离主要业务区域的地方,安装较低的天花板和吸音隔板,营造一种"安静"的氛围。

(3)嗅觉因素。嗅觉因素主要是指在金融服务环境中出现的各种气味。科学杂志《神经元》发表研究报告称,在所有感官记忆中,气味是最不容易被遗忘的感觉。视觉记忆在几天甚至几小时内就可能淡化,而嗅觉却能令人记忆长久。数据显示,人对气味的准确回忆率在一年后仍能达到65%,因此嗅觉对塑造品牌形象有较大帮助。如果顾客经常去一家散发芳香的营业场所,那么一来二去,他会习惯该营业场所的香气。在服务环境中加入特有的芳香气味,不但能够提醒顾客或帮助顾客记住品牌,同时有助于提高成交的机会。由于气味独特,顾客驻留时间会多一点,唤起潜在的消费欲望,难免发生更多的消费行为。金融服务场所真皮沙发的气味、木制地板打蜡后的气味,往往可以散发出一种特殊的豪华气息。偏好的气味可以引发顾客购买,并能影响对本不带有气味的服务的价值感知。当然,金融企业应当像创造气味一样,注意避免某些气味,如卫生保洁的消毒水味、员工使用浓郁的香水味等。

不同行业的气味运用

（4）触觉因素。人类学家把接触视为一种最初的语言，人们在学会说话写字之前就学会了触觉感知。事实上，触摸似乎可以调节产品体验与判断信心之间的关系。这证实了常识——当我们接触物品的时候，会更加确信自己的感知。鼓励顾客触摸产品似乎就是鼓励他们拥有产品，使顾客对产品的评价更高，这被称为赠予效应。顾客触摸产品不到30秒就会产生较强的依恋，因此也愿意支付更多的费用。同使用触摸板或鼠标进行在线购物相比，触摸带来更强的心理拥有感。设计最直观的触觉体验，可以驱动消费者的购买意识，拉进消费者与企业的距离，增强企业的核心竞争能力。一项研究发现，与侍者有接触的用餐者会有更多的消费。英国的一家连锁超市将数种卫生纸去掉包装，让消费者可以更好地触摸和比较各种纸质，卫生纸的销售总量急剧上升。在金融企业中，座位的厚实感、地毯的厚重感、桌子的质感和大理石台面的凉滑感，都会带来不同的触觉感受，并散发出独特的气氛。

13.3 金融企业形象识别系统设计

13.3.1 企业形象识别系统

1. 企业形象识别系统的内涵

除在服务环境层面有所表达外，企业形象识别系统也是金融服务有形展示策略的重要抓手之一。企业形象识别系统将金融企业形象"有形化""具体化"，提高其辨识度，进而打造品牌形象。企业形象识别系统是英文 corporate identity system 的直译，也可被意译为企业形象设计，缩写 CIS。CIS 是一种新型的现代企业经营管理战略，旨在针对企业形象做出一系列设置和规划，借助塑造整体形象力求在市场竞争中脱颖而出。简单来讲，CIS 包含三个层面的内容：企业理念识别（mind identity，MI）、企业行为识别（behavior identity，BI）和企业视觉识别（visual identity，VI）。企业理念识别是指企业在长期经营过程中所形成的、被广泛认可和遵守的价值准则和文化观念，以及由价值准则和文化观念所决定的企业经营方向、经营思想和经营战略目标。企业行为识别是企业理念在行为层面的表达，包括在理念指导下企业员工对内的各种行为和对外的各种行为，以及企业的各种经营管理行为。企业视觉识别是企业理念的视觉化，即在视觉层面的表达，通过形象广告、标识、商标、品牌、包装、内部环境设计、外部环境布局等方式向大众表现、传达企业的理念。CIS 的核心目的是借助企业行为识别和企业视觉识别传达企业理念，树立企业形象，所以企业理念识别是 CIS 的根本和精髓。

CIS 经历了一个从 CI 到 CIS 的演进历程。CI（corporate identity）即企业识别，是指统一的企业视觉，将统一的企业形象标识渗透到方方面面，进而吸引大众注意力，提高企业知名度。CI 出现于大量企业相互竞争的工业时代。早在20世纪初，在意大利伊布里亚开设工厂生产打字机的企业家密罗·奥利威蒂为了提高自己产品的竞争力，开始重视设计企业标识并不断完善企业商标，同时还通过开设托儿所来塑造自己的企业形象。CIS 在不同国家和地区拥有不同的战略意义。欧洲的CIS主要表现为面向公众的形象展示,通过独特的设计和视觉效果来提高辨识度;美国的CIS是以标识来展示企业的宗旨和精神,美国也是世界上首个将CIS作为企业识别策略的国家;日本CIS则汲取了欧洲和美国CIS的优势,将这种战略向公司治理层面发展,侧重于改革企业的理念和经营方针。在我国,最先引入CIS战略的是美术教育界,通过设计美学上的文化传达标志来完善企业形象。1988年中国"太阳神"的企业设计成功引起社会广泛关注,逐步消除了计划经济体制下"企业无形象"的刻板印象,中国由此进入全新的CIS时代。

2. 企业形象识别系统的特点

企业形象识别系统的特点如图13-9所示。

图13-9 企业形象识别系统的特点

(1)战略性。企业形象识别是一个长期工程,贯穿于金融企业的整体运营布局之中。无论是经营理念和企业文化的建立还是品牌标志的构想,都并非是在短时间内可一蹴而成的。精心、耗时设计的企业形象识别系统是需要企业坚持遵循、长期完成、不轻易改变的战略目标。由于企业形象识别系统并不仅仅是对于企业内部的一种要求,更多的是向外界的展示,因此企业形象识别系统具有全局性特点,联系了整个金融企业经营管理的方方面面。

(2)系统性。简单来讲,企业形象识别系统是由3个子系统组成,即理念识别系统、行为识别系统和视觉识别系统。3个子系统相辅相成,缺一不可,只有三者统一、和谐运用才能够实现预期的信息传递效果。在金融企业的日常经营管理过程中,所有的经营管理活动都应当以基本理念和经营哲学为基础,而经营理念又与内部文化紧密结合,通过规范化的行为等视觉信息传递出来。所以,企业形象识别系统是一个具有系统性、渗透于企业各个方面的设计。

(3)独特性。随着经济全球化步伐加快,我国金融市场对外开放进程不断深化,外资金融企业蜂拥而至,本土金融企业面临的市场竞争是相当激烈的。囿于金融服务的特性,金融产品创新受制于监管,且在同行业中极易被复制模仿,所以在激烈的市场竞争中保持金融产品的独特性是很难做到的。产品是金融服务的表现形式,虽然很难保持金融产品的独特性,但是金融产品的内涵——金融服务的独特性是难以被轻易取代的。企业形象识别系统在金融企业的服务方面加强"个性""性格"或者"气质"设计,有助于塑造本企业有别于同行业竞争对手的独特识别标识,向外界传递本企业的价值观、文化理念以及经营哲学。

(4)传播高效性。企业形象识别系统在设计过程中尽可能考虑了传播的高效性,因为需要在较短时间内打入市场,为更多的受众客户所接纳并信赖。在设计过程中要有伴随传播高效性的意识,如用精练的语言描绘某一产品的营销策略,或者用对偶、顶针的语言技巧传播企业的价值观、文化内涵;再者,标志设计考虑颜色搭配带来的视觉冲击,同时图案简洁明了又不损信息传递功能。这种朗朗上口的文字表达和高辨识度的颜色搭配、图案设计在很大程度上成就了企业形象或产品推广传播的高效性。

3. 企业形象识别系统的作用

企业形象识别系统是一种崭新的经营管理理念,具有增强企业影响力、丰富企业理念内涵、增强企业内部凝聚力等作用。

(1)增强企业影响力。如前文所述,金融企业之间彼此竞争激烈,但是囿于政策限制和产品特性,金融服务产品同质化现象严重,在很大程度上损害了产品的独特性。不同于产品,金融服务的独特性是难以被轻易取代的。金融企业借助企业形象识别系统,加强服务的"个性"、"性格"或者"气质"设计,有助于塑造、维持、传播企业形象,同时也有助于建立企业信誉和品牌管理,增强企业影响力,以保障自身的行业地位。

(2)丰富企业理念内涵。企业形象识别系统的根本和精髓在于企业理念识别,包括企业价值观、文化观念、经营哲学等;与此同时,设计经营理念是确立企业市场地位的重要依据。通过企业理念识别不仅能够激发员工的工作热情,让他们更乐意奉献企业,还能因此感染顾客为企业带来更多的盈利。此外,借助企业形象识别系统加强企业的理念宣传,企业能够获取更多因认可企业理念而选择消费的客户群体,即粉丝群体。简言之,借助企业形象识别系统来传播企业理念能够塑造鲜明的企业形象,同时有助于企业在后续的市场竞争中通过客户反馈和市场信息继续完善企业理念内涵。

(3)增强企业内部凝聚力。现代企业经营管理经常暴露各种问题,其中不乏内部员工凝聚力弱、行为散漫、团队意识薄弱。企业形象识别系统要求将企业的内在文化和外在宣传紧密结合起来,所以在很大程度上,企业对内、对外宣传自己的统一形象,可以让员工对企业产生依赖感、信任感、归属感,更加明晰自我价值,鼓励员工士气,增强企业内部凝聚力。在竞争激烈的金融市场中,员工凝聚力可以为金融企业创造不可估量的巨大价值。

13.3.2 企业形象识别系统的主要内容

企业形象识别系统的主要内容如图13-10所示。

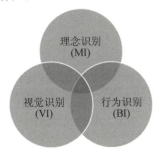

图13-10 企业形象识别系统的主要内容

1. 企业理念识别(MI)

企业理念识别(mind identity,MI)是指确定企业经营管理的基本理念,根据企业自身确立特色形象,进而增强企业影响力。企业理念识别是金融企业经营、管理、发展过程的总体界定和规划,也可以看作是金融企业当前以及未来一段时间内所有经营思路和营销战略的主要方向。MI系统具体包括基本要素系统和应用要素系统。基本要素系统是金融企业在建立或发展过程中所逐渐界定出的精髓理念,也是企业从上至下一切员工所奉行的基础理念、共同拥有的价值观和共同信仰,具体包括企业经营的基本价值观、文化理念、经营哲学、行销风格、社会责任等。较之于基本要素系统,应用要素系统则显得更加具体,是金融企业执行基本要素的具体手段,也就是企业员工奉行企业理念所运用的具体方式,如宣传口号、公司示训、广告标语等。

2. 企业行为识别(BI)

企业行为识别(behavior identity,BI)是企业理念识别的外化和表现,通过各种行为或活动将企业理念予以贯彻、执行、实施。换言之,作为一种动态识别形态,行为识别是企业经营管理理念在具体业务中的表达和反映。概括来讲,企业行为的范围很广,可细分为企业内部行为和企业市场行为。企业内部行为有员工选聘行为、员工考评行为、员工培训行为、员工激励行为、员工岗位行为、领导行为、决策行为、沟通行为等;企业市场行为包括企业创新行为、交易行为、谈判行为、履约行为、竞争行为、服务行为、广告行为、推销行为、公关行为等。上述各种行为只有在企业理念的指导下规范、统一并有特色,才能被公众识别认知、接受认可。与之相对应,企业行为识别系统的具体内容包括对内行为识别系统和对外行为识别系统。

对内行为识别系统是指金融企业建立内部行为规范,并据其对内部员工实行管理,培养内部员工共同遵守的行动指南和行为准则,包括规范员工的体态语言、仪容仪表、职业道德等内容。构建对内行为识别系统应该注意几个方面:第一,制度严格化。金融企业必须制定一个严格的制度作为保障,规范自身言行,统一整体形象,只有这样才能够维护自身的信誉、赢得客户的信任。当然,企业每一项规章制度的建立都应该基于人性化原则,根据自身定位和实力制定合适且新颖的规章制度,以保持自身的活力和个性。第二,服务规范化。金融企业的服务质量集中表现于员工的服务态度和服务过程当中,服务的好坏直接决定了金融企业在激烈的市场竞争中的成败,因此在实际操作过程中,员工应当以诚恳的服务态度和熟练的专业技术来面对客户,将与客户需求相匹配的服务真正地落到实处。这种效果必须依赖服务规范化。第三,操作标准化。金融企业的业务范围较广,各个业务之间的差异可能很小,因此操作标准化成为避免操作风险、成就标准化业务的最佳方式。展开来讲,操作标准化涉及两个方面,一是规范行业操作,将业务之间的操作流程细分出来;二是对员工进行内部培训,助其熟练地掌握所有的业务流程。

对外行为识别系统是指金融企业通过策划外部活动向社会公众传达企业形象,旨在将企业的经营理念和企业精神传达出去,提升企业辨识度,让社会公众更为清晰地了解企业文化,最终强化并维持企业形象。具体方式包括市场调查、产品销售、公共关系、广告宣传、促销活动、公益性活动、文化性活动等。

3. 企业视觉识别(VI)

作为传播力量与感染力量最直接的形式,企业视觉识别是指金融企业通过具体化、视觉化的表现形式呈现企业的独特形象,促使社会公众能够准确识别企业文化,并接受企业理念。由于金融企业的理念较为抽象,因此需要通过标识、广告等具象的表达手段来传播。一般来说,企业视觉识别系统包括两个部分——基本要素系统和应用要素系统。基本要素系统是指借助能够直接表现企业理念、任务等的具象化文字、颜色、字符等的组合,加上广告传播等手段来宣传企业理念和形象,以达到扩大市场占有率、提高知名度等目的。基本要素系统主要包括企业名称、企业标识、宣传标语等。应用要素系统是传播基本要素系统的媒介,是通过具象的环境设计来传达企业精神的方式,具体包括:外部标志,如建筑风格、旗帜、招牌等;办公室内设,如办公室装修、部门标志及办公用品等;广告媒介,如报纸、电视、杂志、网页等。

13.3.3 金融企业 CIS 战略

对金融企业而言,借助 CIS 设计谋求更好的发展是当前的主流选择之一。金融企业 CIS

战略是指金融企业运用多种手段把经营理念、服务宗旨、企业形象等具象地表达出来,通过标识显示、活动策划、促销方案等手段将企业理念与实际表达紧密结合,以此打造与众不同的企业形象,增强核心竞争力。概括来讲,金融企业实施CIS战略包括以下三大步骤。

1. 确定CIS战略目标

在现有企业文化下,CIS战略目标一般分为三种情况:巩固并推广企业形象目标、改善并推广企业形象目标、重塑并推广企业形象目标。对于在前期调研分析中获得优异成绩的金融企业而言,其拥有的内部文化和外部形象都优于同业现有水平,说明该企业的CIS战略方向正确,前景光明。在这种情况下,CIS战略目标是在原有基础上进一步巩固这种形象,向社会公众传播更多的企业能量,保持现有的发展势头。那些在前期调研分析中获得评价一般,没有太强公信力、差异性或竞争力,但运营机制良好、不存在重大问题的企业,则应该保留自有优势,并开始发展新的领域力求创造更多的利润,这时候CIS战略目标则应该是在原有基础上进行改善,以获取更大的市场份额。大多数情况下,金融企业都是依照这种战略目标努力改善的。另有一些金融企业在前期分析评判中成绩不理想,这种情况下CIS战略目标应该是重塑企业文化,在合理分析企业资源的基础上设计一个全新的企业理念,打造具有特色的企业形象。

2. CIS计划的导入

CIS计划的导入是金融企业立足自身情况,根据长期调研及市场环境等因素综合考虑后推行或再次推行CIS的过程。根据每个金融企业的不同设定,CIS的整体设置和推进情况也有不同要求,但在实施详细计划的时候必须保证所有员工都参与其中。

(1)CIS计划纲领的确立。在CIS计划实施之前要确立实施纲领,具体纲领的确立由CIS委员会共同完成,包括设置CIS的进程安排、时间和步骤,以便日后实施过程更为畅通无阻。

(2)CIS计划具体内容的确定。根据CIS的主要内容即MI、BI、VI确立具体的形象改进措施,涉及经营理念、营销手段和宣传方式等。在宣传的过程中,最好运用容易记忆、易于让客户接受的宣传标语或者图案。

(3)CIS计划实施前的检验。在CIS计划正式实施之前应当对整个战略进行检验,确保其可操作性。如果CIS计划没有得到内外所有部门的一致认同,则很容易给日后的计划实施埋下阻碍,因此应该征询内部人员和外界部门的建议,对整体计划进行分析和改进。如果在检验过程中始终没有得到一致的认同,则需要重新订立CIS纲领及其具体内容。

(4)CIS计划的引进介绍。在CIS计划的导入过程中,CIS委员会应当给予CIS一个详细科学、具象化、规范化的导入步骤,让所有相关人员能够获取一个整体有效的文化思想,明确理解该计划的全部意义和实施步骤,这样可以为日后的进程推进带来很大便利。

3. CIS计划的实施

当金融企业成功导入CIS计划,获取所有相关人员和部门的认可之后,则开始了对CIS计划的具体实施。CIS计划实施的主要目标依然是通过各个部门的配合协作来完成企业形象设计,向社会公众传播企业理念与企业形象,在市场中获得更多的客户群体。具体实施步骤如下:

(1)对金融企业理念的持续传播。通过媒体访问、广告公关、网络宣传等直观有效的传播方法来打开市场,向社会公众宣传企业的精神面貌和经营理念。但是,仅仅让社会公众认知是远远不够的,关键是要让社会公众对其产生深刻的印象,达到"当自己有金融需求时第一时间想到这个印象深刻的金融企业"的程度。因此,不断重复、持续的企业理念传播是实现 CIS 整体布局成功的第一要素。

(2) 面向内部员工的沟通和培训。作为一个系统性的形象设计战略,在把控外部认知程度之外还应当做好内部建设,培养内部员工对企业理念与企业形象的信赖程度和积极程度。在这个过程中,金融企业应当随时与内部员工进行沟通以获取他们的建议和思想,以此作为长期的内部 CIS 不断修改完善的重要依据。此外,金融企业还应该从指导员工展开实践性 CIS 开始,逐步构建一个内部 CIS 体系,尤其是对于新晋员工,更应当注重这方面的培养。从他们开始构建 CIS 体系,让员工真心实意地遵守企业理念内涵并将之发扬光大。

(3) 多种手段提升金融企业形象。在经营管理过程中,金融企业应当及时策划对内对外的关系活动,对内体现更多的人文关怀,对外体现更有效的办事能力,在社会公众心中留下专业高效的企业形象。同时,金融企业应当更积极地投身公益事业、赞助活动或者多多举办一些大型活动来打响自己的知名度,向广大社会群众推广自己的企业理念、企业形象与企业品牌。

本章小结

从概念上来讲,有形展示是指服务传递过程中顾客与金融企业进行交互所处的环境,以及有利于服务执行或传播交流的任何有形物品。其中,与环境相关的有形设施设备又称服务场景。根据环境心理学,金融服务有形展示具有 4 大功能——包装、辅助、交流和区别。通常而言,我们可以按照构成要素或者按照对顾客的影响区分金融服务有形展示的不同类型。按构成要素区分,金融服务有形展示可以归为 4 种类型:实体环境、信息沟通、价格展示和人员展示。根据有形展示对顾客感知服务质量的影响程度差异,可将金融服务有形展示区分为边缘展示和核心展示两类。

在传统经营模式下,金融企业向顾客提供服务需要一定的物理场所,不仅包括服务过程的各种辅助设施设备,而且包括许多无形要素,如温度、湿度、声音、气味等,构成了金融服务环境。金融服务环境设计大致遵循形象定位相一致、优化服务流程、主题化、文化性、安全性、美学、弹性等 7 大原则。设计金融服务环境主要考虑环境条件设计、设施布局与功能设计、标识与人造物设计。环境条件设计是针对金融服务环境的基本背景因素,包括温度、湿度、照明、噪音、音乐、气味、色调等;设施布局与功能设计是指服务环境内的设施按一定功能分布组成服务场所;标识与人造物设计涉及服务环境中传达服务信息的有形要素,包括标志牌、指示牌、装饰画、宣传招贴、服务器具等。概括来讲,金融服务环境设计的关键因素可分为两大类——实物因素和气氛因素。

CIS 是一种新型的现代企业经营管理战略,旨在针对企业形象做出一系列设置和规划,借助塑造整体形象力求市场竞争脱颖而出。简单来讲,CIS 包含三个层面的内容:企业理念识别(mind identity,MI)、企业行为识别(behavior identity,BI)和企业视觉识别(visual identity,VI)。企业形象识别系统具有战略性、系统性、独特性、传播高效性等特点,具有增强企业影响力、丰富企业理念内涵、增强企业内部凝聚力等作用。金融企业 CIS 战略是指金融企业运用多种手段把经营理念、服务宗旨、企业形象等具象地表达出来,通过标识显示、活动策划、促销方案等方式将企业理念与实际表达紧密结合,以此打造与众不同的企业形象,增强核心竞争力。概括来讲,金融企业实施 CIS 战略包括三大步骤:确定 CIS 战略目标、CIS 计划的导入、

CIS 计划的实施。

思考题

1. 请解释金融服务有形展示的定义及功能。
2. 如何区分金融服务有形展示的主要类型？
3. 金融服务环境具有哪些特点？
4. 金融服务环境设计需要遵循哪些原则？
5. 请阐述金融服务环境设计过程中需要注意的关键因素。
6. 什么是企业形象识别系统？
7. 请阐述企业形象识别系统的主要内容。
8. 请简要回答金融企业实施 CIS 战略的主要步骤。

案例讨论

广发证券公司的 CIS 分析

广发证券股份有限公司简称广发证券，前身是 1991 年 9 月 8 日成立的广东发展银行证券部，1993 年末成立公司，1996 年改制为广发证券有限责任公司，2001 年整体变更为股份有限公司。2010 年 2 月 12 日，公司在深圳证券交易所成功实现借壳上市，股票代码 000776.sz。

1. 理念识别系统

(1) 经营哲学：以人为本、突出的人才优势。

(2) 发展目标：公司将不懈努力，力争成为资产质量优良、管理规范、经营稳健、特色鲜明、竞争力强、可持续发展、各项业务指标及综合实力稳居国内前五名的国际性新型投资银行。

(3) 经营战略："知识图强、求实奉献"是公司的核心理念，"稳健经营、规范管理"是公司的经营原则。公司高度重视健全内部管理体制，完善风险防范机制，初步形成了具有自身特色的合规管理体系，经受住了多次市场重大变化的考验。公司成长过程中，通过自身积累发展和多次市场化收购兼并行动，规模不断壮大，主要经营指标多年名列行业前茅，是中国市场最具影响力的证券公司之一。

2. 行为识别系统

(1) 内部：在内部发展"广发人才观(GF talent view)"。笃守"知识图强、求实奉献"的核心价值观，秉持"既做理论的探索者，又做资本市场的实践者；既在制度保护下成为物质财富的拥有者，更要成为高尚品德的秉承者"的人才观，坚信只有依靠一流的人才，才能创造一流的公司。公司一直把人才队伍看作最有价值的财富，具体体现在：

①"博士军团"是公司在行业中获得的美称。公司是中国金融业首批获得国家人事部批准设立博士后工作站的企业。在业内享有"博士军团"之称的广发人，智慧和才华不仅体现在业务上，还体现在对理想、对未来、对人生价值的不懈追求上。

②有效的职业发展政策促进员工事业不断进步。公司采用内部培养、竞争选拔和自我申告等职业发展政策，形成了良好的人才成长环境和有效的人才培养机制，有效的职业发展政策保持了公司人才的健康成长，也促进了公司事业的稳健发展。

③精心组织的培训工作助推公司知识优势的发挥。公司具有人才密集、知识密集、技术密集的鲜明特点，通过组织形式多样、内容丰富的培训活动，有力地促进了公司员工在各自岗位

上发挥自己的专业优势,将知识优势转化为公司发展的竞争力。为了增加公司的市场竞争力,培养全球视野、国际化的金融人才,公司连续两年投资境外培训,通过深入考察北美资本市场,学习和借鉴成熟资本市场同类型业务的发展经验。

④文体纷呈,营就公司朝气蓬勃的文化氛围。公司共成立了太极、羽毛球、冰雪、网球、爬山、瑜伽、亲子、摄影、游泳、乒乓球、读书、足球、篮球等15个员工俱乐部,并定期举办形式多样的文体活动,员工业余生活充实而又富有活力,其乐融融。

(2)外部:在外部发展"企业公民观(corporate citizenship)"。这主要体现在积极参与社会公益方面。企业的成长根植于社会的土壤。企业价值的实现有赖于社会的认可和支持,企业将怀抱感恩之心,热心公益,回馈社会。具体体现在:

①助力教育事业发展。自成立以来,公司先后在全国12个省、20个贫困地区捐建"广发希望小学"20所;先后5年捐赠"南粤山区优秀教师奖励基金";在历次抗灾救灾活动当中,广发人都慷慨解囊,以集体或个人的名义伸出援助之手……据不完全统计,自1998年以来,公司社会公益事业捐款已超过3000万元。除此之外,公司及旗下子公司还将捐款3000万元共同发起设立"广发-希望"基金,长期支持包括四川地震灾区在内的全国受灾和不发达地区的中小学教育事业。

②缓解就业压力,建立"青年就业创业见习基地"。2009年4月28日,广发证券"青年就业创业见习基地"启动。基地是公司为缓解大学生就业压力、为毕业未就业大学生搭建的通向社会的桥梁,基地计划三年在全国范围内吸收5000~6000人次毕业未就业大学生,提供见习机会,帮助其转变就业观念,了解企业工作情况,节省适应企业环境的时间成本。

③凛凛暴雪寒,殷殷广发情。2008年初,中国南方遭受了数十年不遇的雨雪冰冻灾害,得知灾情后,公司在业内率先发动捐款,全系统共捐款220余万元,用于援助受灾地区。

④千万真情,十分关爱。2008年5月12日,四川省汶川县发生了8.0级大地震。公司在地震发生的当天便组织全系统踊跃捐款,一周内累计捐款超过1100万元。为了进一步奉献爱心,公司还在证券业率先发起为灾后重建工作筹集善款的公益倡议,并在公司全系统营业网点同时开展为期近8个月的"十分关爱"行动。该行动共筹集善款592万元,用于地震灾区的灾后重建。2008年9月,公司向易方达教育基金会捐款20万元,用于四川省江油市香水乡小学的灾后重建。2008年,在广东省红十字会召开的抗震救灾表彰大会上,公司被授予"博爱奉献"奖;公司被广东省慈善总会授予"抗震救灾社会捐赠先进集体",获得广泛好评。

3. 视觉识别系统

(1)企业的命名:广发证券的前身是1991年9月8日成立的广东发展银行证券部,1993年末公司成立,1996年改制为广发证券有限责任公司,2001年整体变更为股份有限公司。

(2)建筑物形象:如图13-11所示。

(3)标志:广发证券的新标志继承旧标志外形圆融特性,体现了中国文化中的和谐、稳健与谦逊。新标志以"广发"首字母"G"与"F"为基础元素,体现出标志的专属性。公司名称中的"广"字的字形也在新标识中得以突出显现,表现了广发证券"植根于广东,辐射全国"的特色,

图13-11 广发证券建筑物形象

也隐含了广东企业"务实、开放"的作风(见图 13-12)。

图 13-12　广发证券标志

古人云:"海纳百川,有容乃大。"新标志中心部位留有更多空间,更加通透灵动,有"发而能存者为上"之意,寓意广发证券不仅广开门路,而且有更大的吸收和蓄势的能力。新标志在旧标志基础上进行了立体化设计,地球环绕状的飘带创意,寓意着广发证券的国际化目标与视野。

新标志在颜色上继承了原标志的红蓝色系,但调整后更有活力,更加时尚。新标志通过设计语言着力体现一种秩序美感,同时使标志图形线条更加流畅有力,在视觉上表达出专业、稳健和创新的企业性格。

资料来源:广发证券公司的 CIS 分析[EB/OL]. (2011-11-13)[2021-02-15]. https://wenku.baidu.com/view/2d027bee551810a6f5248615.html.

案例思考题:

1. 结合所学知识,谈谈你对 CIS 的认识。
2. 如何理解 CIS 与金融服务有形展示的关系?

趋势篇

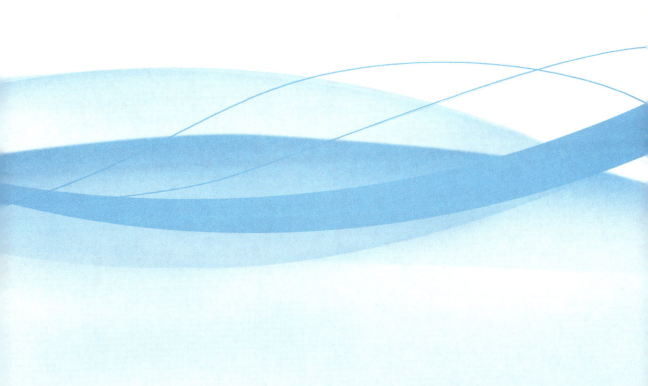

第 14 章　大数据时代金融营销发展趋势

学习目标

- ◆ 掌握大数据时代的精准营销模式；
- ◆ 理解大数据时代金融营销精准化趋势；
- ◆ 理解智慧金融及大数据赋能云平台建设；
- ◆ 理解大数据时代金融产品智能化趋势；
- ◆ 掌握大数据时代的动态定价策略；
- ◆ 理解大数据时代金融定价动态化趋势。

导入案例

金融大数据：三大应用场景提升营销收益

金融行业向来是对新技术最为敏感的接受者之一。实现数据价值变现是金融数据化运营实践的主要目的之一，从实践来讲，最主要有三个方向：精准营销、风险控制以及增值业务开发。

1. 精准营销

以泰康在线为例，泰康在线是国内第一家由传统保险集团发起的互联网保险公司，拥有过亿用户，提供全程互联网保险服务。2015 年 8 月上线的大数据产品"泰健康"，目前已有 650 万会员，是行业内第一个将客户价值数字化、全面量化的评估体系。在互联网＋保险的垂直行业，泰康在线可谓是大数据应用的先行者。

2. 风险控制

早在第三方支付发展过程中，聚宝汇就已经慢慢积累了反欺诈的做法，通过收集用户和支付数据最后形成客户层面和产品层面的反馈。客户层面就是风险控制，对用户进行大量数据分析，看这个人本身是不是风险用户；产品层面是现在各个互联网金融平台都在提的金融科技，毕马威中国评选出的金融科技 50 强中都有他们的身影，主要是智能投顾的概念，把产品风控模型、用户风控属性和投资意愿综合起来，最后给用户提供自动智能的理财服务。

3. 增值业务开发

航空公司上下的供应链是非常复杂的，在整合供应链的过程中首先要建立企业钱包，比如海航钱包。为什么要建立企业钱包？因为将来要跟多个银行打交道，通过企业钱包可以进行点对点的支付。在这个支付改造中，很重要的一环是积分，坐飞机有航空旅程积分，这种积分关系是基于个人消费产生的，如果把积分的价值应用于供应链中，那就一定要基于一个集中支付系统，这个集中支付系统实现起来的难点在于——积分消费的逻辑。

资料来源：金融大数据：三大应用场景提升营销收益[EB/OL]. (2016-12-26)[2021-02-15]. http://www.cbdio.com/BigData/2016-12/26/content_5415210.htm.

今天，大数据已经渗透到社会生活的各个层面，意味着一个崭新时代的到来，是人工智能飞速发展以及数据爆炸增长的时代。相关数据显示，在中国的大数据应用方面，金融行业的排位仅次于互联网行业和电信行业，位居第三，占据超17%的投资份额。金融行业具有天然的数据属性，随着大数据在金融行业的应用，金融营销表现出新的发展趋势，包括营销精准化、产品智能化、定价动态化。本章将一一探讨大数据时代金融营销的典型发展趋势，希望为金融营销领域的研究和实践指明方向。

14.1 大数据时代金融营销精准化

14.1.1 精准营销及其核心思想

精准营销是大数据应用于金融行业的一个重要领域，正在为金融企业实现数据变现并创造商业价值。所谓精准营销是指在精准定位的基础上，依托现代信息技术手段建立个性化的顾客沟通服务体系，实现可度量的低成本扩张之路。在精准营销理念的指导下，企业需要更精准、可衡量和高投资回报的营销沟通，需要更注重结果和行动的营销传播计划，还有越来越注重对直接销售沟通的投资。换言之，精准营销是在充分了解顾客信息的基础上，针对顾客喜好，有针对性地开展营销活动。目前，越来越多的企业通过"精准营销"模式，精确定位目标顾客的需求，从而拉近自身与目标顾客的距离。

精准营销的核心思想包括四点：第一，精准营销是通过可量化的、精确的市场定位技术，突破传统的定性式定位的局限。只有准确区分市场，才能保证有效的市场、产品和品牌定位。第二，精准营销借助先进的数据库技术、网络通信技术及现代高度分散物流等手段保障与顾客的长期个性化沟通，营销力求达到可度量、可调控等精准要求。精准营销摆脱了传统广告沟通的高成本束缚，企业低成本快速扩张成为可能。第三，精准营销的系统手段保持了企业和顾客的密切互动沟通，有助于不断满足顾客的个性化需求，建立稳定的忠实顾客群，实现顾客链式反应增殖，从而达到长期稳定高速发展的目标。第四，精准营销借助现代高度分散物流，帮助企业摆脱繁杂的中间渠道环节及对传统模块式营销组织机构的依赖，实现了关怀个性化，同时极大地降低了营销成本。

14.1.2 大数据时代的精准营销模式

大数据时代为精准营销提供了海量的数据信息。用户的行为都能转化为数据，金融企业通过分析这些数据，挖掘消费者的潜在需求，并运用信息技术进行精确、个性化的广告投放，进而实现精准营销。在互联网中，每一个用户的Cookies数据是可记录和查询的，即与目标用户的每一次接触都会留下痕迹，利用这些"痕迹"可以建立消费者数据库，实现顾客的信息管理。大数据使更高效的精准营销得以实现，精准营销又为大数据提供更多的信息积累。

大数据在精准营销方面的应用可以概括为2个层面——用户数据挖掘和定向信息推送。第一，用户数据挖掘。在互联网时代，用户的任何行为都会留下痕迹，利用系统日志数据、访问社交网络信息等可以识别分析用户的基本属性、兴趣爱好、消费行为、潜在需求等。以Facebook为例，超过12亿的用户为其提供了海量数据。Facebook可以从Cookies追踪用户，如用户在使用Facebook的同时浏览网页，便可以追踪到用户所访问页面的网址。用户在Facebook 添加的标签、点过的赞等都可以成为 Facebook 识别分析用户基本属性、个性取向、情感状态、消费水平、政治倾向等方面信息的数据依据。企业可以通过访问 Facebook 主题数据对消费者进行研究,进一步了解消费者,绘制品牌受众地图,从而准确地开发客户、投放广告,实现精准营销。第二,定向信息推送。精准营销成功的一个重要条件是精准的营销信息推送,即将相关的产品广告、促销活动等信息推送给目标受众,引发其关注、点击、阅读等行为,并进一步吸引其发生购买行为。定向信息推送包含两个方面的意思:一是目标受众,即营销信息应该向谁推送;二是信息内容,即应该向目标受众推送怎样的信息。以前,企业难以获取足够的用户信息,无法制定有针对性的传播内容,造成广告资源的大量浪费。在大数据时代,企业可以搜集大量的用户信息并进行分析解读,从而识别目标受众并进行个性化的营销信息定向推送,进而大大提升营销效率以及节约营销成本。得益于大数据的应用,精准营销在大数据时代真正落地。大数据时代的精准营销模式表现出受众精准、成本精准、效果精准等特征(见图 14-1)。

图 14-1 大数据时代的精准营销模式特征

第一,受众精准。大数据及大数据分析技术为企业找到有效受众,使企业提供的服务或产品能够很好地满足其消费需求。企业通过整合分析数据,得出清晰的用户画像,了解用户的个性与需求,从而实现一对一的精准投放和服务。例如,拥有强大的数据管理平台的 TalkingData,能对超过 20 亿移动受众人群的数据进行汇聚、清洗、萃取,结合一系列算法模型,输出人群分类标签数据体系和目标受众分析工具。由此,企业可以更加精准地找出目标受众,制定具有针对性的营销方案。

第二,成本精准。大数据及大数据分析技术使得营销活动(如广告投放)更加精准,提升了转化率和回报率,大大节约了营销成本。在大数据的支持下,企业能挖掘大量与消费者相关的数据信息,从中分析出消费者的基本属性、兴趣爱好、消费需求、消费习惯等,更加准确地定位目标受众并进行细分;再运用人群定向技术,精准地向目标受众投放针对性的营销信息。精准投放模式不同于以往大范围、无目的的广泛投放模式,大大节约了营销传播成本,避免了浪费;同时,精准的营销信息往往能主动迎合消费者的需求,更容易使消费者对服务或产品产生好感,从而大大提高了转化率和回报率。

第三,效果精准。借助大数据及大数据分析技术对消费者的需求进行筛选、聚合,进一步提高了精准营销的层次。在大数据技术的支撑下,企业可以得到清晰的目标受众定位,有效细分消费者群体,提供针对性较强的个性化聚合服务。大数据时代的精准营销改变了以往精准营销提供综合化服务的局面,大大提高了营销的效果。例如,卓战科技通过对用户线上线下的数据进行筛选,为不同的使用情境建构了不同的推荐机制,使推荐引擎从以往的综合化服务转向个性化聚合服务。由此,导购更加智能化,消费者好感度增加,有效提高了产品和服务的销量,增强了营销效果。

14.1.3 金融营销精准化——以银行业为例

具有高质量数据天然优势的银行业,大数据的重要性已是行业共识。得益于银行业数逻辑的完整与成熟,银行业成为大数据时代精准营销的领先践行者。银行数据逻辑如图 14 - 2 所示。

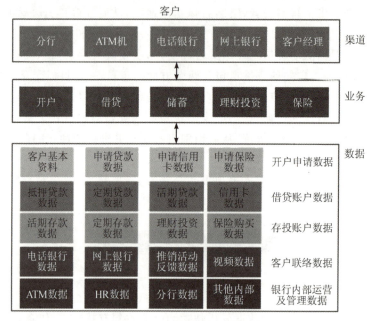

图 14 - 2　银行数据逻辑图示

传统模式下,银行开展营销活动面临的巨大挑战是顾客金融需求和消费行为转变。首先,在金融需求上,银行顾客的需求出现细化,单一品种的金融产品很难满足不同顾客的需求。其次,在消费行为上,银行已经很难通过面对面的传统方式接触到消费者(特别是年轻消费者),了解顾客的需求并推销服务更是无从谈起。因此,银行业迫切需要基于大数据驱动的精准营销,帮助寻找目标顾客以及为顾客推荐合适的产品,从而达到减少用户打扰和营销成本,并提高营销转化率的目的。精准营销的本质是给合适的用户推荐合适的产品。对于银行的不同业务,精准营销所选取的数据源、算法、营销方式(辅助营销、自动化营销或其他)会有所差别。但从大方向来看,一个通用的精准营销系统流程(如图 14 - 3 所示)会借助融合用户画像、产品画像、用户-产品的历史交易记录等信息,通过机器学习系统最终得到用户偏好不同产品的概率值。

简单地讲,用户画像是通过对用户打一系列标签来准确描述用户。例如,通过年龄、性别、职业、婚姻状态、收入情况等基本属性标签来描述用户。另外,根据具体业务需求,从海量数据中挖掘与业务强相关的深层次标签,如用户类型、爱好、兴趣等,从而给用户打上如稳健型投资者、风险型投资者、科技产品发烧友、摄影爱好者、汽车爱好者、境外游爱好者等标签。产品画像与用户画像类似,即通过一些标签来描述产品。把用户画像、产品画像以及用户-产品的历史交易记录作为机器学习模型的输入,最终会得到用户对每个产品的偏好,基于用户对产品的偏好就可以实现精准营销。

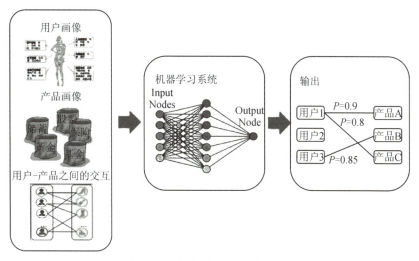

图 14-3　银行精准营销系统流程

依据精准营销系统流程,银行开展精准营销的手段主要有实时营销、交叉营销、个性化推荐、客户生命周期管理。①实时营销。实时营销是根据客户的实时状态(比如客户当时的地理位置、客户最近一次消费等)有针对性地进行营销。比如,某客户采用信用卡购买孕妇用品,可以通过建模推测怀孕的概率并推荐孕妇类喜欢的业务。另外,可以将改变生活状态的事件(比如换工作、购置房产、改变婚姻状态等)视为营销机会。②交叉营销。交叉营销是指不同业务或产品的交叉推荐,如招商银行可以根据客户交易记录,有效地识别小微企业客户,然后用远程银行来实施交叉销售。③个性化推荐。银行可以根据客户的喜好进行服务或者产品的个性化推荐,如根据客户的年龄、资产规模、理财偏好等,对客户群进行精准定位,分析出其潜在的金融需求,进而有针对性的营销推广。④客户生命周期管理。客户生命周期管理包括新客户获取、客户防流失和客户赢回等。例如,招商银行通过构建客户流失预警模型,对流失率等级前20%的客户发售高收益理财产品予以挽留,使得金卡和金葵花卡客户流失率分别降低了15个和7个百分点。

数字化精准营销:进一步提升零售业务经营效率

14.2　大数据时代金融产品智能化

14.2.1　智慧金融及其特点

智慧金融是依托互联网技术,运用大数据、人工智能、云计算等科技手段,使金融行业在业务流程、业务开拓和客户服务等方面得到全面的智慧提升,实现金融产品、风控、获客、服务的智慧化。从需求端来看,智慧金融是满足客户金融需求的必要手段。金融需求呈现精细化、生态化态势,单一的金融服务产品已越来越难以满足客户的实际金融需求。为此,金融业务正走向大融合、大协同,其发展模式也迫切需要从线上化、移动化进一步向个性化、智慧化转变,通过智能化技术迅速感知客户需求,并让适配的金融服务主动、快速、精准地触达客户,使其享受到"所得即所需、所得即所想"的智慧化服务体验。从供给端来看,智慧金融是促进金融供给侧改革的关键路径。依托智能化技术,对金融业务由描述性、统计性分析深入到诊断性、预测性、决策性分析,能够挖掘出更深层次的金融业务价值;智能化产品能实现对现有线上化、数字化产品的改进与升级,有助于创新和完善金融产品供给,提升金融的供给侧改革质效,也有助于优化金融资产合理配置,降低金融业务成本,增强金融服务实体经济与普惠大众的能力。

金融主体之间的开放和合作使得智慧金融表现出高效率、低风险的特点。具体而言,智慧金融具有透明性、便捷性、灵活性、即时性、高效性和安全性等特点。首先,智慧金融解决了传统金融的信息不对称问题。基于互联网的智慧金融体系,围绕公开透明的网络平台共享信息流,许多以前封闭的信息通过网络变得越来越透明化。其次,智慧金融体系下,用户应用金融服务更加便捷,用户也不愿意再因为存钱、贷款去银行网点排上几个小时的队。未来即时性将成为衡量金融企业核心竞争力的重要指标。再次,智慧金融体系下,金融企业获得充足的信息后,经过大数据引擎统计分析和决策能够即时做出反应,为客户提供有针对性的服务,满足客户的需求。另外,开放平台融合了各种金融企业和中介机构,能够为客户提供丰富多彩的金融服务。这些金融服务既是多样化的,又是个性化的;既是打包的一站式服务,也可以由客户根据需要进行个性化选择、组合。最后,在安全性方面,一方面,金融企业在为用户提供服务时,依托大数据征信弥补我国征信体系不完善的缺陷,在进行风控时数据维度更多,决策引擎判断更精准,反欺诈成效更好;另一方面,互联网技术对用户信息、资金安全保护更加完善。

14.2.2 大数据赋能云平台建设

随着大数据和云计算技术的成熟,传统数据平台处理的数据量和数据类型都面临着巨大的挑战。各大金融企业纷纷开始尝试大数据云平台建设,如中国建设银行在此方面取得了傲人成就。随着大数据云平台的建立,无论是数据处理还是应用创新都获得了极大的助力,解决了目前大数据高速发展中面临的难题。

(1)金融业数字化程度高,数据价值密度大,但是优势越来越不明显。特别是在业务创新方面,大量的创新要结合外部数据。所以在大数据能力建设中,生态数据的获取工具和能力急需增强。

(2)传统的金融数据分析以批量为主,但是互联网行业早已进入了实时时代,比如抖音、淘宝都会根据客户的行为进行实时分析。金融产品要想在市场上立足取胜,越来越需要更快、更实时的数据来支撑。

(3)以前银行主要对结构化数据进行分析处理,随着5G、物联网技术的发展,越来越需要从非结构化数据中去挖掘"金矿"。之前的数据平台在处理非结构数据方面的能力有限,需要新的平台提供更多的资源、更有效的分析手段来保证所有数据存得下、算得完。

(4)数据开放和隐私保护已经成为全社会关注的焦点。如何安全地使用各方数据,需要增强数据平台的能力,如增加可信数据计算技术等。

(5)大数据的技术栈很多,如果让每个开发人员都掌握如此多的技术,难度非常大,所以需要构建一个平台,能够把大数据技术都集成进来,屏蔽技术的复杂性,快速支持应用开发。

(6)业务人员的技术能力越来越强,需要数据平台能够提供更多样化的环境和分析技术,满足不同层次业务人员的需求。

概括来讲,大数据云平台具备9大核心能力:第一,全方位的数据采集能力,既要支持结构化数据的采集,也要支持日志、物联网、图像视频等非结构化数据的采集;既要满足批量数据的采集,也要满足实时数据的采集。第二,高效的数据集成能力,包括对数据的检核、清洗、转换、加载和异构数据库的数据同步,能对各类数据进行加工。第三,敏捷的数据开发能力,要提供多种开发方式,包括代码开发、可视化开发,帮助开发人员快速地建立数据应用。第四,多样化的分析可视化能力,提供面向不同场景的数据可视化、分析挖掘和大屏等工具。第五,灵活的数据服务能力,屏蔽底层数据存储计算的差异,提供一致的数据查询和体验。第六,智能化的资源和任务调度能力,为不同的作业提供调度执行和资源管理。第七,在线的数据管理能力,保证数据进入平台后的轨迹能够被持续跟踪,为数据资产在平台内流动提供全流程的管理。第八,高性能的存储计算能力,提供包括Hadoop、MPP、图数据库等基础产品,并且具备海量处理资源和弹性伸缩等能力。第九,数据安全和运营能力,目标是按照金融级数据平台的要求,提供数据安全和运营保障体系。大数据云平台的核心能力如图14-4所示。

图14-4 大数据云平台的9大核心能力

14.2.3 金融产品智能化——以证券业为例

证券企业在大数据平台支撑下进行数据资产开发及算法模型构建,最终实现了投资研究、财富管理等场景智能化产品的研发、落地与应用。实践结果表明,智能化产品显著提升了金融服务的智慧化水平,提高了业务的经营效益,有助于推动证券企业智慧化转型与高质量发展进程。

1. 投资研究领域——智能投研

智能投研旨在帮助投研人员进行行业知识的提炼、总结、关联,构建行业、企业等主体之间更加清晰、完整的关联关系及事件关系全景拓扑网络视图,并在此基础上进行风险及事件预测,辅助研判行业趋势。在智能化应用过程中,将大量文本形式的行业研究报告、债券评级报告等作为基础数据,基于场景化的Bi-LSTM+CRF模型、PCNN网络等,从报告中提取关键信息,自动构建关联知识图谱,一方面帮助投研人员对报告核心内容进行迅速、便捷、全面的检索,另一方面基于GCN模型前瞻性地预判企业可能面临的金融风险,更深入地辅助投研人员进行投资决策。智能投研业务应用解决框架如图14-5所示。

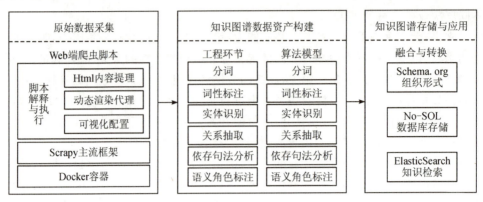

图 14-5 智能投研业务应用解决框架

该智能化产品应用后极大地提高了投研人员的分析效率。以一份城投债评级报告为例，通常情况下人工进行深入分析、梳理要花费 2 小时左右的时间，而智能投研产品能够在 1 分 30 秒内迅速完成对报告内容的解析、提炼，以关联图谱的形式进行展示，并可应用于检索查询及深入的挖掘预测。

2. 财富管理领域——智能投顾

智能投顾旨在为客户推荐符合其特点的个性化资产配置组合。一方面在客户端评估并刻画投资者的风险属性、行为偏好等特征，形成客户的全面画像；另一方面在资产端分析并筛选当前金融市场走势下的有效资产组合，最终通过客户特征与有效资产的结合映射，形成个性化的资产配置推荐。

在具体的智能化应用过程中，首先对场景相关数据进行汇集及工程化处理，形成股票、基金等金融产品及客户相关特征因子库数据资产；然后在数据资产基础上构建资产配置与推荐相关的业务模型。除经典的均值-方差模型外，还重点采用 BSM 模型，将资产风险收益与客户行为特征同时纳入模型，为客户提供个性化的金融资产配置及推荐。智能投顾业务应用解决框架如图 14-6 所示。

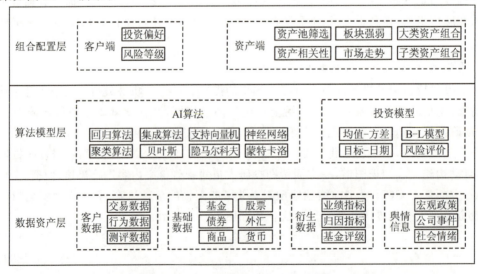

图 14-6 智能投顾业务应用解决框架

智能投顾能及时、充分识别资产的风险收益特点,有效控制资产组合的整体风险,并基于客户的偏好特点进行配置与推荐,提高了相关资产的点击率及购买率。截至2019年末,智能化服务为基金和理财客户提供了分层化、差异化、个性化及更适配的资产推荐服务,零售财富管理规模实现15%以上的增长。

14.3 大数据时代金融定价动态化

14.3.1 动态定价及其主要类型

长期以来,动态定价是基于过去的销售数据,通过分析季节性和周期性趋势来预测市场需求。现如今,受益于大数据时代,动态定价是指借助大数据及大数据分析技术,摒弃传统的低价竞争、以浮动定价方式提供优质服务的新概念。动态定价使企业有可能实现客户回报最大化。企业用较低的菜单成本便能根据不同渠道和产品配置,设置多重定价;同时,还能经常对这些价格做出调整。针对不同的目标客户,选择最合适的渠道实行动态定价,帮助企业恰如其分地把握好客户的价格承受心理,经济有效地满足他们的需求。动态定价具有许多同义词,包括激增定价、需求定价、智能定价、实时定价或基于时间的定价。从广义上讲,动态定价是定价智能化体系里的一部分——企业通过收集和处理数据以调整定价策略并增加利润。

概括来讲,动态定价主要有2种类型:有限供应动态定价和匹配价格动态定价。有限供应动态定价意味着动态价格会根据客户的行为而变化。这类动态定价在旅行和运输行业最常见。产品数量有限或即将到期,都会给出不一样的动态定价。飞机的座位价格便是按照这种动态定价来调整的。匹配价格动态定价是根据竞争对手的产品或服务价格变化而适时调整自身的价格。这种类型的定价不是基于需求变化或到期日期,而是跟随市场行情中竞争对手的调整而调整,在零售行业中最常见。

在法律层面上看,动态定价没有任何问题。至于在商业层面上是否合理,存在很大争议。经济学家认为,在完全竞争的环境中,产品和服务的价格将自动调整到供求平衡点。换言之,如果产品或服务需求高(或供不应求),价格有可能上涨;如果产品或服务过多或不受欢迎,价格就会下降。在线下零售情境中,这种情况不太可能发生,因为频繁调价所需的成本太高,光价签就得做几百个。而线上则不存在这种问题,通过算法就可以直接修改价格。随着线上消费的普及,动态定价的出现一点也不意外。站在企业的角度,动态定价的好处非常多,当产品或服务销售火爆的时候,提价后销售额也就提升了。消费者个人很难实时监控价格并发现其变动;即便有人注意到涨价,但是对于一些刚需商品(比如机票),消费者不得不"割肉"付款。站在消费者的角度看,很多人认为动态定价是不合理的,因为动态定价会大大增加购买成本。与机票和酒店稍有不同的是,消费者对于机票和酒店的价格波动是能够感知的,而对于互联网平台的动态定价可能是毫无防备的。例如,此前Uber实行动态定价,在叫车需求量过大时涨价,当然涨的钱有一部分给司机当作补贴,此举受到司机的认可,却被乘客认为是"趁火打劫"。

14.3.2 大数据时代的动态定价策略

大数据时代下,动态定价策略主要包括基于时机的定价策略、基于市场细分与限量配给的定价策略、基于动态推销的定价策略以及三种动态定价策略的综合运用。

1. 基于时机的定价策略

基于时机的定价策略是根据不同时间点消费者所能承受的价格差异来实施的，关键在于把握顾客在不同时间点承受价格的心理差异。例如，超前消费者往往持有求新、求奇心理，对新款电脑、创新电子产品以及新版精装图书趋之若鹜，并愿意为此支付更高的价格，那么商家就可以根据此特点来制定更高价格。两种最为常见的基于时机的定价策略分别是高峰负荷定价和清理定价。高峰负荷定价适合于供应缺乏弹性的产品。比如炎炎夏日空调是"续命"必备，电力供应高负荷运转。在此情景下，为保证居民用电，在白天对工业用电制定较高的价格，而在居民用电有所回落的夜间对工业用电制定稍低的价格。清理定价适合于需求状况不确定或容易贬值的产品，在产品生命周期的末期运用最为明显。当产品处于生命周期末期时，越来越多的企业开始运用清理定价。企业急于减少损失而不是最大化收益，因此产品清理价格通常较低。

2. 基于市场细分与限量配给的定价策略

在不同渠道、不同时间、不同精力、不同花销情况下，顾客的价格承受心理具有很大的差异性，因此人们提出了基于市场细分与限量配给的定价策略。采取此类动态定价策略的企业可以根据不同的产品配置、分销渠道、客户类型和销售时间，进行区别定价。基于市场细分与限量配给的定价策略常见于航空业。对于同一座位，航空公司设置不同的票价取决于订票时乘客接受的限制条件或其他多种因素。譬如，起飞前 14 天出票，或一周前出票，价格都有不同。航空公司大多对不同价位、不同种类的机票实行限量配给，并通过需求形态分析，不断修正定价策略，从而实现不同渠道间收益的最大化。

3. 基于动态推销的定价策略

利用大数据和互联网赋予的强大优势，基于动态推销的定价策略依据供给状况和库存水平的变化，迅速、频繁地实施价格调整，为顾客提供不同的产品、各种促销优惠、多种交货方式以及差异化定价。在此策略下，商家无须不断以牺牲价格和潜在收益为代价，便可及时清理多余库存。例如，在亚马逊网上书店，每当回头客户登录网站，亚马逊都会根据客户的消费记录，给予个性化的购书建议。如此做法既清理了库存积压，又满足了顾客的个人兴趣，同时还增加了销售收入。顾客的价格承受心理差异性越强，市场需求不确定因素越多，基于动态推销定价的价值及其作用也就越大。

在实际运用过程中，企业可酌情考虑单独实施某一策略或进行策略组合。如果顾客对相同产品或服务的价值认同存在差异，而需求形态相对固定，此时企业要综合运用各种动态定价策略，根据顾客不同的产品或服务偏好、价格承受心理，有针对性地采取适当的定价策略，如基于动态推销的定价策略、基于市场细分与限量配给的定价策略、高峰负荷定价策略等。相反，如果顾客对相同产品或服务的价值认同存在差异，而需求形态又不确定，那么，除上述策略外，采用清理定价策略也是可行的。

14.3.3　金融定价动态化——以保险业为例

归根结底，定价动态化是一场"大数据的游戏"。谈及大数据定价，当首推保险业。保险经营的数理基础是大数法则，可保风险的确定是以大量相似的、同质的风险标的数据为基础的，保险产品依靠同类风险标的大数据来定价。大数据的使用对保险定价产生的价值不容小觑。

大数据时代产生海量的、动态的风险标的数据。这些数据能否精确、实时地反映潜在可保标的或用户的风险程度、投保人购买服务的倾向和保险公司将来要赔付的风险水平,都与大数据在保险中的应用有关。在整合和深度分析大量数据的基础上,保险公司开发保险产品,保险定价可以根据因果关系计算理赔概率。在对新研发的产品进行定价时,保险公司可利用自身强大的大数据管理系统,通过核保核赔的程序,借助大数据的计算,提供给客户最合理的保险产品定价。保险公司重点寻找、分析那些具有强相关性的影响因素,用数据支撑场景,往往会综合考虑理赔事件发生的概率、客户的行为方式与习惯综合研发保险产品。保险公司通过大数据技术,借助大量内部模型和外部数据的整合,对客户进行风险评分,并根据他们的风险程度个性化定价保险产品,实现"一人一价"精准定价的目标。这样,大数据的应用细化小到产品或个人,大到扶贫攻坚、乡村振兴、制造业发展等保险项目定制服务。以"退货运费险"为例,通过大数据分析消费者和商家的退货记录和偏好,并进行动态定价,保证了每位用户都能以最合理的价格获得相应保障。以此为例,寿险、财产险、健康险、信用险以及其他特殊风险险种都可实现数字化的动态定价。

保险公司通过大数据分析,针对用户特点进行个性化、精准化的产品推荐,使得潜在保险客户能够更准确方便地得到自己需要的服务和产品。在大数据和云计算的驱动下,保险公司能够重塑保险业风险管理能力,为保险客户价值数字化提供全面量化的风险评估体系,有效地管理客户所面对的风险因素。例如,中国太平洋保险人寿保险提供智能化、定制化的大数据技术应用方案,赋能公司整体服务能力迭代升级。自主研发的精准核保模型,可以实现风险的精准识别和鉴定,从而改变传统保险的精算定价和风险管控方式,一方面可以甄别高风险人群,降低赔付损失;另一方面也可以实现核保效率提升,优化客户体验。

小米保险推出首款动态定价的航延险

本章小结

精准营销是指在精准定位的基础上,依托现代信息技术手段建立个性化的顾客沟通服务体系,实现可度量的低成本扩张之路。大数据在精准营销方面的应用可以概括为两个层面——用户数据挖掘和定向信息推送。得益于大数据的应用,精准营销在大数据时代真正落地。大数据时代的精准营销模式表现出受众精准、成本精准、效果精准等特征。具有高质量数据天然优势的银行业,大数据的重要性已是行业共识。得益于银行业数据逻辑的完整与成熟,银行业成为大数据时代精准营销的领先践行者。依据精准营销系统流程,银行开展精准营销的手段主要有实时营销、交叉营销、个性化推荐、客户生命周期管理。

智慧金融是依托互联网技术,运用大数据、人工智能、云计算等科技手段,使金融行业在业务流程、业务开拓和客户服务等方面得到全面的智慧提升,实现金融产品、风控、获客、服务的智慧化。具体而言,智慧金融具有透明性、便捷性、灵活性、即时性、高效性和安全性等特点。随着大数据云平台的建立,无论是数据处理还是应用创新都获得了极大的助力,解决了目前大数据高速发展中面临的难题。概括来讲,大数据云平台具备9大核心能力——全方位的数据采集能力、高效的数据集成能力、敏捷的数据开发能力、多样化的分析可视化能力、灵活的数据服务能力、智能化的资源和任务调度能力、在线的数据管理能力、高性能的存储计算能力、数据安全和运营能力。证券企业在大数据平台支撑下进行数据资产开发及算法模型构建,最终实现了投资研究、财富管理等场景智能化产品的研发、落地与应用。

受益于大数据时代,动态定价是指借助大数据及大数据分析技术,摒弃传统的低价竞争、以浮动定价方式提供优质服务的新概念。概括来讲,动态定价主要有2种类型:有限供应动态定价和匹配价格动态定价。大数据时代下,动态定价策略主要包括基于时机的定价策略、基于市场细分与限量配给的定价策略、基于动态推销的定价策略。谈及动态定价,当首推保险业。保险经营的数理基础是大数法则,可保风险的确定是以大量相似的、同质的风险标的数据为基础的,保险产品依靠同类风险标的的大数据来定价。大数据的使用对保险定价产生的价值不容小觑。

思考题

1. 请解释精准营销及其核心思想。
2. 大数据时代精准营销模式具有什么特征?
3. 请举例说明大数据时代金融营销精准化趋势。
4. 请解释智慧金融及其特点。
5. 如何理解大数据赋能云平台建设?
6. 请举例说明大数据时代金融产品智能化趋势。
7. 请解释动态定价及其主要类型。
8. 大数据时代动态定价策略主要有哪些?
9. 请举例说明大数据时代金融定价动态化趋势。

案例讨论

大数据与营销的改变

2013年6月,10万经过挑选的平安微信服务账户的用户收到了平安主动推送的贷款产品的信息,约有1万人打开并阅读了这条信息。在此之后,平安银行接待了2000人左右的电话询问,他们都是通过这一条微信信息反向联系银行。

在过去,摆摊、下写字楼、"冷电话"等曾是金融领域开拓新客户的方式之一。这种被称为"冷电话"的营销曾被营销者奉为宝典,但在互联网时代,这种用户体验不佳的方式正在成为历史。通过数据分析了解用户的潜在需求,通过更便捷和安静的渠道抵达用户,让用户自主选择产品,这正在成为互联网时代的营销方式。

这建立在平安一账通及其富有成效的数据分析之上。平安一账通,一个用一套账户和密码,管理多个金融、消费账户的系统。由于平安集团横跨银行、证券、保险三大领域,用户可能使用平安的信用卡、房贷、寿险、车险、基金、信托、证券等服务,在此之上,一账通可以集纳这些账户信息,为用户提供全面的资产负债表,如果加挂更多消费账户,还同样可以反映客户的现金流量,同时为用户投资选择提供帮助。

平安一账通打通了平安旗下保险、银行、投资等板块的用户信息,并通过积分消费服务"万里通"的配合,提高了用户活跃度。在这一基础上,用户的习惯和需求得以通过数据更精准的描述。除了信用卡与个人贷款之间的数据分析外,信托等针对高净值客户的投资同样可以通过类似的方式寻找到最合适的客户。平安曾通过类似的方式向 1 万名客户展示其信托产品信息,随后收到了超过 100 名用户的咨询。未来通过平安一账通与"万里通"的优化,金融数据的使用将有更多可能。比如用户在购买婴儿用品时,同时可能有购买儿童保险的需求;在购买车饰时,可能有购买车险的需求。

金融行业中统一的账户入口并不少见,平安一账通与以往金融机构的探索有什么不同呢?

银行以往推出的产品可以看作是一种解决方案,理论上,用户到银行可以办理大多数业务,比如缴费、转账汇款、办理理财等。但这与支付宝等互联网企业的思路不同,传统银行的一些电子服务是隐藏在后台中的。比如,北京的用户如果探寻一下如何通过网银给智能电卡缴费,就是一个复杂的过程。银行提供了解决方案,它的确可以解决问题,但在用户体验上并不好。

平安一账通未来将采取将生活服务类账户前置的办法,即将水电煤气通信缴费等用户账户从隐藏在某一个系统中,前置到客户可以看见的地方。同时,平安集团旗下积分服务"万里通"与一账通搭配,将更多生活消费服务置入其中,用户在网上购物、订机票、订酒店以及网下商户消费等过程中,都能与平安一账通产生关系。用户体验优化的同时也带来用户使用率的提升,对于金融企业来说,数据只有在时间序列上才有意义,活跃度提升将有利于数据的进一步挖掘。

资料来源:玩转大数据金融,平安一账通是怎样一个思路?[EB/OL].(2014 - 01 - 07)[2021 - 02 - 15]. http://www.betawm.com/a/gaoguandongtai/20140106/26580.html.

案例思考题:

结合案例,谈谈大数据时代金融营销的发展趋势。

参考文献

[1] 丁健. 浅析大数据对政府 2.0 的推进作用[J]. 中国信息界,2012(09):12-14.
[2] 李德伟. 科技大数据,哲学新思维[N]. 光明日报,2012-12-25(12).
[3] 陈勇. 大数据及其商业价值[J]. 通信与信息、技术,2013(01):53,59-60.
[4] 冯海超. 透视美国大数据爆发前景[N]. 互联网周刊,2013-01-14.
[5] 赛迪智库软件与信息服务研究所. 美国将发展大数据提升到战略层面[N]. 中国电子报,2012-07-17(3).
[6] 于施洋,杨道玲. 大数据背景下创新政府互联网治理[N]. 光明日报,2013-03-23(6).
[7] 徐磊. 大数据基础上的社会认知[J]. 中国电子科学研究院学报,2013,8(01):23-26.
[8] 刘峰. 大数据时代的电视媒体营销研究[D]. 上海:华东师范大学,2014.
[9] 陈宇峰,叶志鹏. 金融体制改革的理论进展与实践经验[J]. 经济研究,2014,49(05):188-192.
[10] 周小川. 金融改革发展及其内在逻辑[J]. 中国金融,2015(19):11-17.
[11] 左亚丽. 大数据时代下金融业的发展方向、趋势及其应对策略[J]. 现代商业,2017(03):109-110.
[12] 陈冠宇. 大数据时代金融业发展优势及方向研究[J]. 财经界(学术版),2016(22):107.
[13] 罗瀚靖. 大数据时代下金融业的状态与发展趋势研究[J]. 知识经济,2017(22):51,53.
[14] 金树颖,谭欣. 大数据对我国金融主要行业发展的影响[J]. 对外经贸,2019(11):88-90,156.
[15] 曾晓岑. 大数据时代金融行业受到的冲击和变革[J]. 现代营销(经营版),2018(06):184.
[16] 彭博. 探究大数据时代金融行业受到的冲击和变革[J]. 财经界(学术版),2016(17):8-9.
[17] 高艳梅. 关于大数据在银行业中的应用分析[J]. 环渤海经济瞭望,2018(06):31.
[18] 王应贵,娄世艳. 大数据分析在银行业的应用研究[J]. 新金融,2019(10):59-64.
[19] 王磊. 关于证券公司业务中大数据的应用分析[J]. 现代营销(经营版),2019(10):179-180.
[20] 黄洁莹. 大数据在证券行业的应用探究[J]. 现代商业,2020(15):120-121.
[21] 刘绪光,王田一. 大数据在保险业的应用及其对保险监管的影响[J]. 保险理论与实践,2016(11):94-102.
[22] 刘伟. 大数据技术在保险业务中的应用风险分析与对策[J]. 上海保险,2020(09):54-55.
[23] 陈祺琦. 大数据分析在保险行业中的应用[J]. 电子世界,2020(10):36-38.
[24] 张云翔,张爽. 金融营销领域大数据应用研究[J]. 特区经济,2017(05):78-79.
[25] 宋厚润,王晓光. 聚焦:大数据时代商业银行金融营销转型[J]. 营销界,2019(08):24-25.
[26] 贾彦宁. 大数据背景下关于金融营销的几点思考[J]. 现代营销(经营版),2020(01):177.

[27] 王跃生. 中国家庭结构变动与特征[J]. 人口与计划生育,2017(09):32-34
[28] 王广州. 新中国70年:人口年龄结构变化与老龄化发展趋势[J]. 中国人口科学,2019(03):2-15,126.
[29] 李钢,魏玉皎. 对做好行政事业单位金融服务的思考[J]. 时代金融,2013(02):137-139.
[30] 黄志凌. 深刻理解金融需求才能主动驾驭银行变革[J]. 征信,2018,36(06):1-9,16.
[31] 王霄龙. 民营经济金融服务需求差异性问题探讨[J]. 环渤海经济瞭望,2019(07):170.
[32] 刘凤娟,宁云才. 物联网环境下基于年龄差异的消费金融需求异同分析[J]. 财会月刊,2019(12):162-169.
[33] 尹豪. 我国居民家庭金融市场参与研究[D]. 北京:对外经济贸易大学,2019.
[34] 黄万连,熊晓炼. 基于金融共生理论的我国城市商业银行市场定位研究:以12家城市商业银行为例[J]. 当代经济,2016(25):35-37.
[35] 曾家兴. 新型金融机构市场定位与发展思考[J]. 纳税,2017(06):94.
[36] 罗捷,余万. 国内金融企业市场定位的方法研究:基于中国邮政储蓄银行的案例分析[J]. 中国集体经济,2019(14):98-99.
[37] 李秋红. 普惠金融视角下我国社区银行业务市场定位研究[D]. 北京:首都经济贸易大学,2016.
[38] 李文龙. 互联网金融市场细分趋势凸显[N]. 金融时报,2014-11-15(003).
[39] 郝凤苓,费戈,阿细,等. 蚂蚁的理想[J]. 二十一世纪商业评论,2014(25):37-41.
[40] 桑蕾. 大数据时代下的金融服务产品创新思路及对策[J]. 中国经贸,2017(2):92.
[41] 郑悦,张忠. 大数据时代的定价策略[J]. IT经理世界,2016(06):58-59.
[42] 于忠义. 金融产品价值哲学与定价策略[J]. 金融电子化,2017(05):84-85.
[43] 石惠. 互联网金融渠道之变[N]. 中国城乡金融报,2014-05-16(B02).
[44] 温国强. 基于互联网金融的背景下我国商业银行分销渠道转变研究[J]. 经济师,2018(10):171-172.
[45] 熊亮. 人员推销的特点与技巧研究[J]. 中国商贸,2012(17):34-35.
[46] 刘金钗. 心理学知识在人员推销中的应用[J]. 现代商贸工业,2013,25(15):99-100.
[47] 金妍. 新媒体冲击下电视的自我救赎:DNA传承与重组:以电视与微博的融合传播为例[J]. 新闻知识,2014(5):15-17.
[48] 张继红. 我国互联网金融广告行为的法律规制[J]. 经贸法律评论,2019(05):132-143.
[49] 邹开军. 面向消费者营业推广策略及方法[J]. 湖北成人教育学院学报,2005(05):58-59.
[50] 宋观. 互联网金融潮引爆的行业公关[J]. 国际公关,2014(03):36-37.
[51] 黄小琴. 大数据时代线上线下整合营销策略探讨[J]. 中国新通信,2020,22(10):86.
[52] 孙奎环. 大数据时代下互动式整合营销传播方法研究[J]. 商讯,2020(08):154-155.
[53] 郭芳. 顾客参与、感知控制、感知风险与服务质量的关系研究[J]. 金融理论与实践,2014(06):29-35.
[54] 虞晗华,张慧萍. 商业银行个人金融业务中顾客参与的影响因素研究[J]. 中国集体经济,2020(07):103-104.
[55] 郭芳. 顾客参与对我国网上银行服务质量的影响研究[D]. 天津:天津财经大学,2014.
[56] 许璟. 我国商业银行个人金融业务中顾客参与的影响因素研究[D]. 南昌:江西财经大

学,2017.
[57] 曹一然. 中国建设银行圆西路支行内部营销策略研究[D]. 北京:北京林业大学,2017.
[58] 许广兰. 广发银行信用卡北京营销中心员工内部营销策略研究[D]. 昆明:昆明理工大学,2019.
[59] 金立印. 服务接触中的员工沟通行为与顾客响应:情绪感染视角下的实证研究[J]. 经济管理,2008(18):28-35.
[60] 李津. 银行服务接触、顾客情感与满意度之间关系的实证研究[J]. 上海金融,2011(08):102-106.
[61] 陈俏利,高海霞. 基于客户角度看银行自助系统服务接触的现状与发展策略[J]. 现代商业,2012(19):66-67.
[62] 高瑞邦. 银行业服务接触质量影响因素研究:以天津市为例[J]. 华北金融,2015(09):46-49.
[63] 程晓静. 基于六西格玛法的银行服务过程改进模型分析[J]. 现代商贸工业,2016,37(16):52-54.
[64] 陈建明. 企业服务营销有形展示的实施策略研究[J]. 中国市场,2015(10):28-30.
[65] 陆勇. 服务营销有形展示策略研究[J]. 中国市场,2015(06):70-71.
[66] 段吟颖. 基于CIS战略的金融企业客户认知比较研究[J]. 湖北社会科学,2016(01):92-98.
[67] 黎开莉. 服务营销的有形展示策略分析[J]. 中国国际财经(中英文),2018(05):215.
[68] 吴飞虹. 大数据应用下商业银行渠道建设转型研究[J]. 金融会计,2015(12):65-71.
[69] 吕晓丽. 大数据背景下营销渠道的创新[J]. 商场现代化,2017(08):69-70.
[70] 钱俊伟,何丹妮. 商业银行基于大数据下的精准营销[J]. 现代商业,2018(05):134-135.
[71] 张强. 商业银行大数据背景下的精准营销[J]. 财经界(学术版),2019(11):65.
[72] 曹汉平. 大数据驱动金融服务模式创新[J]. 金融电子化,2019(09):47-48.
[73] 段波. 大数据时代金融数据的服务创新[J]. 营销界,2020(38):31-32.
[74] 陈强,代仕娅. 大数据、AI平台支撑下的智慧金融产品研发与实践[J]. 软件导刊,2021,20(02):31-39.
[75] 科特勒. 营销管理[M]. 北京:中国人民大学出版社,2001.
[76] 周建波,刘志梅. 金融服务营销学[M]. 北京:中国金融出版社,2004.
[77] 贝政新,王志明. 金融营销学[M]. 北京:中国财政经济出版社,2004.
[78] 孙国辉,李煜伟. 金融企业营销管理[M]. 北京:北京大学出版社,2008.
[79] 乔治·贝尔奇,迈克尔·贝尔奇. 广告与促销:整合营销传播视角[M]. 北京:中国人民大学出版社,2009.
[80] 艾尔林奇,范纳利. 金融服务营销手册[M]. 广州:广东经济出版社,2009.
[81] 唐小飞,周晓明. 国际市场营销学[M]. 北京:机械工业出版社,2010.
[82] 吴健安. 市场营销学[M]. 北京:高等教育出版社,2011.
[83] 涂子沛. 大数据:正在到来的数据革命,以及它如何改变政府、商业和我们的生活[M]. 桂林:广西师范大学出版社,2012.
[84] 叶伟春. 金融营销[M]. 北京:首都经济贸易大学出版社,2012.
[85] 史雁军. 顾客管理:打造忠诚营销价值链的行动指南[M]. 北京:清华大学出版

社,2012.
[86] 安贺新,张宏彦. 商业银行营销实务[M]. 北京:清华大学出版社,2013.
[87] 秦勇. 管理学理论、方法与实践[M]. 北京:清华大学出版社,2013.
[88] 陆剑清. 金融营销学[M]. 北京:清华大学出版社,2013.
[89] 纳格德曼. 金融服务营销实务[M]. 北京:对外经济贸易大学出版社,2013.
[90] 迈尔-舍恩伯格. 大数据时代:生活、工作与思维的大变革[M]. 杭州:浙江人民出版社,2013.
[91] 赵占波. 金融营销学[M]. 北京:北京大学出版社,2014.
[92] 刘伟毅. 互联网金融大数据时代的金融革命[M]. 北京:中国经济出版社,2014.
[93] 刘志梅. 金融营销学[M]. 北京:高等教育出版社,2014.
[94] 周伟,黑岚,李静玉. 金融营销[M]. 北京:电子工业出版社,2014.
[95] 梁昭,高静,王岩. 金融产品营销与管理[M]. 北京:中国人民大学出版社,2015.
[96] 安贺新,张宏彦. 金融营销[M]. 北京:清华大学出版社,2016.
[97] 刘凤军. 互联网金融营销原理与实践[M]. 北京:中国人民大学出版社,2016.
[98] 卢泰宏,朱翊敏,贺和平. 促销基础[M]. 北京:清华大学出版社,2016.
[99] 杨米沙,张丽拉,刘志梅,等. 金融营销[M]. 北京:中国人民大学出版社,2018.
[100] 刘红一,于世宏,夏冬,等. 服务营销理论与实务[M]. 北京:清华大学出版社,2020.